我一辈子活在研究课堂的生命状态里，成就学生，成就我自己。

——黄爱华

·教育家成长丛书·

黄爱华
与智慧课堂

HUANGAIHUA YU ZHIHUI KETANG

中国教育报刊社·人民教育家研究院 组编

黄爱华 著

北京师范大学出版集团
BEIJING NORMAL UNIVERSITY PUBLISHING GROUP
北京师范大学出版社

图书在版编目（CIP）数据

　　黄爱华与智慧课堂/黄爱华著；中国教育报刊社人民教育家研究院组编.
—北京：北京师范大学出版社，2015.10（2025.3 重印）
　　（教育家成长丛书）
　　ISBN 978-7-303-19127-7

　　Ⅰ.①黄…　Ⅱ.①黄… ②中…　Ⅲ.小学数学课－教学研究
Ⅳ.①G623.502

　　中国版本图书馆 CIP 数据核字（2015）第 134726 号

出版发行：北京师范大学出版社 https://www.bnupg.com
　　　　　北京市西城区新街口外大街 12-3 号
　　　　　邮政编码：100088
印　　刷：北京虎彩文化传播有限公司
经　　销：全国新华书店
开　　本：787 mm×1092 mm　1/16
印　　张：23.25
字　　数：360 千字
版　　次：2015 年 10 月第 1 版
印　　次：2025 年 3 月第 8 次印刷
定　　价：75.00 元

策划编辑：伊师孟　　　　　责任编辑：陈佳宵
美术编辑：焦　丽　　　　　装帧设计：焦　丽
责任校对：陈　民　　　　　责任印制：马　洁

教育家成长丛书

编委会名单

总　顾　问：柳　斌　顾明远

顾　　　问：叶　澜　田慧生　林崇德　陈玉琨

编委会主任：杨春茂

编　　　委：（按姓氏笔画为序）

于　漪　王瑜琨　方展画　田慧生

成尚荣　任　勇　刘可钦　齐林泉

孙双金　李吉林　杨九俊　杨春茂

吴正宪　汪瑞林　张志勇　张新洲

陈雨亭　郑国民　施久铭　徐启建

唐江澎　陶继新　龚春燕　程红兵

赖配根　鲍东明　窦桂梅　魏书生

主　　　编：张新洲

副　主　编：赖配根　王瑜琨　汪瑞林

总　序

　　教育是国家发展的基石，教师是基石的奠基者。古人云："国将兴，必贵师而重傅。"兴国必先强教，强教必先重师。党中央、国务院高度重视教师队伍建设。2013 年教师节，习近平总书记在给全国广大教师的慰问信中指出："百年大计，教育为本。教师是立教之本、兴教之源，承担着让每个孩子健康成长、办好人民满意教育的重任。"2014 年，在第 30 个教师节前夕，习总书记到北京师范大学视察并发表重要讲话，指出："一个人遇到好老师是人生的幸运，一个学校拥有好老师是学校的光荣，一个民族源源不断涌现出一批又一批好老师则是民族的希望。"《国家中长期教育改革和发展规划纲要（2010—2020 年）》也明确提出，"有好的教师，才有好的教育"，要"努力造就一支师德高尚、业务精湛、结构合理、充满活力的高素质专业化教师队伍"。"倡导教育家办学"，要创造有利条件，鼓励教师和校长在实践中大胆探索，创新教育思想、教育模式和教育方法，形成教学特色和办学风格，造就一批教育家。"两个一百年"奋斗目标的实现、中华民族伟大复兴中国梦的实现，归根结底要靠人才、靠教育，而支撑起教育光荣梦想的，是千百万的教师。

　　时代呼唤好老师。有一流的教师，才有一流的教育；有一流的教育，才有一流的国家。出名师、育英才、成伟业，是时代赋予我们教育战线的神圣使命。"所谓大学者，非谓有大楼之谓也，有大师之谓也。"好学校、好教育的最重要标准，就是要有好老师。一所学校、一个地区，乃至一个国家，如果教师有理想、有爱心、有学识、有高超的教育艺术，那么即使硬件设施有些简陋，家长、学生也会心向往之。教师是中国梦的奠基者。教师的重要使命，就是为每个孩子播种梦想、点燃梦想，并帮助他们实现梦想。每一间平凡的教室，每一节朴实的课，都不仅是知识的传递，而且是人类文明精神的接续、人生梦想的起航。正是有亿万个孩子梦想的放飞、绽放，中国梦才更加光彩夺目。如果说中国梦最坚实的土壤是学校，那么教师就是最伟大的"筑梦师"，他们用默默无闻、孜孜不倦的智慧劳动，让每一颗年轻的心灵都与中国梦激情相拥。

倡导教育家办学，造就一批好老师，首先要尊重、珍惜我们的本土智慧、本土创造。教育家不是凭空产生的，而是扎根于自己的民族文化土壤，同时吸收人类文明成果，从而创造出独特而生动的教育实践、教育智慧和教育文明。五千年源远流长的中华文明，不但形成了有我们民族特色的教育理论体系，而且涌现出了千千万万优秀的教育家，有被推崇为"大成至圣先师""万世师表"的孔子，有"匹夫而为百世师，一言而为天下法"的韩愈，有"捧着一颗心来，不带半根草去"的人民教育家陶行知，等等。改革开放40年来，随着教育改革的不断深入，教育战线涌现出了一大批杰出教师。他们痴情于教育事业，坚守理想信念和教育良知，在三尺讲台上默默耕耘、刻苦钻研，同时以敢为天下先的精神大胆创新，不断进取、不断超越，形成了各具特色的教育思想和教学风格。正是他们的成功探索和实践，创造了具有中国风格的教育经验，丰富了具有中国特色的教育理论宝库。原由教育部师范教育司组织编写，现由中国教育报刊社人民教育家研究院组织编写的"教育家成长丛书"，就是要向这些宝贵的本土创造性的教育经验致敬。

当前，教育领域综合改革正在深入推进，考试招生制度改革的大幕已经拉开，立德树人、培育和践行社会主义核心价值观成为大中小学教育的头等任务。可以预见，中国教育将发生深刻的变革，将从"中国制造"向"中国创造"转变。"没有革命的理论，就没有革命的运动。"没有适合中国土壤、具有中国智慧的教育理论，就不可能为未来的中国教育改革提供有效的指导。我们的教育要向"中国创造"飞跃，必然要首先创造属于我们自己的教育理论，而不是"言必称希腊"或者老是贩卖欧美的教育理论。170 多年前，美国思想家、诗人爱默生发表了著名演说《美国学者》，号召美国知识界："我们依赖旁人的日子，我们师从他国的长期学徒期时代即将结束。在我们周围，有成百上千万的青年正在走向生活，他们不能老是依赖外国学识的残余来获得营养。"由此，美国迈入精神立国阶段。

如今，我们也面临与爱默生同样的情形。随着我国 GDP 已从世界第二向第一迈进，我们要自觉养成强烈的"中国意识"，独立的中国文化品格，并由此去环视世界，去改造本土实践，去创造属于我们自己的精神养料——这在教育界显得尤为紧迫。"教育家成长丛书"，旨在把我们本土教育实践中蕴含的中国智慧提炼出来，从而形成具有时代意义的中国特色的教育话语体系，再以此去观照、引领、改造中国的教育实践，为伟大的教育改革提供经验、理论支持，也为未来的教育家提供丰富、可资借鉴的精神养料。

让我们为中国教育的伟大未来一起努力吧！

程成东

2018 年 3 月 9 日

前　言

　　见证着中国基础教育半个世纪的春华秋实，代表着中国基础教育教学成果的最高成就——"首届基础教育国家级教学成果奖"，闪耀着李吉林、窦桂梅、吴正宪、张思明、洪宗礼、唐江澎、邱学华、于永正、孙双金、薄俊生、龚春燕等一大批优秀教师的名字。而上述这些教师杰出代表恰恰都是《人民教育》"名师人生"栏目中最受读者喜爱的名师，都是"教育家成长丛书"的作者。

　　"教育家成长丛书"（以下简称"丛书"），是在第20个教师节前夕，为了研究、总结、宣传和推广我国众多优秀中小学教师的先进教育思想和鲜活宝贵的教育教学经验，培养造就一大批德才兼备的优秀教师和杰出的教育家，促进教师队伍整体素质的提高，根据教育部党组安排，由师范教育司组织编写的一套凝聚着一大批教育家成长智慧的大型教育丛书。

　　"丛书"自2006年问世以来，不但得到国务院和教育部领导同志的高度重视，而且先后印刷多次尚不能满足广大读者的需求。这其中的奥秘何在？

　　当你翻开"丛书"，每一部著作都讲述着一位教育家成长的故事。这些著作主要从"成长历程""思想概述""课堂实录"和"社会反响"等方面全景式反映其教育思想、教育智慧、专业精神和专业人格的形成过程与教学实践过程。这是教育家成长的基本素质所在。

　　当你沿着教育家成长的足迹走近他们的时候，你会融入这些带有"草根色彩"、扎根中华教育实践大地、充满田野芳香的真实感人的教育故事中。

当你从"丛书"中,从这些当年和自己一样的普通教师,成长为今天受人尊敬的教育家的成长过程中受到启迪,当你触摸着自己的心,把学生的成长和祖国的未来紧紧连在一起的时候,你会真切地感受到教育家离我们并不遥远。

当你用整个身心蘸着自己的生活积累去品味"丛书"中的每一部著作的"成长历程"时,在一位位名师不断学习、不断超越自我、不断超越学科教学的求索足迹中,你会读懂"教育是事业,其意义在于奉献"的丰富内涵。

当你研读"丛书"中的每一部著作的"思想概述",和每一位名师展开心灵对话的时候,都会深深地感受到,一名教师对教育独立的理解与执着的追求有多么重要。从一名普通的教师成长为受人尊敬的教育家的过程中,你会读懂"教育是科学,其价值在于求真"的深刻含义。透过"丛书",你会看到一代代教师用爱与智慧塑造民族未来的教育理想。

随着我们从"知识核心时代"走向"核心素养时代",教师教育教学活动的视野已拓展到人的生存与发展的方方面面。教师要结合自己的教学实践去感悟"教育理念是指导教育行为的思想观念和精神追求",应该把爱化为自己的教育行为,让爱充盈课堂,触摸到一个个灵动的生命,让爱产生智慧,让爱与智慧在学生心中留下岁月抹不去的美好回忆,让教育者和受教育者都感受到教育的幸福。这是"丛书"给我们的启示,也是每位教师应有的胸怀和视野。

时代呼唤教育家。为了进一步把我们本土教育实践中蕴含的中国智慧提炼出来,从而形成具有时代意义的中国特色的教育话语体系,以此去观照、引领、创新中国的教育实践并在更大范围加以推广,"丛书"将由中国教育报刊社人民教育家研究院继续组织编写,希望能够在更广大教师的心田中播种教育家成长的智慧,从而出更多的名师,育更多的英才,成就中华民族复兴的伟业。这是时代赋予广大教育工作者的神圣使命。如果广大教师能在每位教育家成长、探索教育智慧的过程中受到启迪,形成自己的教育智慧,则实现了我们编辑这套"丛书"的初衷。

"教育家成长丛书"
编委会
2018 年 3 月

目 录
CONTENTS
黄爱华与智慧课堂

我的成长之路

我的教学主张

课堂实录与点评

专家评说

［人物介绍］

［附　录］

我的成长之路

　　仔细想来，生命真是个奇异的过程，从一个充满稚气的孩童，经过几十年成长为一个身材还比较结实、戴着副眼镜、有些书卷气息的中年男子，这其中恰逢的人和事，回望起来，竟不由心生疑惑，就是特定的那些人、那些场景，才让自己走到了今天吗？

一、我的童年

　　我出生在苏北一个小镇的干部家庭。翻开早年的相册，可见我小时候胖胖乎乎、纯真的样子。听长辈们说，在我们姐弟三个中，我是最淘气的一个，总喜欢刨根问底，一直问到大人无话可说。我也喜欢串门子，东家游西家藏的，常常是外婆去满镇的街坊邻居中寻找才拽回家来。母亲是一家工厂的领导，平时工作很忙，但也从来不曾打骂过我。那时，街头巷尾满是对联、诗画，引起我浓厚的兴趣，面对那些飘着浓郁墨香的龙飞凤舞的字、画，我常常说出它们像什么又像什么的句子，并且总是煞有介事地拿着树枝在地上写呀，画呀，引来大人们发出一阵啧啧的赞叹声。渐渐，他们常用"天资聪颖、古灵精怪"等词语来评价我。在儿时小伙伴眼里，我也成了他们的"领袖"。后来发展到在孩子们所有的游戏中，我都被他们尊称为王，有指挥一切、统领全盘的至高无上的权力。就连邻里中摇着蒲扇的长胡子老人见到我都会笑眯眯地喊我一声："孩子王！"。童年，我过足了"领袖"瘾。

　　我的家庭气氛是很融洽的。父母很少争吵，对我们仨，他们总是极具耐心。教育方式也不是简单的说教，总是有意识地引导。尤其是母亲，在今天看来，她是个极有智慧的人。她总是说凡事都要"悟脑"。就是自己要仔细想清楚，弄明白这个事的前因后果。大概因为谨遵母命、多思慎行吧，我成了最受父母宠爱的一个。头脑也跟着渐次灵活起来。小时在学校里任少先队大队长，优异的表现令母亲看到了希望，她更期望我能够出类拔萃了。记忆中，那时的我也特别乐于看到我报喜讯时她那种发自肺腑的开心笑容。我感到有一丝满足、骄傲。之后多年来，我对成功的执著与渴望便是从那时埋下了种子吧！当然，母亲那种在生活中跟人和谐交往，在合适的时机办适宜的事，谦和老实的做人风格也给了我潜移默化的影响。

直到现在我都感到震惊，母亲那双明亮的期盼的眸子，似乎一直跟在我的身后，如影随形。

二、老师的宠儿

　　对于一个成长中的孩子，他所读的学校、教师是至关重要的。我不得不感谢命运的眷顾，小学、中学时期，我的老师们把我引入一片广阔的天地。当时，老师都是来自于上海和南京的知识青年，他们中的有些人回城后还去了南京各大学任教。他们带着都市人的视野与胸襟，带着迥异于旁人的性情与心灵来到我们面前。他们在课堂上讲生活中的学问，绘声绘色地讲许多有趣的故事和道理，每每这时，我都会沉醉其间。在课外，他们又把同学们当朋友，常把学生带到他们的家里。那时的

我就是他们家里的常客。在乡镇单调的生活里，听着他们脚踏风琴的旋律，和唱着或欢快或抒情的歌曲，是件极其畅快的事。我至今都记得一位叫傅志琴的老师，她非常喜欢读书，常常把好书推荐给我阅读，我的业余时间基本上都泡在她家里。我广泛的兴趣爱好大抵便始于那时吧。在她那儿，我还能领到特别的任务，那就是帮她出数学单元试卷。这可真是个了不起的活儿。记得第一次老师把她的教参和其他资料交给我时，我的手不住地抖动，手心直冒汗，要知道那时在孩子的眼里，这些都是很神秘的东西，绝不敢轻易去触碰。当我翻阅资料，试着从老师的角度来给同学们出考题时，我的心狂喜不已。我的字写

得好，也成为当"老师"得天独厚的条件，在黑板上抄题目，布置作业，帮老师抄评语。同学们羡慕不已。在他们心中，我俨然就是个"小老师"。在那段时间里，我体验到了强烈的优越感，并对数学产生了浓厚的兴趣，以致现在成为一名数学教师。

近年当我应邀回到老家讲课，我当年的个别老师坐在台下当我的观众注视、聆听时，课毕我都会深深鞠躬，向那段难忘的岁月，向他们特别的教育方式，向给予我早期诸多塑造的老师们致意。

三、影响了我一生的人

不论我对未来的生活怎样想象，我都不会想到，在我师范毕业真正走上讲台时，我会遇到那样的两个人，他们不仅改变了我的教学生活，甚至影响了我的一生。

我被分配到一所重点小学。这所学校里有两位全国知名的特级教师。卢专文，有突出贡献的中青年专家，他是对我"课堂教学"影响最深的人。我初上讲台，一切都显得那么稚嫩。对我的懵懂，卢老师充满了爱护，总是很有耐心地教诲，超越了平常师父的界限。他经常来我的课堂听课，细致做出指导，在我没有领悟时会亲自上示范课给我看。他也常邀我去他家吃饭，在用餐过程中，讲得兴起时，他就拿着筷子在墙上比画起来，某一个知识点的突破，某一块板书的设计，某一句教学语言，对学生的评价，某一个情境的创设，也许就在饭桌旁生成。他极其投入，一顿饭常常会停了再停，往往延至两三个小时。在我刻苦学习，不断改进自己，对教学找到些许感觉，教学水平与日俱长时，又是我的这位老师积极为我创造了很多机会，策划了很多活动，指导我上了很多各种级别的公开课、比赛课，为我搭建了锻炼与展示自己的平台，铺就了一条崭新的教学之路，也让我品尝到了教学的乐趣，体验到了成功的喜悦，为前进的步伐注入了更大的动力。

1986年，我认识了小学数学教学法专家、特级教师邱学华。他是国内著名的尝试教学法的创始人。他看到了年轻的我身上有着对教学的满腔热情，便开始了又一个艰巨的扶携工程。我们常常在一起促膝谈心。他告诉我，光上好课还不行，还要沉静下来写好文章，写作是一种提升，文句组织好了认识才会更深刻。经常笔耕的人，课堂教学境界与不爱动笔的人是完全不一样的。在他的教导下，我开始提笔，跟他一起帮中国少儿出版社编写少儿读物。又与卢专文三人合作编写《数学大世界》，搜集整理尝试教学法的论文，编辑《尝试教学文集》等。邱老师还多次让我在全国尝试教学研讨会上作报告、上课。在我后来独立写作的日子里，他经常会询问我的写作进程，为我答疑解惑，有了他的点拨，所有困难都迎刃而解。在文稿基本成形后，他又主动为书题词，不分昼夜地修改，那些圈圈点点记录了一个老师培育学子的心血。邱老师所做的这一切，为我日后的写作奠定了坚实的基础，也渐渐培养了我一种良好的习惯，一种静下心来思考、提炼的习惯。

一个人走路的姿势正是在最初的一段路程上定型的。我永远感谢这两位恩师。他们的教学艺术让我赞叹，他们对教育的执著一直震撼着我的心灵。我一生的精神追求方向正是在他们的影响下奠定的。在我初涉教坛，求知欲最旺盛的时候，他们做了我的引路人，把我带到了教学殿堂的大门前。尽管我在这个殿堂里只涉足了很小一个角落，但是，一旦走了进去，看见了瑰丽的东西，我就获得了基本的鉴赏力。在江苏的六七年时间里，我逐渐形成了自己的教学特色，多次获得了淮阴市、江苏省课堂教学、课例评选、论文评比一等奖，成为一个小有名气的数学教师。

四、我的宝贝

人与人之间的差别往往是由于业余时间里所为和所不为决定的。我清醒地认识到没有知识的支撑，智慧灵性就会逐渐枯竭。我的闲暇时光大部分是在读书中度过的。

为了掌握教学规律，接受新的教育思想，寻求新的突破，我深钻教材，翻阅资料，学习教育教学理论。近年来，我研读过数学教育学、比较教育学、儿童心理学，借以掌握儿童发展的认知规律；分析过小学数学教材的知识体系，研究过国内外不同教法的特点，不断探索儿童认知的最佳建构过程。每年伊始，我都会列出书目，制订详细的读书计划，每年至少读五本教育专著，读中外教育史、中外教育名著。我还养成了做阅读札记的习惯。记得那时在卢专文家的书橱里看到一本《特级教师课堂实录》，我如获至宝，卢老师答应借给我一个星期。在那一个星期里，我做了一件多么不可思议的事：我沉醉在上海教育专家封礼珍、乔永洁、王祥美等生动鲜活的教学艺术里，每天只是拿方便面充饥，睡眠也相当少，不停地写啊记啊，竟写下了近十万字的笔录。现在，每当我翻阅这厚厚的一本笔记时，我都能感受到自己当时那种血脉的喷涌、那种激情的流动。还有一次，我在同事桌上发现了一本200多页的好书，便要借阅。那位同事脱口说道：借你一晚吧。就在那晚，我看到凌晨四点，作了详细的摘录。第二天，我把书还了回去，周围的人见我眼皮浮肿都惊呆了。多年来，我所做的笔记有80多万字。我流连书海，页页精读，行行品味，句句琢磨，不知疲倦，如痴如醉。我的笔记也成了我每到一处讲学或上课必带的物品。书、笔记在我心中形成了一个秘密园圃，每每让我赏心悦目，它们成了我生命中的宝贝。

五、走向深圳

生命中有很多事出自偶然。我是怎样从苏北来到另外一个完全未知的城市呢？那是一次旅游，我来到了深圳。我走在干净整洁、繁花似锦的深南大道上。天空无比的蔚蓝，空气格外清新，行人步履匆匆，个个神采奕奕。这是个多么年轻、多么富有生机与活力的城市啊。仿佛，它的欣欣向荣，它建设的如火如荼，暗合了我内心的律动，我多么需要这样一块地方让我的教学之花更绚丽地绽放啊。我一下子就爱上了它。1992年，我毅然离开我教学生涯曾停泊的码头，怀揣着与人合著的《小学数学专题研究》，只身南下深圳，找到了市教研室小学数学教研员陈永林老师。陈老师看了我的资料后说："欢迎你投身深圳的教育事业，只是……"原来，我当时的户口在内地县里，按规定是不能调进深圳的。尽管如此，却丝毫未能阻止我安身深圳的心。

在陈永林老师的推荐下，我来到广东省一级学校深圳市园岭小学任教，当时的校长黄春生非常欣赏和重视我，为我的调动四处奔走，终于，我作为特殊人才调进了深圳。这件事在我心里产生了莫大的鞭策与激励作用，我在由衷感谢深圳博大包容胸怀的同时，更加感谢黄校长的知遇之恩，也只能加倍努力地投身到教育教学工作当中以作报答。

　　刚来的时候，不仅体会到了地域上的差别，更感到在知识、文化、教育观念、教育方法等各个方面都有着极大的不同。记得当时深圳教学已开始引进现代技术教育理念，面对这样一块新鲜的垦荒地带，当时连计算机都没有接触过的我，又一次感到了自己知识上的欠缺，没有任何捷径，只有努力学习。既然选择了三尺讲台，选择了这个时代处于前沿的城市，就不能滞后，否则你就不能开好带学生领略学习风景的火车头，不能赶上这个年轻城市快捷的步伐。我每天晚上都留在办公室几小时，潜心学习电脑知识。终于，我在不长的时间里就熟练地掌握了基本操作，并开始学习课件制作。我知道，我已经逐步融入深圳，成为这个城市里活跃的一员了。

六、出征全国

　　机会可遇不可求呀！我永远都会记得命运给我的第一次机会。通过我的努力，我牢牢地抓住了它，并取得了成功。1994年，我作为福田区的代表参加深圳市比赛，从抽签到上课只有六天时间。那时恰巧我的母亲从老家来看我，我只能"狠"下心来让她一人在家守着，而待我上完课时，她已返回老家了。当然她等到的是我荣获市级比赛第一名的荣誉证书。紧接着，我又代表深圳市参加全国的比赛。这是全国第一次小学数学计划单列城市课堂教学比赛，竞争异常激烈，对手实力都很强。在那段时间里，我每天几乎是整晚待在办公室，不断调整教案：兴趣的激发、氛围的形成、重难点的突破、引导的策略，乃至导入语、过渡语和结束语，每写一次都有不同，每一次都有进步，每一次都更趋向完善，真正经历了一个不断思考、琢磨、推敲、试讲又否定的过程，仿佛每时每刻都沉浸其中。在深夜骑单车回家的路上，因脑子里一直在思考教学方案，竟撞在小区的停车护栏上，几位好心的值勤保安扶起我时，都笑了，最后还是他们把我送回了家。竭诚尽智的努力终于结出了丰硕的果实。我获得了本次大赛的一等奖第一名。课上完，一千多人的礼堂里响起了持久的雷鸣般的掌声。专业委员会理事长李润泉同志在发言中说："不用再评了，掌声已

应邀在泉州市参加福建省小学数学中青年教师教学观摩研讨活动，
上观摩课并做专题讲座

说明了等级，一般领导的讲话完后，掌声是礼节性的，而黄爱华上完课后的掌声是在场同志们由衷的、发自肺腑的热烈的鼓掌。"当时，我的课被青岛当地各大媒体形容为"刮起了深圳旋风"。应该说就从这次开始吧，我的教学得到同行们的认同，我探索的脚步迈出了深圳，走向了更大的舞台。

七、与思考结伴

这些年里，我为创设出一节节精彩的课堂所花的时间和精力是很多的。

教学是门艺术，但教学不能脱离生活，学生只有在活生生的生活世界里，不断地积累和丰富知识，并以此为基础展开更进一步的实践和探索，才能进一步完善自己的经验世界。在生活里，我像猎人似的，随时随地捕捉、琢磨生活中有价值的东西，转换成教学之能并将之巧妙地应用起来。

（一）生活中的数学

生活中，人们常会碰到这样或那样的问题，而在解决的手段中，数学无疑是一支重要的力量。如果学生的学习内容非常贴近他们的生活实际，他们在熟悉的环境里认知、体验、发展，那么，他们就能一步一步地健康地长大成人，迈向成功。

在"分数大小的比较"一节课里，我紧紧抓住中国足球队历史上首次进军决赛阶段比赛，全国上下男女同庆、妇孺皆欢的有利契机，将为中国足球欢呼的热情，自然而然地转移到数学课堂上来，将枯燥乏味的内容，变成了"有血有肉"的极具人情味的"五环旗下"的主题。这样的内容，学生学习的热情和效果也就不言而喻了。

在"百分数的意义和读写法"一节课里，我将学生非常熟悉的本地特产或引以自豪的人和事，作为学习的内容，学生一听马上就喜出望外，不得了呀！老师不让我们学习课本上的内容（学生一定在想这老师够大胆的），竟然把我们家乡的特产、我们家乡的人或事当成了教学内容，这可是免费宣传我们家乡的大好机会，那么这节课我们一定好好努力，为我们的家乡也尽一份力吧。接下来的一切，既有了强烈的心动，又有了实实在在的行动，自然也就水到渠成了。

在"年、月、日"一节课里，我给学生提出这样一个生活中的问题：奶奶明年过第 16 个生日，而孙子明年过第 18 个生日，（出生那天不算）奶奶和孙子今年各多少岁？生日对于我们每个人来说是再熟悉不过的事了，但出现奶奶过的生日数比孙子的少却是极其罕见的（对学生来说可能是听都没有听过的）。学生们带着强烈的好奇与急于揭开谜底的迫切心情，在充满生活气息的情境中，自觉自愿地展开了讨论与探索，得到了自己最想得到的东西。

在"游深圳野生动物园"一课里，按照我们传统教学的说法不外乎是对学生"计算能力"的培养，不外乎是老师出几道题，教给学生计算的方法，然后让学生进行练习而已。但这一节课，我从学生身边的生活实际出发，使学生仿佛置身于熟悉的环境之中，按照他们的生活经验展开合理的设想，为这些设想寻找有力的证据。这样，整个教学过程，摈弃了那种"除了计算还是计算"的方式，让每一个学生都在愉悦心情之中做了自己喜欢做的事，不仅学会了计算，更重要的是初步学会解决问题的方法。一种知识经济时代每一个公民都应有的"经济头脑"的雏形，在学生的脑海里留下了深深的烙印。

我个人体验到：教师要想从生活中选择教学内容，没有敏锐的观察力和思考力是不行的。

（二）有趣的情境

良好的开头是成功的一半。问题情境创设得好，就能吸引住学生，唤起学生的求知欲望，燃起学生智慧的火花，使学生积极思维、勇于探索、主动地投入到对新知识的探究之中，获得一定的发展。在每节课的设计中，最让我花时间来思考的是如何创设好一个有趣的情境。因此，我在生活的各个角落寻找灵感。春节联欢晚会，我不仅看节目，还琢磨它怎么开头，怎么结尾，像赵本山这样的小品放在什么地方，在什么时候掀起高潮最好，如果这种结构安排放到我的课上来是什么效果……

受小品"昨天·今天·明天"的启发，在上《24 时记时法》时，我在黑板上画了一条直线，上面写上"昨天"、"今天"、"明天"，然后说，如果用这条直线表示时间的话，昨天和今天之间有一个分界的点，今天和明天之间也有一个分界的点，这个点用你学过的记时法表示是几点呢？新颖的问题情境，学生的思维被激活，有的说是 0 点，有的说是 24 点，还有的说是夜里的 12 点，还有的说是今天的 0 点就是昨天的 24 点，今天的 24 点就是明天的 0 点……

在"圆的认识"一课，我巧妙运用多媒体技术，制作出小猴子坐方形和椭圆形车轮的小车颠簸起伏的画面，乐得学生哈哈大笑；在"约数和倍数的意义"一课的结尾，我别出心裁设计了"动脑筋出教室"的游戏，要求学号数能被 2、3……整除的学生依次出教室，全场的学生都要说出谁是谁的倍数。当最后剩下学号是质数的同学时，我便问："老师出一个什么数时，我们都可以离开教室？"学生们大声回答："1!"在一次全国的公开课上，当讲到这里，全场 800 多名教师响起了雷鸣般的掌声。

在教"百分数的意义"时，我先让学生读出含有百分数的句子：（1）我国的耕地面积约占世界的 7%。（2）我国的人口约占世界的 22%。（3）人脑的重量约是人体重量 2%～3%。然后引申出新的问题：（1）把第一句和第二句联系起来看，你想到了什么？学生想到很多问题，其中有两位学生想到：我国用只占世界 7% 的耕地，解决了占世界 22% 的人口温饱问题，这是一件很了不起的大事。（2）人脑的重量约是人体重量的 2%～3%，人体除大脑以外的重量占人体的百分之几？这个 2%～3% 重不重要呢？立即引起学生的热烈讨论。

在"百分数的意义和读写法"里，我精心设置了"绍兴黄酒"与"足球比赛"的问题情境，让学生置身于现实生活之中，让知识应用于经验世界之内，营造了一种现实而富有吸引力的学习背景，有效地激发了学生参与认知活动的积极性。

在"循环小数"一课里，用人尽皆知的"从前有座山，山上有座庙，庙里有个老和尚，他对小和尚说，从前有座山，山上有座庙，庙里有个老和尚，他对小和尚说，从前……"这样一个有趣的童谣，作为本课的"开场白"，形成了轻松、愉悦、民主的学习气氛，使学生一下子进入最佳的学习状态。听故事、讲故事，不但激发了学生的兴趣，而让学生在欢声笑语之中，初步感知了"无限"、"不断"、"重复"等重点词的含义，起到了分散化解教学难点的作用。

在"约数和倍数"一课里，我带领学生高唱《世上只有妈妈好》这一首歌，引出生活中人与人之间的相互依存关系，以生活中的事例作铺垫，在"张阿姨是王小倩的妈妈，王小倩是张阿姨的女儿；王小倩是张阿姨的女儿，张阿姨就一定是王小倩的妈妈"胜似绕口令的欢笑声中，学生深刻地体会到了"相互依存关系"，使原本枯燥、抽象的概念变得生动有趣，易于理解。

应邀在湖南省长沙市大同小学上观摩课

在"小数的性质"一课里，我先在黑板上写了三个"1"，接着向学生提问：这三个1相等吗？学生回答相等后老师用等号连接起来。接着，教师在第二个1后面写上一个0，成为10；在第三个1的后面写上两个0，成为100，再问学生：现在这三个数相等吗？（学生回答：不相等）你能想办法使它们相等吗？课进行到这里，我们是否已隐隐约约地感受到一股强劲的学习热情即将"喷发"出来，一番积极探索、主动发挥的场面就要在我们的眼前"上演"了呢！

（三）自主地探索

数学学习活动应当是一个生动活泼的、主动的和富有个性的充满生命力的过程。在此过程中，学生要有充分的从事数学活动的时间和空间，在自主探索、亲身实践、合作交流的氛围中，解除困惑，更清楚地明确自己的思想，并有机会分享自己和他人的想法。在合作交流、与人分享和独立思考的氛围中，倾听、质疑、说服、推广而直至感到豁然开朗，这是数学学习的一个新境界。我始终在想，如何把学习数学变成学生的主体性、能动性、独立性不断生成、张扬、发展、提升的过程呢？

听过我的课的人都会发现，我的每节课中都有大量便于学生操作的内容。如"游深圳野生动物园"里设计了"价格计算单"，"三角形的高"里设计了"看谁先摘到花"，"给老师出谋划策"里设计了"装修方案"，在"长方形、正方形"里设计了"涂色、对折"，在"一个数除以分数"里设计了"必须将手中的纸条对折几次之后，才能用手中的尺子一次量出这张纸条的长度"等内容。这些操作内容能更好地促进学生对数学的理解。

其次，我总是在促使学生进行独立思考和自主探索上下功夫。我要给学生提供自主探索的机会，让学生在讨论的基础上发现问题，解决问题。如"两位数与11相乘的速算法"，一开始让学生给老师出题，学生发现老师竟然"对答如流"。这时学生不免疑窦丛生，问：要么就是老师把结果都背下来了，要么就是一定有什么秘密。学生通过讨论一致认为：老师不可能把那么多的结果都记下来，老师肯定有"窍门"，只不过我们暂时还不知道而已。在发现了"两位数与11相乘"一定有"窍门"的基础上，学生通过自主探索、师生的合作交流、动手实践，步步为营，最后觅得了"真经"——两头一拉，中间相加，满十进一。

小组学习是一种内涵丰富、有利于学生主动参与的多样化的教学组织形式。学生在小组中从事学习活动，借助于学生之间的互动，可以有效地促进学生之间的共同进步。在"多位数加减法"一课里，我将学生按照"组内质异、组间质同"的原则，将学生分成四人一组进行合作学习。教师发给每位同学一张研究报告，里面有研究对象、估算、计算结果等，要求学生先独立思考后再填写，之后组内的四个同学互相说一说自己的想法与做法，针对组内每位成员的情况进行评价，最后将在小组内形成的最能代表本组水平的结论与全班同学进行交流。

一个人吃一个苹果，最后得到的也只能是一个苹果；但一个人说一种思考的方法，你将会得到更多的方法。这就是合作交流的魅力所在。

不同的学生有不同的思维方式、不同的兴趣爱好以及不同的发展潜能。教学中我关注学生的这些个性差异，允许学生思维方式的多样化和思维水平的不同层次。

在"长方体的表面积计算"一课里，学生从不同的角度通过个性化的思维活动，得出了"无盖长方体表面积计算"的五种解法。每一种解法都有其合理的依据，只是思维的角度不同而已，其实很难就某一种解法得出好与不好的结论来。我们要做的只能是引导学生通过比较各种不同的解法，选择适合于自己的解法罢了。这也给了我一个重要的启示：数学学习活动要让所有学生都能积极参加讨论，给学生表达想法的机会，激发学生的思维，培养学生创造的意识，促进学生创新能力的发展。

（四）实践延伸

当课堂教学活动告一段落，行将结束之际，学习活动却并未"就此打住"，也不该只是练习题，做做作业就"草草收场"，乏味的结尾有着曲终人散的清冷。为了激起学生思维的涟漪，让学生产生一种"欲罢不能"的持续探究的态势，我总是在此时浓墨重彩地添上一笔。

如在学习完"奇数和偶数"之后，向学生提问"x 是奇数还是偶数?"在学习完"约数与倍数"后，我面对全班同学，从容地说："同学们，快要下课了，我们一起来做一个游戏，这个游戏的名字叫'动脑筋离课堂'。游戏的规则是这样的：老师出示一张卡片，如果你的学号数是卡片上的数的倍数，你就可以走出教室了。走的时候，必须先走到讲台前，大声说一句话，再走出教室。你说的这一句话，可以是"几是几的倍数"、"几是几的约数"或"几能被几整除"其中的任意一句。新颖有趣的游戏，巩固了知识，检查了效果，还进行了纠正错误和个别指导，发挥了学生的创造性，一举多得，这比简单地布置一些习题或作业，效果不知要好上多少倍!

在学习完"统计图"后，让学生调查：第一，个人喜好方面的问题。如，喜爱的玩具、小动物、花草；爱吃的水果、蔬菜；最受欢迎的电视节目、卡通人物；喜爱的运动、球类；爱喝的饮料；班上参加各类兴趣小组的人数。第二，大家都关心的话题。如，奥运会各国取得的金牌数；濒临灭绝的物种及数量；比较熟悉的一些动物的奔跑速度等。第三，研究专题。如不同地段对商店营业额的影响等。这样的课外作业，蕴含了鲜活的内容，学生带着浓厚的兴趣，踏上了"做数学"之途。

我就是这样，把生活中的鲜活题材，引入学习数学的大课堂；依据学生的生活实际，引导学生去思考和实践数学问题；让学生做"数学试验"，亲身体会如何解决问题。把数学问题生活化，生活问题数学化，开放小教室，做活大课堂。我始终在课堂的"新"、"趣"、"实"、"活"上下苦功。我力求教学设计的新颖独特、教学风格的与众不同。我还曾用音乐课上的"节奏练习"，用体育课上的"踏步走"，来教学生难以掌握的数学概念。给学生讲"猴王分饼"的故事来教授重要的分数性质，用学生的学号数练习区分质数和合数。我还和学生谈"亚运会"，说"党的生日"，让孩子们"跳一跳，摘果子"，把情境教学、游戏教学、愉快教学融会贯通，不断把学生带入新的境界。我要让孩子们亲身感受到：数学并不抽象和枯燥，而是一门看

在河南省郑州市讲课

得见、摸得着、用得上的科学。孩子们要从"学会"到"会学"再到"乐学"。而我扮演的角色就是一个"适宜的点拨者、亲切的慰藉者、无私的协助者和诚挚的合作者"。

思考，让我的课堂充满了生命的活力；也正是思考，让我的课堂呈现出别样的风采；还是思考，引领着我的人生迈出了坚实的步伐。我的思考不是某个时间的聚集，而体现于生活中的每时每刻。朋友时常会惊奇：你是个时时处在工作状态的人。我说，不是，如果那样会让自己的神经绷得太紧了。在我的生活里，思考并不是种负担，它已成为我的一种习惯，一种乐趣，一种随时随地自然发生的事。

八、师友无间

亲其师，信其道。我永远都会记得我的老师们给予我的亲近，与他们快乐、平等、宽松地交往，使我终生受益。而今，我也面对张张稚嫩的面孔了。在新时代下，他们比过去年代的孩子更加富有主见，个性更加张扬。我怎样才能做到令他们喜欢，与他们达到就像当初我和我的老师们间那种其乐融融的状态呢？

学生由于在情感态度、兴趣爱好、发展程度等方面存在差异，必然导致课堂教学中的"参差不齐"。课堂上有时有的学生回答问题真是"牛头不对马嘴"的，有的学生缺乏自己的见解，习惯于"随声附和"，有的学生总会提出"千奇百怪"的问题使教学活动暂时处于"短路"状态——这些仿佛都是教学中教师碰到的最为棘手的，感觉最为"尴尬"的事情。作为教师的我，是把这些学生狠狠地批评一通，还是视而不见地把大手一挥，来个军令如山倒式的"请你坐下"，如此了事？我非常明显地看到，这都不是"上策"，都会极大地伤害学生的自尊心，更严重的是可能有的学生就会从此"一蹶不振"，走上与发展相背离的"不归路"。

我在尊重学生的问题上，做到了两个字："和"与"平"。"和"指的是"和谐融洽的气氛"，"平"指的是"地位平等的交往"。我所坚持的是，教学的过程教师不应该是一位"独裁者"与"特权者"，而应该是一位致力于帮助学生、设身处地为学生着想的拥有先进教育理念、善于合作的良师益友。在我的课堂教学中，我经常会对学生提出发自内心的表扬与鼓励，蹲下身子走下讲台与学生交流合作，摸摸学生的头，为他们竖起大拇指；我常真诚地送给学生"再想想看，老师和同学们都相信你一定行"、"你的想法真的太伟大了，坚持下去前程似锦"等许多"沁人心脾"的话语。课外，我也会跟他们谈心，讲些有趣的问题。我知道在学生的眼里，有一段时间我是他们的大哥哥。到现在，包括在网上，我真诚地回复各地学生的邮件，我大抵就是个他们还比较喜欢的、比较亲切又很幽默的叔叔了。

九、与计算机亲密对话

在众人的眼里，当初离乡背井闯荡深圳，我是个勇者。然而，使我真正体验勇者精神的，是我在教学改革路上的，那段难忘的岁月。

初到深圳工作期间，我从数学教师到教导主任再到担任副校长。当以计算机技术为代表的现代教育技术在深圳掀起波澜时，我敏锐地感觉到，现代教育技术不再是浪漫的田园牧歌，它正以明快的节奏走进每一个现代人的生活，不能再以过去的手段来让现在的孩子去做未来的事情。于是我带领学校骨干教师在学校开展"应用多媒体计算机辅助小学数学教学研究"这一国家级课题的实验。扎根实验就如一头扎入无边的大海。多少资料、报告，要分析、比较、书写，多少个日日夜夜啊。我们最早编制、开发的《鹏博士》多媒体教学软件，在特区一炮打响，并迅速在全国推广。后来，这套《鹏博士》教学软件在全国引发了一场现代教育技术新的革命。这是怎样的进取、创新、探索、开拓呢？完全凭着执著、韧性、不达目的誓不罢休的意志。

　　后来，我又清晰地看到，网络化学习将是教育的一个重要发展趋势。为了真正实现形式丰富的交流，提供数学多媒体教学与虚拟现实之间的衔接，在全球范围内的资源共享与协作学习，2001 年，我带头开通了一个专为小学数学教学和学习者量身定做的网站——华博士小学数学热线（www.mm6.com.cn）。在这里，我和老师们交流体会，取长补短；争论教学难点，与名师对话，及时解决问题；分享精品教学案例，资源共享，不断提高数学教学水平和技巧。而且它还搭建了师生网上交流咨询的平台，拓展了教育的空间。我要通过"华博士"开展一系列创造性的研究工作，真正让教师和孩子们在此获取更多的信息。

　　我的讲台已超越时空，得以延伸。这是我最为自豪的事，这不更是一个勇者的幸福吗？

十、一个笔耕者

　　我是个不能忍受平庸，但可以忍受甚至享受寂寞的人。我喜欢那种一人坐定，全世界都变得沉寂而缥缈、思绪也开始一点一点翩翩飞落的感觉。长期笔耕不辍，使我尝到了写作的兴趣。我知道写东西是一种促进思考的最佳方式。我的头脑，在那样的夜色里，总能处在一种清晰透彻的状态，让我总能站在一个较高的高度上去看问题，思考事情。多年来我挑灯夜战，在国家级和十多家省级刊物上发表论文百余篇，编写少儿读物、教学参考用书和教学研究专著两百多万字。在深圳，我从一名普通的数学老师到一位省一级学校的副校长，到今天从事教研工作，我从未停止过手中的笔。讲台之外，我总是去反思自己或他人在课堂上的所得所失，去总结今天和昨天的课堂，去思考将来的努力方向，结合生动的课例，去深刻地剖析，为自已也为喜欢数学教育的朋友留下一点值得咀嚼的东西。1997 年，我出版了第一本关于数学课堂教学的个人专著《黄爱华小学数学课堂教学艺术》；2003 年，结合我对课程改革的认识，对许多课改课例的尝试，在《人民教育》杂志社和国际文化出版公司的大力支持下，我又推出《中国当代著名教育流派·中青年专辑"黄爱华与活的数学课堂"》，此书在老师们中引起强烈反响，一再地加印；我的《以多媒体计算机为信息载体，实现学生获取知识信息最优化》一文获得广东省首届中小学计算机教学论文评比一等奖，等等。

　　我的个人专著得到了大家的厚爱，有些老师甚至来信说把它当作案头的"活字典"、数学教学的"掌中宝"。这让我深受鼓舞，也更加充满信心地继续去做一个作者。

十一、享受数字

　　深圳以它特有的胸怀为我搭建了多姿多彩的舞台。在这个舞台上，我全方位地呈现了属于我的数字世界的精彩。我感到我是为它们而生的，我的生命因它们而活得极具意义和价值。

应邀在澳门参加"全国小学优秀数学男教师教学风采"展示活动

一次次的公开课，一次次吸引了听者的目光。《河北教育》用了两年时间，连续刊登了我的 60 篇《课堂教学艺术例说》。我应邀出席全国各地举行的教学艺术和课程改革等研讨活动，所作的专题讲座，场场爆满。几年来，我的足迹遍及江苏、湖北、安徽、福建、海南、四川、上海等 20 多个省市，举办讲座 60 多场，公开课达 400 多节，近十万人与我分享了数学教学的乐趣。

老师们说："听黄老师的课，是一种享受；听黄老师的课，确实感到课堂教学是一门科学，一门艺术。"

学生们说："我们最爱上黄老师的课。"

恩师邱学华鼓励我："课堂趣、活、实，路子是对的。"

还有专家评价我的课说："课堂让人耳目一新，令人陶醉。课堂过程不是预设生成，而是互动生成，这是我们应该追求的一种教学境界。"

国家义务教育数学课程标准研制组负责人、中央民族大学孙晓天教授听了我的课后评价说："师生精彩"，"新课程倡导的组织者、引导者、参与者的角色体现到位"，"特级教师实至名归"。

在教学收益上，我的新教法、新思路、新手段，极大地提高了教学效率，做到了既减轻学生负担，又提高了教学质量。我所教过的毕业班参加统考，平均分、优秀率高，合格率为 100％，培养尖子生范围之广，参加全国性的数学竞赛奖项之高、获奖人数之多，也都是超乎寻常的。

在鲜花和掌声中，我面对热爱自己的学生，有一种强烈的幸福感。是的，我生命的激情都体现在孩子们身上，都在课堂上。我的每一个手势，每一次微笑，每一句表扬的话，每一道信任的目光都期待孩子们的情感回应；我的每一节课都是我和孩子们的情感之旅；我的满腔热情都投入到和孩子们在一起的分分秒秒里。

十二、妻儿与我

初来深圳，我是学校唯一有家却一日三餐吃食堂的人。家住得并不远，我却不与妻儿共餐。因为我的单身公寓内没有一张属于我的平静的书桌，我迷恋办公室的书桌，确认那是我安身立命、可以朝夕与共的地方。没有了它，我就没有了一切，就没有了魂。所以我把我自己留给了办公室，把整个人整颗心交给了校园的深夜。我时常在茫茫的夜色里，一句句练习课上要启发、点拨、解惑的每一句话，似一个在夜里喃喃自语的疯子。我会反复推敲这一句话的用词，直到妥帖才罢休。在深圳中学的超常班开始招生的日子里，我主动承担起辅导的任务。除了平时的教学外，周末也坚持和学生们在一起讲技巧，教方法，点路子，让学生们拿到解题的"金钥匙"。我跟学生泡在一起的时光似乎短暂而又漫长。我自己都分不清是忘了还是无暇顾及我的家人。到深圳四年的时间里，我竟没有陪他们出去玩过一次。儿子那时还很小，经常会嚷着"爸爸上哪儿去了，为什么不带我去公园啊"。我非常感谢的是，我美丽的妻总是把儿子哄得很乖，对我的忙碌总是理解又理解，没有任何怨言。学音乐的她还常在我的创作过程中给我很多启发，经常是我作品的第一个读者。有人说过，一个成功男人的背后必定有个伟大的女人。细想我的妻，觉得她真是万分的不易。

而这几年，儿子大了。回家搂搂儿子，与儿子聊天是我空闲里不可或缺的开心事。孩子是天生的诗人和发明家，他的奇思妙语令我无比惊喜，让我读到了未受污染的人类心智的原本。这些年来，我和儿子谈着谈着就会自然进入到我的课堂教学

中去，就能进入到一种状态，渐渐地，他能站在我的角度来思考，为我出谋划策，跟我一起探讨生活中有趣的数学问题，甚至为我动手准备教具。在他身上，每每会让我获得很多灵感，他似乎也成了我的教学伙伴。

我感谢上帝对我的垂青，给了我这样一个温暖的小家，他们母子成为我生命的港湾，随时让我栖息停泊，又再度促我扬帆远航。

十三、痴迷讲台

随着时间的推移，随着知名度的扩大，一些大大小小的光环套在了我头上。全国优秀教师、广东省南粤教书育人优秀教师（特等奖）、广东省青年岗位能手、深圳市十大杰出青年、深圳市鹏城青年功勋奖章获得者、广东省特级教师……我体验到了一个奋斗者的骄傲。在深圳这样一个物欲横流的城市里，朋友们常会笑问我：这些荣誉给你带来多少实惠，你著书立说一千字多少稿费？我回答：一千字 25 元。上帝，你几十万字要付出多少心血？换来多少钱呢？以你的聪明才智，如果转行的话，你知道可以给你带来多少财富吗？我的朋友们给我勾勒起了"宏伟蓝图"，并极其认真地为我展望我在特区"下海"的种种收获——一个人年轻时，外在因素对他的生活信念和生活道路会发生较大影响，而在我的这个年纪，它们已经大大减弱了。教坛的磨砺，让我已经牢固地确立了一种做人原则，我更多地看重精神性成就，它远超过外在的社会性成功。我的世界在哪儿呢？我的才能，我的尊严，我的荣耀，我的价值在哪儿呢？答案是非常肯定的：在我的教学田地里。在这个天地里我尽情地发挥，去尝试攀登高峰，是这平凡的工作带给我内心万分的镇定从容、十二分的饱满。这是件令人非常愉悦、非常享受的事情。我怎么可能动摇呢？那些课堂上孩子们殷殷渴求的目光、那些书本上神奇的阿拉伯数字，都已深深地镌刻在我心里，任何东西都洗刷不去。它们是我生命里最痴迷的东西，它们构成我内在的重大的精神财富，让我过上一种舒适的、惬意的生活，让我获得了生命中一种由衷的快乐。这不是可以轻易拿金钱衡量的。

所谓"一朝闻道，终身不移"，我还会一如既往地潜心于我的工作、我的事业，努力追求，永不停息。

十四、做个有魅力的人

　　课堂教学中设计的精妙、指导的精巧、用词的精辟、教师语言的风趣幽默，语气上的抑扬顿挫、教学机智的灵活等让一节课如同一块巨大的磁石，深深地把人吸引住。一个有吸引力的教师何尝不是一个好的艺术家、一个充满魅力的人呢？爱琢磨的我总是想着镜中这个先前有点腼腆的男子，除开课堂本身的设计之外，在自己的个人表现力方面究竟怎样展现出一些魅力呢？语言是最直接的名片。记得在读师范的时候，学校老师让我们苦练普通话和书法，课前五分钟即兴讲话，锻炼人前从容说话的胆量与口才，又组织同学们参加演讲比赛。音乐课上老师耐心教我们发声方法，找到共鸣腔，练习优美地不费力地发声。我记得我还是班里的宣传委员，每周三组织同学们声情并茂地唱歌。回想起来，原来老师是用心良苦，如此种种细节，为的是让我们能拥有一个教师最扎实的基本功。我的男中音大概就是在那时训练出来的。我的一手好粉笔字也得到较大的长进。我在工作实践中发现，教师的语言功底的确是相当重要的。相声、小品演员的语言常常强烈地感染我，话剧演员的语言又常常把我带入故事的情境，他们良好的语言表现能力给了我极大的启发，我在反复模仿练习中找到了一种优美而文雅的与人与学生交谈的技巧，渐渐把准确贴切、生动活泼、极富幽默感的语言用在课堂上，让设计与表达完美地结合在一起，把课堂上教师应做的部分做到极富吸引力，如诗如画般地呈现在课堂上，感染学生。事实上，技巧还需内涵支撑。生活里，我觉得自己是个亦静亦动的人，性情上也是个乐观、向上、有着积极心态的人。我广泛涉猎各个层面，听音乐，打球，玩游戏，读书等，宽广的视野与活动空间在某种程度上既丰富了我的生活，也极好地滋养了我的心灵。常听人说，我的教学语言是轻松的、诙谐幽默的。我知道，这跟人的心态、性情有关。我想说的是，就像琢磨我的课堂一样，为了完善课堂，我在长期地修炼我的心。做一个有魅力的教师，是我努力的方向。

在安徽省蚌埠市讲学

十五、走在路上

荣誉永远是过去式。一个人，在爬山的途中已经看到些许风光，但如果停滞，那就看不到未来，看不到峰顶最美丽的景致。已进入不惑之年的我，常常提醒自己不要有这种心理近视。一位心理学家说过，在人的本性中有一种倾向，我们把自己想象成什么样，就真的会成为什么样。未来，我想要的是什么呢？在博大的网络世界里，来自全国各地的诸多的数学老师们，以及在灯下奋力汲取知识的孩子们，他们还挤拥着，投着期盼的目光为我守候，等待着我与他们一道探讨教学中遇到的各类问题，为他们答疑解惑；小学课本中涉及的所有的数学知识，以及各色精彩的教学案例在我这儿还只尝试探索了一部分。在新的时期里，孩子们的思维、他们所经历的生活每天都在变化、在跳跃，课堂教学如何做到与时俱进，如何做到不断更新，依然是摆在我面前最深邃最需思考的课题……课堂上如鱼得水、左右逢源、驾驭自如得益于不断创造。只有不断学习、不断激活创造力，艺术之泉才不至于枯竭，才会源远流长啊。时间是个"贼"，一不留神它就偷走了年华。在人有限的生命里，我比从前越发地加快了步履，我挤时间读书、学习、钻研、琢磨；我仍携带教具去异地交流，下一站永远会在不远处等着我。我相信，探索是幸福的，创造者是幸运的。既然已选定了自己一生的事业，就必定欲罢不能，乐此不疲。这是在路上行走的感觉，充满自信与定力的感觉，永远年轻、神清气爽、意气风发的感觉。我万分庆幸自己走上了这条合乎我天性的道路。

　　人群中闪现出一个相当风趣，富有干劲、生气，每个毛孔都散发出活力的人，我看到，那就是我，和从前别无二致，除了更加稳健的步履。

我的教学主张

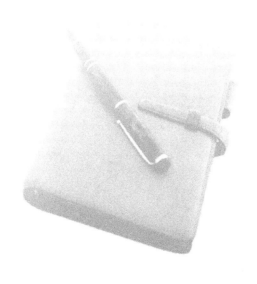

第一条　教育在今天已经不能只停留在完成传递文化知识与技能上，停留在让学生只知模仿与继承、不思考不创新的层面上，教育应该点燃学生的探索欲望，开掘出学生的创新潜能。

一、为学生的终身学习奠定基础

国务院《关于基础教育改革与发展的决定》中对于"深化教育教学改革，扎实推进素质教育"的一项要求，要使学生"具有初步创新精神、实践能力、科学和人文素养以及环境意识；具有适应终身学习的基础知识、基本能力和方法……"简而言之，要培养能终身学习的学生。21世纪的人才，必须具备学习、创新和创造性应用知识的能力，终身教育与创新是当今教育的本真。

随着强调培养创新精神和实践能力的素质教育的全面推行，教育在今天已经不能只停留在完成传递文化知识与技能上，停留在让学生只知模仿与继承、不思考不创新的层面上，教育应该点燃学生的探索欲望，开掘出学生的创新潜能。传统的师生关系是师教生学，课堂上老师依大纲要求传道、授业、解惑，学生按课本内容听

讲、领会、练习。可今后，师生关系将发生巨大的变化，过去那种有知识的老师教导无知识学生的情况将极为少见，而更多地体现为群体、个体在共同探究有关课题的过程中互相影响，师生平等协作，互动提升，教师则是学习群体中的一个成员。其次，学生是教育活动的主体而不是被动接受知识灌输的客体。学生是一个个有血有肉的、活生生的人，在学习过程中，不只是机械的、被动的"受体"，而是在原有思维逻辑、认识水平上激活和重构的"主体"。老师是学习过程中的有效引路人，是他们主动地学习、认真地实践、努力地探索中适宜的点拨者、亲切的慰藉者、无私的协助者和诚挚的合作者，会使他们感悟到自学的快慰、求真的艰辛和成功的喜悦。最后，师生平等、学习互动是最重要的。有效的教育，应建立在充分尊重学生的群体特征的基础上，讲究理解、沟通、包容与合作，这样才能获得学生的认同和配合。教师作为普通的个体，需要和学生一起成长。学生潜力是巨大的，他们敢破框框，思维敏捷，涉猎广泛，具有一定的语言表达、材料选用、分析研究能力。这对老师就是一种挑战。老师应自觉地走下"神坛"，使师生关系从过去居高临下的师道尊严转变为相互尊重、平等民主、团结合作的关系，在师生的共同活动中一起拓展学习的时空，领受前所未有的协调和愉悦。

正在进行的课程改革，其根本的任务就是调整和改革基础教育的课程体系、结构、内容，构建符合素质教育要求的基础教育课程体系。新课程的核心理念包括：（1）为了全体学生的全面发展；（2）强调教学内容与学生生活以及现代社会和科技发展建立联系；（3）倡导主动、合作、探索的学习方式；（4）使学生形成正确的价值观；（5）培养创新精神与实践能力。新课程的价值取向是着眼全人的发展，这必将使课程目标发生深刻的变革。数学教学的目标不仅仅是知识的传授，还包括学生对学习过程的理解、学习方法的掌握，以及态度、情感和价值观的培养、熏陶。知识的传授、理解学习过程和掌握学习方法是显性的，直接体现在教材之中；态度、情感和价值观则是隐性的，是活的教学内容，需要教师在教材中发掘，并结合学生的具体情况进行教学。应提倡"以学论教、发展为本、活化教材"。要从教教材转变为用教材，为学生的发展服务，不是学生为教师或教材服务。要拓宽教材的探索空间，挖掘教材的个性内涵，还原教材的生活本色。我们的教学既要培养学生的实践能力和创造性，又要关注学生的情感，更要在数学教育中教育孩子做人。

综上所述，教师应顺应时代，认知新世纪的终身学习理念，应在不断学习中提升自己的全面素质，应明确师生平等互动的新型关系，培养适应终身学习需具备的创新精神和实践能力的一代新人，以课堂为小社会，视社会为大课堂，上好每一堂课，既为学生的终身学习奠定基础，也使教师自己成为学生终身学习的典范。

二、数学应是现实的，是生活化的，是儿童乐于做的

英国皇家出版局在 1981 年出版的《库克罗夫报告·数学问题》一书中提出几个有趣的问题，前面两个分别是（1）为什么教孩子学数学？回答是：无论是在科学研究中、在商业和工业中以及在日常生活中，数学都有很大的用处。（2）为什么人们喜爱数学？回答是：数学的吸引力主要在于人们从中得到了智与美的满足，但有些人可能是因为数学有用而爱好它。这两个问题对实现新课程理念中所提到的"大众化数学"要求是很有启发的。

"大众数学教育"是一种面向人人，希望使数学对大多数学生来说更有吸引力和力所能及的教育理念。在我国，主导的大众数学教育思想认为，"大众数学意义下的数学教育体系所追求的教育目标，就是让每个人都能够掌握有用的数学"。其基本含义包括"人人学有用的数学"、"人人掌握数学"、"不同的人学习不同的数学"。教育部于 2001 年颁布的《全日制义务教育数学课程标准（实验稿）》又将这一思想进一步阐述为"人人学有价值的数学"、"人人都能获得必需的数学"、"不同的人在数学上得到不同的发展"。

长期以来，我国的数学教育是一种典型的精英教育。这种教育是确保个别学生的发展需要而牺牲大多数学生的发展利益。教育的内容不是学生掌握不了，就是学了也没用。这种教育的价值是为高一级的学校筛选少数数学"能人"，体现的是"筛子"的功能。它未能使大多数人体验到学习数学的成功与喜悦，获得学习的自信心。现代社会的发展需要精英，需要有专业知识和专业精神的人，全盘否定精英教育的价值也是不可取的。因此，大众数学教育强调"不同的人在数学上得到不同的发展"，就有解决大众数学教育和精英数学教育的矛盾冲突的意思，认为大众数学与精英教育并不对立。

作为基础数学教育，应使人人为今后升学、就业和自学打下扎实的应用数学的

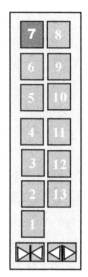

基本功，而不是把每个学生培养成未来的数学家。在面向全体学生，全面贯彻教育方针的前提下，小学数学教育要走一条以大众数学教育为目标的"普及"教育路线。要站在 21 世纪人的精神文化发展的高度，着眼于让每个学生在现有的条件下掌握有用的数学，使每个学生通过努力能够学好数学，不同类型的学生学习不同层次的数学。具体地说，就是要在小学数学中反映和渗透 21 世纪社会发展对公民提出的必备的数学知识要求；要以适应小学生年龄特征的大众化、生活化方式呈现教学内容；要让小学生了解数学知识的形成过程，并通过现实活动学习数学；教师给予学生的不只是现成的知识，更重要的是让学生学会科学地提出、分析和解决实际问题的思维方法。

有一次，我在电梯中与一个刚上一年级的学生观察电梯间中层数的一种特殊安排情形（如图）。恰好我们同去七楼（即图中的"7"被按，呈红色），我试着问这个一年级的学生：小朋友，在 1～13 这些数中，处在正中间的数是几呢？这个学生想了想，根据电梯按钮板上呈现的数较为迅速地答出是"7"。因为，在这个问题情境中，清楚地显示着：在"7"这个红色按钮的下面与右边都是呈灰色的六个按钮，并且分别标有"1～6"与"8～13"六个数。数学的价值就在于如何引导学生结合他们的生活经验和知识水平去体验、感受数学的价值，进而增强学习数学的内在动力，提高学生的数学素养。

又如，一位数学教师给学生出了这样一道思考题：全校 2100 名学生包场看电影，电影院有座位 1300 个，怎样处理才使全校学生都看到电影，也不浪费座位？结果学生想出解决问题的几种思路：

（1）请低年级学生家长陪学生一道看电影；

（2）学校单独包一场电影，再与邻校合包一场电影；

（3）与电影院协商，适当降低票价，学校和电影院各承担一点损失。

……

这道题主要是启发学生寻求解决问题的办法，掌握解决问题的策略。适当设计这类生活中的实际问题，让学生去思考解决，有利于培养小学生的创新意识和实践活动的数学学习能力，使学生感到"学数学有用"。

我们要创造适合于儿童学习的数学，这种数学是现实的，是生活化的，是活动的，是可操作的，是儿童乐于做的。目的是要促使每一个学生在自主学习、合作探索的基础上得到良好的发展，并在此基础上获得成功，获得自信，具有成就感。

三、促进学生主动地、富有个性地学习

为什么我们培养出来的学生竞争能力差、知识面窄、技能单一、缺乏创新的激情与活力？问题究竟出在哪儿？我们有必要反思原有的教学方式和学生的学习方式。人们的学习主要有两种，一种是接受式学习，另一种是探究式学习；两种学习相辅相成，缺一不可。而我们过去的教育过多地注重了接受式学习，忽略了探究性学习在人的发展中的重要价值，使探究性学习如观察、实践、调查、实验等在教学中处于极次要的地位。传统的课堂教学模式，以教师、课堂、书本为中心，重视向学生"灌输"书本的知识，忽视与学生的交流、合作和主动参与；重视已有结论的死记硬背，被动模仿，忽视学生的学习方法、学习习惯和人生态度的培养；重视教学过程

的严格统一，忽视学生的个性差异；重视复习巩固，忽视学生的实践和经验，忽视创新精神和实践能力的培养；重视认知目标，忽视情感目标；重视"应试技巧"的训练，忽视学生德、智、体、美等方面的全面发展；缺乏课程实施、课程评价等课程整体的观念，认为课程实施就是依靠教科书，以"课本为本"教学。这种教学模式使学生学习方法机械、呆板，靠死记硬背完成学业，明显地带有被动学习的特征，使之难以适应新的学习。

《基础教育课程改革纲要（试行）》明确指出：改变过于强调接受学习、死记硬背、机械训练的现状，倡导学生主动参与、乐于探究、勤于动手，培养学生搜集处理信息的能力、获取新知识的能力、分析和解决问题的能力以及交流与合作的能力。创造适合儿童发展的数学课堂必须探索学习的新形式，真正改变学生的学习方式。给学生一些权利，让他自己去选择；给学生一些机会，让他自己去体验；给学生一些困难，让他自己去解决；给学生一些条件，让他自己去锻炼；给学生一片空间，让他自己向前走。

（一）在多元智能理论的指导下，树立尊重个性的教育观

1983 年，美国哈佛大学教育学教授霍华德·加德纳（Howard Gardner）在学校进行推进教育的研究项目《零点项目》时，开始对那些被大多数人认为不够聪明的学生的"才能"进行关注，他花费了十几年的时间，综合神经生物学、心理学、人类学、哲学和史学等相关理论，分析天才儿童、脑损伤儿童、正常儿童及各民族儿童的研究，收集了大量数据和例证，发现并证实了人具有的多种智能，提出了他的"多元智能理论"。这一理论认为人人都有属于自己的聪明才智，只不过因为人类对于智力的偏颇理解而未被人珍视。他的理论打破了传统的单一的智力观、儿童观和教育观，告诉人们，人生来具备多种的潜能，比如音乐智能、身体运动的智能、语言智能、数学逻辑智能等，这些潜能在不同人身上的组合不同，经过后天环境的刺激，使人具有了不同的能力特征。

加德纳教授认为人在实际生活中所表现出来的多种多样的智能可被区分为七项：语言文字智能（Verbal/Linguistic intelligence）、数学逻辑智能（Logical/Mathematical intelligence）、视觉空间智能（Visual/Spatial intelligence）、身体运动智能（Bodily/Kinesthetic intelligence）、音乐旋律智能（Musical/Rhythmic in telligence)、人际关系智能（Inter-personal intelligence）、自我认知智能（Intra-personal intelligence）。

多元智能理论对我们的教育具有革命性的启发，主要在于其有助于树立尊重个性的教育观。多元智能理论扩展了我们对智能的观念，提醒我们尊重每一个孩子的个性，扩展了我们教育的目标。教育应该珍视这些多样的潜能，提供丰富的机会使这些潜能得到发展而非受到压抑。多元的智能需要教育提供多元的、可选择的课程来发展。多元智能理论提醒我们尊重每个儿童的学习方式。世界上没有相同的两个人，适应个别需要的教育是我们应追求的理想。多元的智能组合必然带来多元的学习方式，正如好动的孩子需要伴随舞蹈来加深对英语单词的记忆一样。我们应该反思，整齐划一缺乏变化和个性的学习方式是否需要来一个革命了。

在浙江大学教育学院举办的特级教师教学艺术观摩会上

（二）改变学生的学习方式

1. 实施探究性学习

儿童有与生俱来的探究的需要、获得新的体验的需要、获得认可与被人欣赏的需要，以及承担责任的需要。这些需要的满足，必须提供给一定的教育环境和适当的方法。要从根本上改变学生的学习方式，一是设置新的课程，强化探究性和实践性的教学目标，倡导新的课程形式，给学生提供一个开放性的、面向实际的、主动探究的学习环境；二是在学科教学中实施探究性学习。

新课程强调培养学生的创新精神与实践能力，改变学生学习方式，大大加强了探究式学习的比重，这就要求教师在教学中处理好学生自主与教师指导之间的关系。在探究性学习中，通过设置问题情境，让学生独立、自主地发现问题。通过实验、操作、调查、信息搜集与处理、表达与交流等活动，经历探究过程获得知识与能力，掌握解决问题的方法，获得情感体验。

如，在数学史上的"单位分数"，又名为"古埃及分数"。一位老师查阅了一些有关古埃及分数的数据，并收集了一些相关图片，然后与五年级学生一起进行了一次美妙的"古埃及之旅"。这次"古埃及之旅"历时三节课，分三天进行。三天的"古埃及之旅"，师生始终围绕一个主题展开活动：

把一个真分数写成相异分数单位的和。

例如，$\frac{7}{10} = \frac{1}{2} + \frac{1}{5} = \frac{1}{3} + \frac{1}{6} + \frac{1}{5} = \cdots\cdots$

围绕主题，师生共同研究了以下五个问题：

（1）如何把一个真分数写成相异分数单位的和？你们可以想出几种办法？

（2）单位分数本身是否可写成相异分数单位的和？

（3）是否任何一个真分数都可写成相异单位分数的和？试说明理由。

（4）一个真分数写成相异分数单位的和的方式有多少种？

（5）是否所有的真分数都可写成两个相异分数单位和的形式？为什么？

上述五个问题对于五年级的学生来说并不容易。课堂上，学生从疑惑不解、不知所措，到苦思冥想、若有所悟，最后豁然开朗。在这三天里，数学课堂变得有趣而富有挑战性。学生感受到数学学习所带来的快乐。

探究学习虽然十分强调学生的自主性，但并不忽略教师的指导作用。且特别强调教师要适时、必要、谨慎、有效地指导，追求真正从探究中有所收获，包括增进对世界的认识和学生探究素质的不断提升，从而使学生的探究实践能力得到不断提高和完善。教师如何指导学生的探究需要研究，包括：探究的进度能否由教师预先确定或设计；是否应该先给学生一段时间让他们自主地开展非指导性的探究；探究过程中学生自主活动的重点是什么，教师重点指导探究的是哪些方面；如何引导，何时介入，介入多少；哪些指导是必要的，怎样指导才算充分；何时需要提供背景资料或有关信息，何时传授相应的准备性知识，何时推荐学生阅读教科书，或向图书馆、互联网、成人求助等。

2. 让儿童去"做数学"

（1）什么是"做数学"？

简单地说，"做数学"就是将学习对象作为一个问题解决的对象，通过自己（独立的或是伙伴合作的）探索性的活动，包括操作实验、合作探究、预测假设、共享交流、尝试修正等一系列主体性的活动，来主动构建数学知识。可见，"做数学"的最基本特征就是：强调将数学学习与儿童的生活联系起来；强调数学学习是儿童的一种发现、操作、尝试等主动实践活动；强调数学学习的探究性与体验性；强调数学学习也是一种认识现实世界的一般方法的学习；强调数学学习是群体交互合作与经验共享的过程。

从儿童的年龄及其心理特征来看，他们要获得真正的主体性的学习，则其学习活动永远是从问题与兴趣开始的。儿童的好动、好奇、关注自己的生活、关注有兴趣的问题的特点，永远是他们真正主动学习的一种动力。所以，小学的数学学习不应仅仅是一种由教师预设并组织展开的接受性质的活动过程，更应是由一个团体共同设计与完成的、个体在充分地交流与共享的过程中开展实践性质的活动过程。

（2）怎样让儿童去"做数学"？

我们可以借鉴 hands-on 的理念并将其引入小学数学的教育之中。hands-on 意思是"动手活动"。美国科学家总结出来的这一教育思想和方法，目的在于让学生以更科学的方法学习知识，尤其强调对学生学习方法、思维方法、学习态度的培养。什么是 hands-on 方案呢？其特点是：第一，这一方案强调动手实践活动，强调从周围生活中取材；第二，这一方案强调学生主动学习；第三，这一方案不仅强调对知识的学习，而且更重要的是强调对学生学习方法、思维方法、学习态度的培养；第四，hands-on 提倡合作交流。强调在活动过程中，学生应该与同伴进行交流，向教师阐述自己的观点，与其他同学及不同实验结果进行比较，以检验其观点和实验结果的准确性和有效性；第五，hands-on 活动是围绕一定的主题进行的，每一个主题都应使学生有足够时间进行探索和交流。

hands-on 活动的基本过程是：提出问题—动手做实验—观察记录—解释讨论—

在河南省郑州市做专题讲座

得出结论—表达陈述。具体地说，在开展这一活动时，有以下几个步骤：第一，学生观察一个物体或一种现象，或者操作某些学具；第二，学生在研究所观察的物体或现象的过程中进行思考，与同伴进行讨论和交流，以弥补他们在单纯的观察和操作活动中的不足；第三，老师按一定的顺序给学生们推荐活动，学生可以从中做出选择并实施这些活动，学生在选择中有较强的自主性；第四，这一活动可以以课内外相结合的形式进行，学生每周至少花两个小时进行同一个主题的活动，并应保证这些活动在整个学习进程中的持续性和稳定性；第五，孩子们每个人都记录活动过程。学生通过这一活动，逐渐学会操作，同时加强并巩固口头和书面表达能力，提高解决问题的能力，增进理解力。

　　hands-on采用的学习方法是基于行动、提问、研究和实验，而不是死记硬背固有知识。hands-on方法强调学生亲自动手实验和思考，并为理解实验结果而进行讨论。在这一过程中，学生具有一定的自主性。学生们在活动中不仅增进了对知识的理解，而且学会活动基本方法。在活动过程中，学生需要学会做个人记录，学习构思工作计划并且能汇报自己所学知识。他们也有机会练习写作并学习制作图表，用一定形式呈现和报告研究结果。

教学"圆的认识"，可设计这样"做数学"的探究过程：

(1) 创设问题情境。

班级的同学在操场上玩一个游戏。一面小红旗插在场地上，在裁判的口令发出后，所有的同学开始一起去夺那面小红旗，夺到的人就算胜。但是，为了保证公正性，这些同学应该怎样排列最合理？你能否尝试将自己的想法画出来？并试着说说理由？

(2) 探究圆的特征。

当多数学生认为应作圆形排列时，引导学生探究圆的特征，经历下面的探究过程：

①预测：你能不能猜猜你想研究的问题，可以怎么回答？

②制订学习计划：

第一步计划做＿＿＿＿＿，主要想探究的问题＿＿＿＿＿。

第二步计划做＿＿＿＿＿，主要想探究的问题＿＿＿＿＿。

第三步计划做＿＿＿＿＿，主要想探究的问题＿＿＿＿＿。

③你的观察与探究记录：＿＿＿＿＿＿＿＿＿＿＿＿＿。

④评价：

现在你可以自己来判断一下，原来的猜测对吗？＿＿＿＿＿＿

如果有错，主要是什么地方错了？为什么会错？＿＿＿＿＿＿

(3) 跟进探究活动。

①如果你手上有一个圆，现在要得到这个圆的一半，你可能会用什么方法来解决？能说出些理由吗？

②现在需要得到一个圆，而你手上却没有圆规，你可能会用什么方法将这个圆画出来？将你所用的方法写出来。

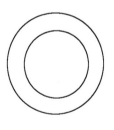

③操场上有如右图这样一个跑道，你先看看它有什么特点；你能不能试着将它画出来？

3. 强调体验性学习

新课程强调体验性学习。学生学习不仅要用脑子想，而且还要用眼睛看，用耳去听，用嘴去说，用手去做，即用自己的身体去亲身经历，用自己的心灵去感悟。这不仅是理解知识的需要，更是激发学生生命活力、促进学生成长的需要。基于此，课程标准提出了体验性目标，强调"活动"、"操作"、"实践"、"考察"、"调查"等活动，而且重视学生的直接经验，鼓励学生对教科书的自我解读，自我理解，尊重学生的个人感受和独特见解。

例如，在学习"生活中的数据"一节时，可让学生设计一个调查表，记录自己家庭一周内每天丢弃的塑料袋的数量；统计本小组一周内每个家庭每天丢弃的塑料袋的总数量，一年内丢弃的塑料袋数量。让学生计算，如果将全班同学家庭在一周内丢弃的塑料袋全部铺开，大约占多大的面积？可以铺满一间教室吗？这样的数学学习，贴近儿童生活，注重学生的亲身体验，不仅学会了数学知识，而且掌握了学习方法，增强了保护环境的意识。

4. 小课题和长作业

目前，进行小课题研究已经成为国内外教学中作业布置的一个重要趋势。学生进行小课题学习有以下几个特点：

（1）要有一个比较大的问题，对于学生来说这个问题具有进行探索的余地和思考的空间。

（2）学生进行小课题的学习是一种研究性的学习，过程是非常重要的。学生经历一个收集信息、处理信息和得出结论的过程，在此过程中学会一些探索的方法。

（3）学生具有一定的自主性，教师起到引导的作用。

（4）对小课题的评估主要不是看结果，而是注重过程。

（5）小课题的呈现主要通过学生对实物和具体模型的操作，其内容结合身边的事物。

（6）小课题的学习过程对于学生来说是有趣的。

这种学习的形式使学生在实际生活经验的情境中，感知和体验数与图形的现实意义，初步了解一些数的规律，学会利用知识与技能解决简单的现实问题。

小课题可以在课堂中通过合作学习方式完成，也可以通过作业形式布置，即要求学生经过一段时间的努力完成这一作业。这一段时间可以延续几周或者几个月，这就是长作业。长作业是课题学习在课外的延伸。

以直接经验的习得为目的的活动式教学主要有以下形式：

课题研究、现状调查现场考察、专题信息、情境模拟、作品制作、角色体验、佳作鉴赏、小实验、观察记录、竞赛、辩论。这些教学活动的关键是要打破原来课堂教学的时空观与程式，教师通过创设各种在课堂里或超越课堂的学习任务与情境，让学生参与其中，亲历过程，在感知、体验、内化的基础上习得有关的情感、态度、价值观与能力。

新的学习方式还包括自主学习和合作学习，强调学生是学习的主体，提倡学生参与确定学习目标、学习进度和评价目标，在学习中积极思考，在解决问题中学习。教师在教学过程中应注重培养学生的独立性和自主性，注重学生的经验与兴趣，培养学生主动参与、探究发现和交流合作，引导学生质疑、调查、探究，在实践中学习，促进学生在教师的指导下主动地、富有个性地学会学习，使每个学生的能力都得到发展，创造一个适合儿童发展的数学课堂。

第二条 全面盘活教育资源，全方位优化教学资讯，做教材的创造者，而不是教材的消费者。在开放的、多样化的教育情境中促进学生发展。

四、精心设计现实而富有吸引力的问题情境

现代心理学认为：教学时应设法为学生创设逼真的问题情境，唤起学生思考和创造的欲望。让学生置身于逼真的问题情境中，体验数学学习与实际生活的联系，品尝到用所学知识解释生活现象以及解决实际问题的乐趣。每一节课、每一个知识点、每一个环节，都力求做到融会贯通，举一反三，纵横交叉，让学生触类旁通，成为教材和课程的创造者，而不是消费者。

（一）什么是问题情境

问题情境就是一种具有一定的困难，需要学生努力去克服（寻找到完成任务的途径、方式），而又在学生能力范围内（努力之后可克服）的学习情境。问题情境对学生的元认知策略、问题解决技能和态度学习均有十分重要的意义。它主要是让学生形成清晰的目的图式，奠定解决问题的方向，引起学生对探究活动的动机和兴趣。

问题要有一定难度。苏联的维果茨基提出"最近发展区"的概念，所谓"最近发展区"是学生即将获得并且能够获得的经验，但这种经验现在并不具备。在探究

教学中，所提出的问题应该是在学生的最近发展区之内可以解决的难易适度的问题。太容易会使学生丧失兴趣，没有足够的动机；太难则使学生产生过多的挫折感，失去了进一步探究的信心。"跳一跳可以摘到桃子"形象地说明了这种问题的难易程度。

情境要有一定亮度。所谓明晰有两个标准：一是问题情境要有一定的条理，特别是有关的目的，达到目标的障碍条件一定要清晰地呈现，有时利用书面、黑板、幻灯呈现；二是尽量控制变量的数量，无关变量要尽可能少出现，以免学生对问题情境产生太多的迷惑，增加了探究的难度，而且不利于认知策略和智慧技能的形成。

呈现要有一定曲度。这一过程，从信息加工角度来看，是一个信息刺激接受器的选择性接受过程，因此要利用各种方法增加问题的新奇度。比如采用故事形式、电影形式呈现问题，引起思考。萨其曼曾提出，问题最好要包含一个异于常规的情境。

（二）创设问题情境的策略

创设问题情境的主旨是要把学生想要解决或解释某个实际问题的愿望转移到学习新课的认知兴趣上来。设置问题情境的方式方法很多，大致归成以下几类：

1. 创设现实的问题情境

1999 年 4 月 8 日上午，笔者曾应邀在浙江省绍兴市借班上一节课，内容是"百分数的意义和读写法"。为了联系学生的生活实际创设问题情境，我和学生作了这样的课前谈话：

师：同学们，黄老师很高兴来到著名的文化古城绍兴，给绍兴的小朋友上课。听说你们绍兴有很多土特产，同学们能不能介绍几种，让黄老师下课后，买一些带给深圳的老师尝尝。

（学生一听说要介绍土特产，又是给深圳的老师的，都举起了手。见到学生踊跃的样子，我心中窃喜，心想：想了十多天的情境设计就要成功了，第一位站起来回答的一定就是我设想的回答，随即请了一位学生回答）

生：黄老师，我建议你带些我们绍兴的土特产——"臭豆腐"回去，因为我们绍兴的臭豆腐闻起来臭，吃起来香。

（"臭豆腐"，根本不是我"需要"的。尽管是始料不及，但还是机智地想：也

好，第二个学生说出来可能会更真实。于是，先表扬这位学生，再引出下一位学生的回答）

师： 这位同学说得真好（其实对我来说一点也不好），不仅说出买什么土特产，还说出了为什么买。还有那位同学要推荐？

（我期待的第二位学生发言了）

生： 黄老师，我建议你买些梅干菜，当年周恩来总理在绍兴很喜欢吃。

（刚说完"臭豆腐"，又冒出"梅干菜"。听到这位学生的回答，我着急了。此时，第三位学生举起了手）

生： 黄老师，我建议你带几瓶绍兴黄酒回去，因为我们绍兴的黄酒驰名中外。

（听到这位同学的回答，真是听在耳里喜在心头。心想，总算出来了，马上接过学生的话）

师： 你们的绍兴黄酒的确驰名中外，我们深圳是一个移民城市，深圳人就很喜欢喝绍兴黄酒。

（接着又问）

师： 绍兴黄酒厉不厉害呢？

生： 不厉害的。

师： 你怎么知道的呢？

生： 酒瓶上贴着一张纸，也就是标签上写的。

师： 上面写着"不厉害"三个字吗？

生： 没有，好像写了一个百分之多少的，一看就知道这种酒不是很厉害了。

师： 是吗？同学们，有谁带酒瓶来了吗？

生： 没有。

（就在全班学生急于想知道酒瓶上写什么的时候，我从讲台下面拿出一瓶早已准备好的绍兴黄酒）

师： 哪位同学来看一看，酒瓶标签上写了什么？

生： 这瓶绍兴黄酒的酒精度是 17.5%，的确不是很厉害。

师： 见到这个 17.5%，同学们就知道，绍兴黄酒不是很厉害了。17.5% 是个什么数？

生： 百分数。

师： 生活中，除了酒瓶的标签上有百分数，还在哪里见过？

（学生举例）

师： 生活中，百分数的运用非常广泛，人们为什么喜欢用百分数而不用分数呢？用百分数有什么好处？什么叫百分数？今天这节课我们就一起来学习百分数。

（学生们兴趣盎然）

由于绍兴黄酒的问题情境取得较好的教学效果，三个星期后大连的老师邀请我去大连再上"百分数的意义和读写法"。到大连怎么上，问学生：大连的小朋友，你们知道绍兴黄酒吗？学生们一定说：不知道！想到大连是一个足球城市，恰逢上课的前一天有一场奥运会外围赛，于是有了下面的教学过程。

师： 同学们，昨晚看球了吗？

学生齐答："看了。"

师： 谁能介绍一下足球比赛的情况。

生： 中国国奥队以 3：0 大胜越南国奥队，取得第 25 届奥运会亚洲区足球外围赛首场比赛的胜利。中国一共进了 3 个球，分别在上半场进了两个球，下半场进了一个球。上半场进球的是前卫王鹏和前锋张玉宁，下半场进球的是中场大将李彦。

师： 足球城市的学生就是不一样，说起足球来头头是道。昨天的这场比赛，之所以能赢，有一个数据就很能说明问题。据统计，在整场比赛的 90 分钟内，中国国奥队的控球时间占整场比赛时间的 69.8%。也就是说，大多数的比赛时间内，球都被控制在中国队员的脚下，你说能不赢吗？（学生纷纷点头）

师： 有谁认识这个 69.8% 吗？是个什么数？

生： 是百分数。

师： 对，在生产、生活和工作中，人们进行调查统计和分析比较的时候，经常用到百分数。今天我们就一起来学习百分数。（板书课题）

上述的教学经历，由于联系了不同地域学生的实际生活，营造了一种现实而富有吸引力的学习情境，有效地激发了学生参与认知活动的积极性，激发了学生学习数学的兴趣与动机。现实的素材，培养了学生关注现实问题的自觉性和责任感。

又如，教学"用字母表示数"，有的老师在教学中结合人们在生活中用符号化的方法与手段来简要说明某一事物或现象引入这一节的教学。教学中，投影出示学生在现实生活中熟悉的"WTO"（世界贸易组织）、"CCTV"（中国中央电视台）、"CH9808"（深圳某一航班号）等，这些缩写与简化的表示方式让学生觉得用符号代表一系列的事物的含义在生活中无处不在，一旦有了这些认识与了解，学生就会相对主动地学习"用字母表示数"这一内容，也更有利于活用这一个"代数化"的数学思想去表述一些常用的数量关系。

2. 创设有趣的问题情境

著名心理学家希尔博士说过：人与人之间只有很小的差别，但这种差异却往往造成巨大的差异。人与人之间的很小的差别是指对事物有无兴趣，巨大的差异就是成功与失败。学生对学习有浓厚的兴趣，将是其获取知识和发展能力的最大动力。创设有趣的问题情境，使学生对学习内容本身发生兴趣，是激发学生积极主动学习的一种最实际、最直接的内驱力。

如，认识角的大小，设计这样的问题情境：如图，A、B 两个足球运动员要把球踢进对方球门，这时球在 B 运动员脚下，他为什么要把球传给 A？为什么在足球评说中经常听到"下底传中"的战术？

通过这一场情境的设计，把一个角的大小的问题与饶有趣味的足球比赛相联系，让学生体会到"下底传中"这一足球战术的数学味，也让喜欢踢足球学生将对足球的兴趣"转嫁"给了"角的大小"这一原来看似"乏味"的数学内容。

又如，教学"循环小数"时，教师通过一个简短诙谐的配乐故事，把学生牢牢地吸引住，师生在谈话中，非常自然地进入新课。

上课开始，教师让学生听一段配乐故事，"从前有座山，山上有座庙，庙里有个老和尚，他对小和尚说，从前有座山，山上有座庙，庙里有个老和尚，他对小和尚

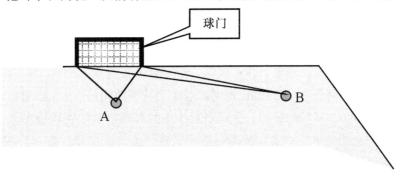

说，从前……"同学们听着配乐故事，不由自主地笑了，教师笑着关掉录音机，说："哪位同学能接着往下讲？"全班同学人人举手，都要求讲，老师指定一位同学站起来，接着往下讲："从前有座山，山上有座庙，庙里有个老和尚，他对小和尚说，从前有座山，山上有座庙，庙里有个老和尚，他对小和尚说——"这位同学讲到这里停了，教师问这位同学，"怎么不讲了？"这位同学说："这个故事讲不完。"教师对着全班同学说："这个故事能讲完吗？"学生齐答："讲不完。""为什么呢？"老师又问。一位同学举手说："因为这个故事总是不断地重复说这几句话。""说得很好。在数学王国里，就有一种小数，这种小数，小数部分的数字也会像这个故事里的几句话一样，不断地重复出现。同学们想认识它吗？""今天这节课我们就来学习'循环小数'"，由此导入新课。

"循环小数"这一概念的教学过程中，往往出现学生学了新课后，不能准确地口述概念的定义，对个别词语的理解也不够深刻。究其原因，一是这个概念的本身比较抽象，学生难以理解；二是教师在教法上存在问题。以简短诙谐的配乐故事，作为这节课的"开场白"，形成了轻松、愉悦、民主的学习气氛，使学生一下子进入最佳的学习状态。听故事，讲故事，不但激发了学生学习的兴趣，而且还让学生在民主的教学氛围中，初步感知了"无限"、"不断"、"重复"等概念中重点词的含义，起到了分散教学的难点的作用，有利于学生理解和掌握概念。

3. 创设探究的问题情境

学生们都希望自己是一个探索者、研究者和发现者。教师的作用在于激发这种探索和求知的欲望。

教学"小数的性质"，教科书上的例题是"比较 0.1 米、0.10 米、0.100 米的大小"。（人教版《九年义务教育六年制小学数学教科书第八册》第 100 页）教师没有直接出示例题，而是设计了这样的引入：

（1）引趣。教师先在黑板上写三个"1"，提问：这三个 1 相等吗？学生回答相等后教师用等于号连接。接着，教师在第二个 1 后面添写上一个 0，成 10；在第三个 1 的后面添写上两个 0，成 100，提问：现在这三个数相等吗？（不相等）你能想办法使它们相等吗？教师的提问，立即引起学生的兴趣，学生在积极思考之后，回答可以分别添上长度单位"米、分米、厘米"或"分米、厘米、毫米"就相等了。教师根据学生的回答，板书：1 分米＝10 厘米＝100 毫米。

（2）改写。教师引导学生把 1 分米、10 厘米、100 毫米改写成用"米"作单位的数，得到：0.1 米、0.10 米、0.100 米。

（3）比较。比较改写后，实际长度有没有变化，得出：0.1 米 = 0.10 米 = 0.100 米。

（4）观察。引导学生先从左到右，再从右到左观察比较三个小数有什么变化，使学生初步认识到小数的末尾添上"0"或者去掉"0"，小数的大小不变。

课本中的例题，是提供给学生学习的材料，也是教师施教的依据，能否处理好例题的教学，用"活"例题，是优化教学过程的关键。教师精心设计了一个有趣的问题情境，1、1、1，这三个数相等吗？显然是相等的。1、10、100，这三个数相等吗？显然是不相等的，怎样才能使它们相等呢？富有启发性、趣味性的提问，吸引着学生。教师将 1 分米、10 厘米、100 毫米这几个用以改写、比较的具体长度隐藏起来，让学生动脑筋后得出它们的相等关系，学生在"相等"——"不相等"——"相等"的变化过程中，尝到思维成功的乐趣，使学生在愉悦的心境中参与认知活动。在此基础上，引导学生观察比较，发现规律，必能取得好的教学效果。如此引入教学例题后，若能再次抓住例题中的三个"1"，提问：学了小数的性质后，你能想出别的办法，使 1、10、100 相等吗？看谁最简便。答案是在 10 和 100 的 1 后面点上小数点即 1 = 1.0 = 1.00。这样既前后照应，又培养学生灵活运用新知识解决问题的能力，效果更佳。

又如，在教学"三角形的高"时，创设一种类似游戏的情境：小红、小刚和小明在一块等边三角形草地的三个角上分别要尽快采到对面的花朵（见下页左图），问他们分别应怎样设计线路才能赢得这场比赛？这个问题情境中的"尽快采到"的要求就是三角形的高，与前面所学习的点到直线（或线段）的垂线段最短这一知识相吻合。它比一般地在教学中让学生画垂线段学习高更能让课堂充满探究的兴趣。当学生解决这个问题时，教师又出示一个任意三角形（见下页右图）提问：如果那块草地是这样形状的三角形，要尽快采到对面的花朵，你会选择哪种颜色的花？为什么？引导学生对三角形高的不同长度进行更深层的探索活动。

4. 创设开放的问题情境

创设开放的问题情境为学生的探索提供大量可以选择的信息，学生可以根据自己的理解、自己的爱好选择不同的信息，从而形成个性化的解决问题的方法。

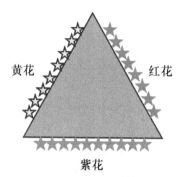

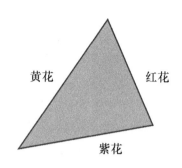

如，进行"四位数的认识"教学之前，要求同学翻阅资料或上网，查找能反映"伟大祖国"的数据，并自由组合（2～3 人一组），将收集到的资料编成节目表演。一上课，老师请两位学生表演一段相声"伟大祖国"：

甲：中国有广阔无垠的原野。青藏高原，海拔 4500 米，素有"世界屋脊"之称。

乙：中国有绵延起伏的山。天下第一奇山——黄山，面积 1200 平方千米，海拔 1800 米。

甲：我知道，珠穆朗玛峰海拔 8848 米，是世界最高峰。

乙：我也知道，奇秀甲天下的名山——庐山海拔 1474 米。

甲：我更知道，五岳中的北岳恒山，海拔 2017 米，是五岳中最高的山峰。

乙：我国有源远流长的河，中国第一大河——长江，全长 6300 千米。居世界第三位。

甲：我知道，中华民族的摇篮——黄河，全长 5464 千米，是中国第二大河。

乙：我国有世界最长的运河——京杭大运河，全长 1794 千米。

甲：我知道，中华民族的象征——万里长城是中国古代人民创造的世界奇迹之一。全长 6700 千米。

乙：中国向来以地大物博闻名世界，我国国土总面积有 960 万平方千米，南北相距 5500 千米，居世界第三位。

合：啊！祖国，我爱您！

这段相声中共有十一个四位数。学生边听相声边了解着这些四位数，当听到我国有这么多名山大川时，感到无比骄傲和自豪。这样，既进行知识的铺垫，又进行了爱国主义的思想教育。这种情境的开放，一是坚持了数学的特征；二是重视在学生建构数学知识、数学思想和数学方法的过程中自然地渗透语文、德育、美育诸方面的元素。通过这种愉悦的学习情境，诱发学习情趣，使教学进入高潮，让学生进入最佳学习状态。

5. 创设新奇的问题情境

小学生总是对新知识充满兴趣和好奇心，当学生有了学习某一数学知识的愿望时，就能引起一系列的学习活动。在教学中，教师要随着学生认识的不断深入，在新课导入和知识的转折处精心设计问题情境，使新旧知识碰撞产生思维的火花，激发起学生认知内驱力，使学生保持一种紧张、富有创造性的精神状态，促使学生积极主动地探求新知，提高课堂教学效率。

如，教学"两位数与11相乘的速算法"，教师通过学生出题，自己快速口算引入新课。

教师先出示□×11＝□，让学生确定被乘数（两位数），成为一道两位数与11相乘的算式，然后再自己口算出这个数与11相乘的积。如：

生：15乘以11。

师：15乘以11等于165。

生：24乘以11。

师：24乘以11等于264。

生：37乘以11。

师：37乘以11等于407。

开始学生对老师的回答半信半疑，有的动笔算了起来，"神了，没错！""老师怎么会那么快就算出来的呢？"就在学生十分想知道，但又不知怎么回事的时候，教师说："同学们，想学会两位数与11相乘的速算方法吗？"（生：想）自然地导入新课。

教师先让学生在黑板上板演学生所出题的计算过程：

$$
\begin{array}{r}
15 \\
\times\ 11 \\
\hline
15 \\
15\ \ \\
\hline
165
\end{array}
\qquad
\begin{array}{r}
24 \\
\times\ 11 \\
\hline
24 \\
24\ \ \\
\hline
264
\end{array}
$$

引导学生仔细观察这两题的计算过程：

（1）积是怎么得来的？

（2）积与被乘数（两位数）的两个数字之间有什么关系？

（3）你发现了什么规律？

学生经过认真思考发现，积的百位和个位上的数字和被乘数的十位和个位上的数字相同，积的十位上的数字是被乘数十位和个位上的数字的和。

为了帮助学生深刻地理解和掌握，教师肯定了学生发现的规律，并出示设计新颖的折叠式卡片，配合学生的板演，动态地演示如下：

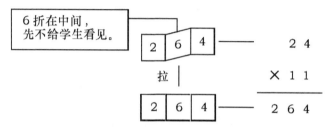

在这个基础上，师生共同概括出两位数与11相乘的速算法"两头一拉，中间相加"。学生的认知需求得到了满足，教师紧接着出示一组题，要求学生口算，学生一个个信心十足，练习时十分踊跃。

16×11＝   35×11＝   42×11＝

54×11＝   81×11＝   48×11＝

当教师出示第6小题（48×11＝）时，学生发现，4＋8＝12，由于遇到了新情况，热烈的气氛一下子沉寂下来。怎么办呢？教师没有立即教给改进的办法，而是引导学生联想竖式计算的过程。经过联想有几位同学率先举起了手，说："像这种满十的情况，向前一位进一，就可以了。"学生通过观察讨论，一致认为原来的速算方法，还要再补充四个字"满十进一"。那么48×11也就等于528。教师又出示一组题，让学生及时巩固所学知识。

76×11＝   29×11＝   68×11＝

99×11＝   34×22＝   53×33＝

这一组，第二行的三个小题又有了新的变化，99×11，"满十进一"后百位上又满了十；34×22和53×33的因数变化了，怎么办呢？这几题的出现再次激发起学生的认知内驱力。学生有了两次成功的经验，情绪更加高涨，再次投入到新的探索中，经过思考讨论，学生都能用刚才学的方法，顺利解决新的问题。

教师运用"最近发展区"的理论，精心设计问题情境，在教学的不同阶段，不断地激发起学生认知内驱力，使学生通过主动学习来满足认知需求。教学新知识之前，教师神奇的口算，先让学生由衷地产生了想掌握这种速算方法的愿望。然后通过三次不断变化的问题情境，引导学生思考、探索、发现。其间三次变化衔接自然，不断深入。在探索的过程中，学生通过主动学习、主动探索，带来内心的满足感。

6. 创设喻理的问题情境

以生活中的事例、趣事和典故作比喻，引出新概念，可以使枯燥、抽象的概念变得生动、有趣，易于理解，为新知识的学习做好铺垫。

如，教科书在"约数和倍数"这一知识点中，有这样一句话：约数和倍数是相互依存的。如何联系学生生活中相互依存的关系，帮助学生建构这一知识。笔者带领学生唱歌，引出生活中人与人之间的相互依存关系。

师：同学们，上课前，我们一起唱首歌好吗？

生：好！

（音乐班长站了起来，准备起音。我请他坐下）

师：今天能否由老师点歌，老师点什么，你们就唱什么？

生：试试看！

（学生显得很自信）

师：我很喜欢听一首歌，名字叫《世上只有妈妈好》，会唱吗？ 生齐答：会！

（我和全班学生十分动情地唱了起来：世上只有妈妈好……唱完第一段的时候，我示意全班学生停下）

师：世上只有妈妈好，有妈的孩子像块宝，投进妈妈的怀抱，幸福享不了。妈妈好吗？

生：好！

（我走近前排的一位学生面前）

师：你叫什么名字？你能告诉我们，你妈妈姓什么吗？

生：我叫王小倩，我妈妈姓张。

师：王小倩的妈妈姓张，我们就叫她张阿姨，好吗？

和中国科学院心理研究所张梅玲教授在澳门参加学术活动时留影

板书：张阿姨　　王小倩

师：那么，张阿姨和王小倩之间是什么关系呢？

生：张阿姨是王小倩的妈妈，王小倩是张阿姨的女儿。

师：张阿姨是王小倩的妈妈，王小倩就是张阿姨的女儿；王小倩是张阿姨的女儿，张阿姨就一定是王小倩的妈妈。妈妈和女儿是一种相互依存着的关系。（板书：相互依存）

师：（指板书）这是生活中的相互依存关系，在数学中，也有相互依存的关系。今天，我们一起来认识两个新的概念：倍数和约数。（对应着已板书的"张阿姨""王小倩"板书："倍数""约数"）

生活中的事例为学生理解"相互依存"，做好了准备。有时，有趣的事情会在你没有准备的情况下发生。一次，我应邀在浙江大学继续教育中心举办的特级教师教学艺术观摩会上为代表们上"倍数和约数"一课。按照原定的设计思路，当我走到一位学生面前，问这位学生叫什么名字，她妈妈姓什么的时候，这位学生说她叫何帆怡，她妈妈姓樊。这样，就只能说成"何帆怡是樊阿姨的女儿，樊阿姨是何帆怡的妈妈"了。

五、把生活中的鲜活题材引入数学课堂

数学与人们的生活有着非常密切的联系。在学生的生活中已经有许多数学知识的体验，课堂上的数学学习是他们生活中有关的数学现象和经验的总结与升华，每一个学生都从他们的现实数学世界出发，与教学内容发生相互作用，建构自己的数学知识。《全日制义务教育数学课程标准（实验稿）》十分强调数学与现实生活的联系，通过教学使学生"认识到现实生活中蕴涵着大量的数学信息，数学在现实世界中有着广泛的应用；面对实际问题时，能主动尝试着从数学的角度运用所学知识和方法寻求解决问题的策略；面对新的数学知识时，能主动地寻求其实际背景，并探索其应用价值"。实践中，我们要密切联系学生生活实际，从学生熟悉的生活情景和感兴趣的事物出发，为他们提供观察、操作、实践探索的机会，从周围熟悉的事物中学习数学和理解数学，感受到数学的趣味和作用，体会到数学就在身边。

（一）开放小教室，把生活中的鲜活题材引入学习数学的大课堂

把教材中缺少生活气息的题材改编成学生感兴趣的、接近生活的题目，使学生积极主动地投入学习生活中，让学生发现数学就在自己身边，从而提高学生用数学思维来看待实际问题的意识和主动解决实际问题的积极性。

如，"游深圳野生动物园"。

师：同学们，学校决定下周春游，我们要去全国第一家开放式的动物园——深圳野生动物园游玩。现在就请同学们观看深圳野生动物园几个游玩项目的录像，先睹为快吧。

师：在去深圳野生动物园游玩之前，你想了解些什么？

生1：我想了解价格，还想知道哪些项目是免费的，哪些项目是收费的。

生2：我想了解哪个项目比较刺激。

生3：我想了解这些项目中，每次是一个人玩，还是几个人一起玩？

老师出示价格表并建议：看一看你想玩哪些项目，算一算一共需要多少元？

学生计算后，教师引导进行小组讨论。

当学生发现有的项目可以和别人合作，减少开支时，教师让学生再次计算游玩至少需要的钱数。

在学生获得成功体验的时候，老师又提出新的问题：如果每人给50元的游乐券，你能设计一个最佳的游玩方案吗？

这个案例，以学生熟悉喜爱的生活情境为背景，提出一系列实际问题。从观看录像→出示价格→设计方案→解决问题等有条理的教学程序中，将实际问题数学化，建立数学模型，并加以解释和应用。在教学过程中不但注重培养了学生分析数量关系，解决实际问题的能力，而且还通过交流、讨论、合作等学习方式，培养了学生良好的与人沟通的能力。特别是从游玩中学习数学，使数学知识融入了生活，充分调动了学生学习的积极性，使学生在愉快的气氛中，对数学知识有了新的认识，培养了学生应用数学的意识。

（二）依据学生的生活实际，引出让学生去思考和实践的数学问题

紧密联系学生的学习生活实际提出问题，并依据其情节和数据编出应用题，引导学生去思考，学生感到亲切，自然会被吸引。教学"比较复杂的求平均数应用题"，教师选取学生学习生活中的事例，作为编题素材，一步一步地引出例题，在巩固旧知的同时，催生新知。

一上课，师生谈话：寒假里，学校开展了"多读书、读好书"的活动，同学们在寒假期间读了多少本课外书？

教师有意让两名女同学和三名男同学回答，并板书读书的本数：6本、18本、5本、21本、4本。×××同学读了21本课外书，一定增长了不少知识，值得表扬。现在老师把同学们读课外书的事情编成一道应用题：

同学们积极参加读书活动，我们班5名同学分别看了_____本、_____

本、＿＿＿＿本、＿＿＿＿本、＿＿＿＿本课外书，这些同学平均每人看课外书多少本？

　　学生读题时，教师把学生说出的数据填上并提问：

师：这道题属于什么类型的应用题？

（学生回答后教师板书：求平均数应用题）

师：求平均数要知道哪几个量？

生：总数量和相对应的总份数。（教师板书）

师：怎样列式？

生：列式是（6＋18＋5＋21＋4）÷5。

　　在此基础上，教师引导学生分析题中的条件和问题，经改编，逐步引向例题。

师：题目中的 5 个数据，前两个是女同学读书的本数，后三个是男同学读书的本数，还是这件事，把已知条件变化一下，如"2 名女同学一共看了 24 本课外书"，"3 名男同学一共看了 30 本课外书"（在原题上改条件）这道题该怎样列式？

生：列式是（24＋30）÷（2＋3）。

师：如果把这道题的第一个已知条件再变成"2 名女同学平均每人看了 12 本课外书"，又该怎样列式？

生：列式是（12×2＋30）÷（2＋3）。

师：同学们的算式列得很好。把两个部分数量相加，就得到了总数量，如果第二个部分数量也不直接告诉我们，题目怎么改？算式怎样列呢？

生：把"3 名男同学一共看了 30 本课外书"改成"3 名男同学平均每人看 10 本课外书"。

生：列式是（12×2＋10×3）÷（2＋3）。

师：刚才我们一起不断地改编题目，都是什么在变，什么没有变？

生：条件在变，问题没有变。

师：对。一题比一题复杂，但问题始终不变，都属于求平均数应用题。（指黑板上的应用题）这就是我们今天要学习的"较复杂的求平均数应用题"。（板书课题）

　　教师并没有把学生回答的数据一下子编出较复杂的求平均数应用题，而是从基本的求平均数应用题开始，经过三次换条件改编，逐步引出例题。这种做法，独具匠心，在其变化过程中，交代了新知识的来源和形成过程，便于学生厘清新知识的来龙去脉。同时，通过三次改编和对比，有利于学生在变与不变的比较辨析中，牢

和顾汝佐、张天孝等前辈合影

固掌握基本的解题思路，即总数量÷总份数＝平均数。由于学生是逐步进入由旧知引发出的知识体系，当经过改编的例题出现时，无须讲解，学生便能独立解答，做到了"新课不新"、"水到渠成"。

（三）引出生活中的话题，再逐步抽象为数学研究的对象

教师巧设一个生活中的问题，使学生的思维"短路"，引起认知冲突之后，再联系学生生活的实际，引导学生运用已有的知识，进行讨论，把生活中的问题逐步抽象到数学研究的对象上来。

例如，教学"年、月、日"，教师首先给学生提出这样一个生活中的问题：

奶奶明年过第 16 个生日，而孙子明年过第 18 个生日，（出生那天不算）奶奶和孙子今年各多少岁？

提出这个问题后，教师并没有就此导入新课，而是在引起学生认知冲突时，顺势进行了如下的师生讨论：

师： 一般情况下，几年过一次生日？

生： 一般情况下，一年过一次生日。

师： 现在奶奶过的生日反而少，说明什么？

生： 说明奶奶有些年没有生日过。

师： 生日跟什么有关？

生： 生日跟年、月、日有关。

师： 那么，奶奶有些年没有生日过，又说明什么呢？

生： 说明奶奶生日的那一天，在有的年份中没有出现。

师： 同学们真爱动脑筋。究竟奶奶的生日是哪一天，奶奶和孙子今年各是多少岁呢？这节课，我们就来学习有关"年、月、日"的知识。（板书课题）

层层递进，不断深入，逐步抽象的几个设问，可谓独具匠心，把生活中的"过生日"的话题，逐步引向探讨"年、月、日"的数学知识，成为数学研究的对象。教师的精心设计，打破了学生的心理平衡，通过对生活现象的分析，真正唤起了学生探求新知识的欲望，诱发"心求通而不达"的激情，从而使学生全心投入到对新知识的学习之中。

（四）把抽象的数学概念变为学生看得见的数学事实

数学中的"起始概念"一般比较难教，而像"体积"属于三维空间这样的概念，更加抽象，对小学生来说尤为困难。教师在充分估计学生思维能力的基础上，采用直观、形象、生动的教学方法，深入浅出，卓有成效地帮助学生建立了"体积"概念。

例如，一上课，教师就把两个大小形状完全相同的玻璃杯放在桌上，然后往两只杯子里倒水。问：谁能告诉我，哪只杯子里的水多，哪只杯子里的水少？"学生仔细观察后，回答说："两个一模一样的杯子，水平面在同一高度，水是同样多的。"教师充分肯定了这位同学的回答。这时，教师把一个东西放进一个杯里，问："你们看见了什么？"学生说，看见老师把一个东西放进了杯子里。教师说："你还发现了什么？"在教师的启发下，学生发现杯子的水平面升高了。教师紧接着问："这是不是说明这杯子里的水多了？"学生马上否定。"那是为什么呢？"教师又问，学生争着回答："老师，您放的东西占地方，把水挤上来了。"这里的一个"占"、一个"挤"说明学生已完全进入"跟进"状态。一会儿，教师又拿出一个东西放进另一个杯子中，问："这次你们又见到什么了？"学生回答说，"看见老师把一个东西放进另一个杯子，这只杯子的水平面也升高了，而且超过了第一个杯子"。教师问："你知道这是为什么吗？"学生非常肯定地说："第二次放的东西一定比第一次放的大。"在此基础上，教师自然地引出概念"物体所占空间的大小，叫做物体的体积"。

创设情境，为学生提供足够的素材、足够的时间、足够的空间，使每个学生都能仔细地观察，认真地思考，充分激发学生思维的主动性和积极性，是取得好的教学效果的关键。教师直观、形象的演示和恰到好处的启发、点拨，引起学生积极地思考和讨论。学生逐步有了感性认识，物体不仅要占有空间，而且所占的空间还有大小之别。到这个时候，再揭示什么叫做物体的体积，真可谓是水到渠成。教师精巧的设计，把一个十分抽象的数学概念，变为小学生看得见、摸得着、理解得了的数学事实。实践中，要精心设计教学环节，在激活学生思维的"深"度和调动学习主动性的"广"度上下真功夫，努力使每一个学生都自始至终地参与到知识的形成过程中来。

（五）从学生的生活经验出发，组织学生进行创造性的数学活动

数学教育家波利亚说过："数学教师的首要责任是尽其一切可能，来发展学生的解决问题的能力。而我们过去的数学教学往往比较重视解决现有的数学问题，即课本上已经经过数学处理的问题，学生一遇到实际问题就显得不知所措。"解决这个问题关键要善于发现和挖掘生活中的一些具有发散性和趣味性的问题，从学生的生活

经验出发，组织学生进行创造性的数学活动。

课堂上，教师给学生提出这样的问题："我准备购买一套新房，请同学们替老师想想：首先应该考虑哪些问题？希望同学们利用数学知识为我出谋划策。"学生说，要知道房价，考察地理位置、交通情况，了解优惠政策、可使用面积、小区物业管理等。然后老师出示房价让学生根据房屋基价、优惠政策以及楼层差价等计算总价。

接着老师又创设了这样的情境：老师房子买好以后，为了美观和舒适，我准备进行装修（大屏幕演示各种室内装修图片）。你有什么信息可以提供给我？

学生分别介绍了木地板和瓷砖的市场调查（包括价格、性能、生产地等）。老师诚恳地问学生："我是选择木地板还是瓷砖呢？哪一种木地板或瓷砖呢？为什么？你能用数据说明吗？"然后请各小组的同学合作探讨，拿出一个可行的方案，到实物投影仪上展示。

接着，老师又出示深圳市的几家装修公司的装修方案，让学生帮助选择，并要说出理由。

建构主义教学论原则明确提出：复杂的学习领域应针对学习者先前的经验和学习者的兴趣。只有这样，才能激发学习者学习的积极性，学习才有可能是主动的。这个案例，如果仅仅让学生计算房价，其实只是培养学生的计算能力，而对培养学生应用数学技能并没有帮助，解决实际问题的技能得不到提高。只有将数学问题生活化，生活问题数学化，鼓励学生在生活化的数学情境中，自主参与，合作探究，不断拓展实践思路，才能更好地培养学生应用数学的技能，发展学生的创新思维。学生才能不断享受成功的体验，感受创造过程中的无限乐趣。

第三条　任何一种有效的、成功的教学，都必须是有学生主体参与的，而学生实质性的参与需要沉静的心智活动。

六、给学生充分的探究、讨论和表达的机会

课堂应是师生共同创造奇迹、唤醒各自沉睡的潜能的时空，离开学生的主体活

动，这个时空就会破碎。教学改革的实践证明：任何一种有效的、成功的教学，都必须是有学生主体参与的。换句话说，没有学生主体参与的教学，不是成功的教学。学生主体参与教学对优化课堂教学，促进学生主体性发展具有十分重要的意义。学生主体参与教学实质上是在教学中解放学生，使他们在一定的自主性活动中获得主动发展。

笔者在美国考察时，曾听过这样一则关于教育的小故事：

一上课，教师说，这节课上"蚯蚓"课，请同学们准备一张纸，上来取蚯蚓。同学们捏着纸片纷纷上讲台盛蚯蚓。许多蚯蚓从纸片上滑落下来，学生们推着桌子、挪着椅子、弯着腰抓蚯蚓，整个教室顿时乱成一团。教师却一言不发，站在讲台旁冷眼观望。课后，教师对来访者说，上了一节"蚯蚓"课，假如连蚯蚓都抓不住，那么这节课还有什么意义？

同学们回到座位后，教师开始进行第二个教学环节：请同学们观察蚯蚓的外形特征。经过片刻的观察，学生们踊跃举手。

生：虽然看不见蚯蚓有足，但它会爬动。

生：不对，蚯蚓不是爬动而是蠕动。

师：对。

生：蚯蚓是环节动物，身上一圈一圈的。

师：对。

生：它身体贴着地面的部分是毛茸茸的。

师：对，你观察得很仔细。

生：我刚才把蚯蚓放在嘴里尝了尝，有咸味。

师：我很佩服你。

生：我用线把蚯蚓扎好后吞进了喉咙，过一会儿我把它拉出来，它还在蠕动，说明它生命力很强。

此时，老师的神情变得庄重起来，激昂地说："完全正确！同时，我还要赞扬你在求知过程中所表现出来的这种勇敢行为和为科学献身的精神。同学，我远不如你！"

生：我把蚯蚓放在嘴里，用牙齿把它咬两段，这两段都照样能蠕动，说明它的再生能力强。

……

中国和美国的社会制度不同，教育制度也不同，我们不能照搬。但这种故事中体现出的鼓励学生勇于且善于主动地参与到教育、教学活动中去的教育思想，以及尊重学生的人格与"创新"，促进健全个性的发展，对我们的教学改革有很大的启示，应该引起我们的深思。有位老师说，这要是中国老师教，绝不会找来一大堆蚯蚓让学生玩。那怎么办呢？一定会采用多媒体教学手段，让学生先看一段视频录像再看多媒体动画演示，就不信学生"看"不会。即使找来一些蚯蚓，也会让八位学生看一只蚯蚓，这只蚯蚓一定要放在透明的玻璃杯里，上面还会加一个盖。上课时会出现这样的情形：

师：同学们，请注意看，蚯蚓是环节动物，身上一圈一圈的，看见没有？

学生（齐声回答）：看见了！看见了！

老师（再问）：把蚯蚓放在嘴里尝尝，会有咸味，知道吗？

学生（齐声回答）：不知道。

老师马上不高兴地说：我告诉你不就知道了吗？赶快做笔记。……

任何教学活动，都是以学生是否参与、怎样参与、参与多少来决定其成功与否的。一切教学影响只有通过学生自身的积极活动，才能转化为学生内在的精神财富，才能使学生成长和得到发展。主体参与决不是可以自发形成的。学生从被动学习转向主动学习，并参与到教学全过程中，关键在教师。主体参与的有效实施，必须由教师有目的、有计划地逐步去完成。主体参与决非是简单地让学生举举手、动动口，你起来、他坐下，而是教与学双边"互动"的实现过程。

教学"百分数的意义"，当学生已认识百分数，会读、会写百分数时，设计这样一组练习：

读出下面的句子：

（1）我国的耕地面积约占世界的 7%。

（2）我国的人口约占世界的 22%。

（3）人脑的重量约是人体重量的 2%～3%。

（4）小明已看了一本书的 40%。

（5）爸爸上半年已完成全年生产计划的 60%。

教师先让学生很快地读出每句话，巩固百分数的读法，然后引申出新的问题：

（1）第一句和第二句联系起来看，你想到了什么？

和课题组成员一起研究新课程背景下的教学策略

学生想到很多问题，其中有两位学生想到：我国用只占世界 7％的耕地，却解决了占世界 22％的人口温饱问题，这是一件很了不起的大事；如果我国实行计划生育，人口占世界的 15％，甚至更少，我们的生活水平会更好。

（2）人脑的重量约是人体重量的 2％～3％，这个 2％～3％重不重要呢？

学生在回答人体除大脑以外的重量占人体的 97％～98％后，立即讨论了人脑所占人体重量的 2％～3％是如何如何重要。这里渗透了一个相对的概念。

（3）小明看了这本书的 40％，还剩百分之几没看？看了这本书的 40％是不是表示小明已看了这本书的 40 页？

（4）爸爸上半年已完成全年生产计划的 60％，如果下半年也完成全年计划的 60％，全年计划完成了吗？是正好完成还是超额完成？超额完成了百分之几？

数学教学不仅是让孩子学会数学知识，更重要的是：留给孩子的应该是学会思考，充分地发挥孩子的潜能。以上这个练习的设计，引导学生用已掌握的数学知识去解释数学问题。由于学生的积极参与思考和讨论，不仅仅是对百分数一般地认识，一般地会读会写，而在熟悉的情境和已有知识中去理解百分数，认识百分数在实际中的运用，感受到数学的意义。让学生在熟悉的情境中学习数学，理解数学，要把生活经验数学化，数学概念实践化的理想状态的实现，离不开学生的主体参与。

又如，教学"余数"，老师创设一个与本班学生有关的情境："二（1）班有 50

名学生，每8名学生安排在一个篮球架打篮球。假如你是体育老师，你认为怎么安排才合理？"让学生独立探究，然后组织学生进行讨论。有的学生说："50÷8＝6（个）……2（人），先安排6个篮球小组，剩下2人，可以插到上面6个小组中。"马上有学生反对，因为要求是8名学生为一组，应该再安排这两个人为一组，需要7个篮球架。又有学生反对，因为学校没有这么多篮球架，应该安排这两个学生做计分员或当裁判。在讨论时，学生十分投入。该问题解决后教师接着出示两道题目让学生讨论。

（1）"有21位同学到公园划船，每条船最多能坐5人，最少要租几条船？每条船上的人数怎样分配比较合理？"学生是这样说的："最少要租5条船。多出的一位同学不能一个人划船，因为他太孤单了，而且不安全。""从前面4条船里分别找出一位同学到第5条船上就行了。"

（2）有15个车轮，要给图中的小汽车安装轮子（幻灯出示汽车图）。这些轮子可以安装几辆车？学生是这样说的："先给4辆小汽车安装车轮，剩下的3个车轮就改装成一辆三轮小汽车。""先给4辆小汽车安装车轮，剩下的3个车轮就给其中三辆车当备用轮胎挂在汽车后面。"每个学生都投入到学习数学活动当中，并提出自己的看法。

学生之所以这么投入、思维这么活跃，是因为教师为学生提供了来源于学生实际生活或是他们耳濡目染的知识素材，同时给学生充分的探究、讨论和表达的机会，学生真正成了学习的主人。

七、让学生做做"数学实验"，亲身体会如何解决问题

我们曾做过一份有关数学学习的问卷，其中有这样两道题：

（1）只要记住数学运算规则、应用题的类型和算法，就能学好数学：

    A. 非常同意   B. 同意   C. 说不上同意不同意

    D. 不同意   E. 非常不同意

（2）需要通过做实验，推理得出结论的时候，我喜欢：

    A. 自己做自己发现规律   B. 看老师做听老师推理

    C. 看书上结论就行了   D. 多做练习就行了

E. 无所谓

从中发现两组有趣的数据：

	A	B	C	D	E
(1)	6.8%	9.1%	45.5%	38.6%	0%
(2)	61.4%	29.5%	2.3%	4.5%	2.3%

这说明每个学生都有在参与课堂教学的全过程中把握自己学习数学的主动权的愿望。事实上，也只有这样才能真正学好数学。但是对这一点，多数学生还是感到迷惑。这是由于教师在课堂教学的设计中，过多地考虑怎样教，而忽略了发挥学生学习的主动性。课堂提问时的一问一答，即使问题设计富于启发性，也容易造成少数人回答问题，多数人等待结论的局面。长此以往，部分学生习惯于把数学的学习过程变成记结论做习题的过程。数学教学的短期目标达到了，但数学学习能力却受到削弱。为了探索如何从根本上改变这种状况，我们在教学中采用活动、操作、做实验等形式，让全体学生都动起来，积极参与课堂教学的全过程，人人动手、动口、动脑，每个人都在教学的过程中有所收获，大大提高了他们学习数学的积极性。

1. 人人参与活动，从中理解数学概念

感知动作同人的心理活动是密切联系的，动作记忆保留的时间更长久。小学生在其数学思维活动中，视觉映像起着相当重要的作用，如果通过活动强化问题解决前的感知动作思维，有利于使记忆以动作效果来储存。

如，让一年级小学生认识长方形、正方形边的特征，我们发给他们每人一个信封，内装若干个大小不等的长方形、正方形，把对边涂上同色，并要求他们把这些图形分类，初步认识长方形和正方形。然后让每个人把长方形对折，学生从中发现：上面的边和下面的边一样长，左边和右边也一样长。这是引导学生用数学语言"对边相等"来表达，可使其初步领略到数学的简洁。再让他们把邻边重合，从而发现，长方形的邻边不一样长。照这样研究正方形的边，学生同样可以发现，正方形不但对边相等，邻边也相等，也就是四条边都相等。老师在此基础上讲清长、宽的概念和对边相等。这样，对特征的认识，在学生而言，不是仅由老师用语言描述传达出来，而是有具体物象作支柱，这一数学事实已深深印在了脑子里。

又如，对于"周长"这一概念，我们看到，由于领会不深，有些学生只会套用公式算长方形、正方形的周长，而当要他们求出三角形、平行四边形的周长时，则束手无策。为让学生充分领会这一概念，我们教学度量周长，从不规则图形入手，如，绕着网球场走一周；若干人手拉手围图形一周；还有多种操作活动如用线围出图形的周长再拉直来量；用彩笔圈出图形的周界或给图形涂色，再作比较；用若干小棒围图形，以所用小棒的根数比周长；用铁丝围各种各样的图形，比较其周长等，使学生充分理解什么是图形的周长。

2. 人人动手操作，从中体会知识发生过程

长期以来，由于教科书上多是记载各种数学结论，而把揭示结论的过程留给老师，从而导致教学中师生都有重结论轻过程的倾向。我们在教学中，把老师要提出的问题，设计成一个个可操作的环节，让每个学生都有机会操作，并从中体会知识的发生过程。

如，教学"长方形的面积"计算公式，我们设计了下面一系列操作活动：

（1）用重合的方法比较两个长方形的大小。学生在把两个长方形进行比较的过程中发现，有些完全重合，说明面积一样大；有些部分重合，容易比较面积的大小；还有些完全不重合，难以比较面积大小。

（2）用数方格的方法比较两个长方形的大小。发给学生的各长方形都打上方格，让学生从中体会到面积单位的作用，以及平面面积的大小就是看它所含的面积单位的多少。

（3）用数面积单位的方法比较两个长方形的大小。这次发给学生每人一个单位面积板，先将长方形放在面积板下，可以看到所含的方格数。再将长方形放到面积板上，看不到所含的方格数，学生可以从看到的边的情况，运用乘法的知识推算出面积。

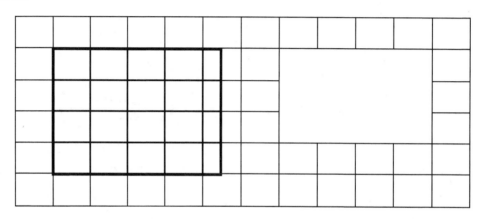

（4）讨论算出课本封面的面积。这时学生已经不再依赖面积单位片和面积单位板来度量面积了，他们通过量平面的边来算出平面的面积。至此，长方形面积计算公式已经由学生自己领悟到了。

这样来学习知识，可以使学生不但知道了前人解决问题时得到的结论，还能体会到为什么要解决这个问题和结论的推导过程。

3. 人人填写实验记录，从中发现数学规律

尽管学生学的是前人已知的知识，但这种知识对他们来说，仍然是新鲜的、未知的，探索新知识仍然是一种创造。学生在操作和做实验的过程中，已经有所领悟，有所发现，我们抓住这个机会，让他们填写实验记录，学习整理数据，进行归纳，从中发现数学规律。

如，教学"长方形的周长"，在学生理解周长的意义后，让学生做以下实验：

（1）观察下面三个长方形 A、B 和 C。（每方格边长 1 厘米）

（2）量出每个长方形各边的长度，算出周长，并把结果填在下表里。

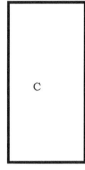

长方形	a 边	b 边	c 边	d 边	周长	算法
A	厘米	厘米	厘米	厘米	厘米	
B	厘米	厘米	厘米	厘米	厘米	
C	厘米	厘米	厘米	厘米	厘米	
我发现：长方形的周长＝						

学生在算了长方形 A、B 的周长后，量长方形 C 的边长时，90％以上的人都只量两次而不是四次，出现了 a＋b＋c＋d，长×2＋宽×2，（长＋宽）×2 等不同算法，学生从算法的选择中，通过归纳推理，发现了长方形周长计算公式。在学生的认识世界里，这依然可算是个创造。正如布鲁纳所说的："智力活动到处都是一样的，无论在科学的前沿或是在三年级都一样。"

改变以教师为中心的讲解和演示的教学方法，让学生做做"数学实验"，亲身体会如何解决问题，使每个学生有机会积极地参与到活动、操作、实验、记录等学习的全过程中去，使学生能按自己的"数学现实"来学习数学，掌握学习数学的主动权，数学对于学生来说也就没那么枯燥和乏味了。

第四条　数学教学过程应该成为学生一种愉悦的情绪生活和积极的情感体验。"你是快乐的，我是幸福的"是一个教师永远追求的教育境界。

八、激发学生参与认知活动的积极情感

赞科夫曾指出："教学法一旦触及学生的情绪和意志领域，触及学生的精神需要，这种教学法就能发挥有效的作用。"美国心理学家罗杰斯认为："教育者应该自己充分进入到学生的情感中去，与学生进行彼此毫无分歧和亲密无间的交流。"教学活动是在知识、情感两条主线相互作用、相互制约下完成的。积极的情感，可以刺激学生的中枢神经，促进脑细胞的活动，从而使学生从记忆仓库中调出许多表象，激发出多种多样的新异联想，形成强烈追求、积极思考、主动探索的课堂教学氛围。

传统的教育没有把学生真正摆在"人"的主体地位，没有唤醒并发展学生的主体意识，忽略了师生参与认知过程的情感力量，造成教师苦教、困教、强行教与学生的苦学、困学、厌学甚至辍学的恶性循环。在这种关系中，学生的主动性、积极性没有了，学生的思考力、想象力被扼杀了，学生的竞争意识逐渐被削减了。学生习惯了对老师言听计从，有"吾爱吾师"之心，却断不敢有"吾爱真理"之意。长此以往，一个个成了"小绵羊"，高分低能，缺乏主见，甚至成为没有人格尊严，

"唯命是从"的懦夫。因此，我们只有正确认识情感投入在现代教育中的重要地位，在教育过程中真正做到情感投入，教育才有可能走向新的天地。

（一）确立情感性培养目标，促进学生个性的全面和谐发展

情感既是教学手段，又是教学目的。情感性教学一方面把对学生情感的激发和调动作为提高教学活动效果和效率的手段，在这里情感的激发和调动是为学生的认知发展服务的。另一方面是以直接促进学生的情感发展为目的的，在这里情感发展本身即是教学的目标。教学过程中应当培养学生积极健康的高尚情感，正视困难、不畏挫折的意志，主动进取、自信自尊的性格品质。致力于情感本身的培养和个性的和谐发展是情感性教学的最本质特征。

情感是教学目的之一，其原因在于三点：

1. 情感本身决定了它应是培养人的目标

由于情感是人类特有的，而情感在人类社会实践中又有巨大的作用，所以，人的情感在一定程度上又反映着社会发展状况，对社会发展起着推动作用。

2. 教学活动是认知、情感、意志、行为等心理活动的有机统一

任何一种认识活动，都同时伴随着情感活动，教学当然也伴随着情感活动。赞可夫认为："扎实地掌握知识，与其说是靠多次的重复，不如说是靠理解，靠内容的诱导，靠学生情绪状态而达到的。"（《和教师的谈话》）认知过程与情感之间是绝对不能隔离开来的，它们之间是深刻地渗透在一起的。情感与动机、兴趣、信念、内驱力、想象、思维、创造力等都有极为密切的关系，情感可以影响和调节这些因素的发展，知识向智力的转化是借助于情感媒介而实现的。

3. 对人的培养应从整体着眼，在重视认知因素，发展智力培养能力的同时，也要重视对情感的培养

培养人的全面发展是教学的最终目的。作为人来说，不管是从生理方面说，还是从心理方面讲，不论是从认知因素来讲，还是从情感因素来讲，都是一个有机的整体，各因素之间是互相影响、协同发展的，其中任何一部分的发展和变化都会引起其他部分和整体的变化。

（二）情感因素在教育教学活动中的功能

情感因素在教育教学活动中的功能主要有：

1. 启动的功能

列宁说过："没有'人的情感'就从来没有也不可能有人对于真理的追求。"情感是激励人的活动、提高人的活动效率的启动因素之一，在一定的条件下，情感直接引发人的行为。情感具有两极性，它既可以是积极的、增力的，也可以是消极的、减力的。教育的主要对象是学生。现代教育中情感投入的目的就在于抑制学生的消极情感，减少或避免情感减力效果的出现；同时，加强和维护积极的情感，使学生产生指向正确教育目标的动机。实施情感教育，"动之以情"方能"晓之以理，导之以行"。

2. 桥梁的功能

著名诗人白居易说："感人心者，莫先乎情。"情感是沟通心灵的桥梁，情感投入的核心是关心人、体贴人。对学生要满腔热情，耐心引导，在学习上帮助，在生活上体贴，在思想上关怀，使他们真正获得老师的爱。心理学研究表明：师生间的健康情感的双向交流，会使学生从老师身上感受到一个人应该如何生活、学习和工作。师生间搭起情感的桥梁，经常保持愉快活泼、和谐融洽的气氛，相互尊重、理解、信任、团结合作，教育的内容在情感的传输带上才能顺利通行。

3. 人际协调的功能

人的需要、性格、情绪的差异性表现于教育过程中反映了人际协调的重要性。人际协调不仅表现在教育者与被教育者之间，还表现在受教育者自身之间。和谐的人际关系，便于大家同心协力，采取一致行动。而研究表明：影响人际关系的主要是情感因素。在人际关系中，情感活动不是一种单向输出的过程。情感投入作为有目的的情感控制过程，也不是单向传导，而是一种对应的情感互酬过程，你向对方倾注友爱的暖流，对方就会给你友好情感的回报。这样以情动情，久而久之双方关系就会愈益亲密融洽，以致成为知心朋友，从而为教育工作奠定良好的人际关系基础。

4. 健全人格的功能

健康的情感是一个合格学生必备的心理品质。一个得到自由、充分、和谐发展

满足学生的"意犹未尽"

的学生必是情感发展健全的。他能保持愉快、开朗、乐观的积极情绪，能体验学习过程中的成就感和自豪感，有旺盛的求知欲和好奇心；与人交往坦率真诚，不卑不亢；工作热情负责，勇于克服困难；热爱自然，热爱生活，对一切美好的事物都抱有向往。现代教育中的情感投入，重点不在于利用情感在教学中的功能为学习服务，而在于培养健全的情感，完善学生的个性。它的首要任务是培养人的道德感、理智感和美感。让学生学会爱，学会尊重他人，学会体验快乐，学会无私分享创造的财富。

（三）激发学生的学习情感，把认识过程和情意交流过程统一起来

情感意志原理表明，"情感和意志构成相互制约的心理过程——情感激励意志，意志调节情感"。"教学过程是一个涉及教师和学生在理性和情绪两方面的动态的人际过程。"因此，教师要以充沛的感情、专注的精神、坚强的毅力、丰富的想象、生动的语言、娴熟的技巧去感染学生，激发学生的学习情感，建立深厚的师生感情，

把认识过程和情意过程统一起来，达到"亲其师，信其道"的效果。

1. 注意心理沟通，建立师生情意，双边活动有协调感

课堂教学是通过教师和学生的相互交流和相互活动实现教学目标的。这种相互交流和相互活动实际上是人与人之间的一种沟通与交往，小学课堂教学中的沟通与交往是在教师的引导下开展的，主要途径有教师用启发性和激励性的语言，引起学生的学习兴趣；指导学生动手操作，做小实验，使学生获得合作成功的体验；组织课堂讨论，让每个学生都充分发表自己的见解；组织信息交流，重视情感教育，以知促情，以情导知，在师生情意互动中，促进学生认知的发展。教师注意师生之间的心理沟通，建立良好的师生情意，就能使师生之间的双边活动具有协调感，从而取得好的教学效果。

教学"梯形的面积"一课时，教师注意合理地组织师生之间的交往活动，教学效率高。首先以几句简洁的导语进行思想沟通，激起学习情趣："我们刚学过平行四边形、三角形的面积公式推导，同学们学得很好，这节课我们要学习梯形的面积公式推导，梯形的面积公式推导与学过的知识有联系，方法也很多，相信同学们一定能学好。"接着要求先阅读课本，理解推导过程；再用学具做实验，验证推导过程；然后组织讨论，让学生互相表达推导的过程；并组织有不同见解的学生边演示边说理。学生在主动且乐意学习的情绪下，参与学习活动，不断获取新知。

2. 教师心理健康，传授技法娴熟，关系和悦有亲切感

教师除了用知识本身的科学性和趣味性唤起学生情感的共鸣外，还应在教学中以自己的情感去感染学生。优秀教师的一个手势、一个停顿或者一个淡淡的微笑，就能把学生引入知识的殿堂，采撷智慧之果。当然，教师如果精神萎靡，其情绪也会传染给学生，绝不会收到好的教学效果。课堂上教师应以情激情，教师爱他的学生，学生也就爱他的老师。师生关系和悦就容易产生教学的积极反馈，如学生对教师崇敬的神态等。这样，必然会给教师带来信心和激情，教师也就会越讲越有劲，越讲越愿讲。教师的情绪再传递给学生，学生也就越听越愿听，越听越有趣，越感到亲切。

3. 教师移情理解，掌握学习情绪，师生心理有信任感

在课堂教学中，教师移情理解，使自己站在学生的位置上，设身处地为学生的学习着想，使教为学服务，能够形成师生间心理上的相互信任。教师移情理解包括两个方面。一是根据儿童生理心理特点，考虑引起情绪和情感的外在原因，予以理解。如上一节体育课活动量大，这一节课学生往往精神不振；天气阴雨绵绵，也会使课堂气氛沉闷；春游前学生情绪特别兴奋……凡此种种，都需要教师理解调节。二是根据学生的认知水平、理解能力、基础知识予以理解并帮助解决实际问题。当学生在学习上遇到困难时，循循诱导，耐心辅导，引导他们自己解决问题；当学生发表了与教师不同的意见时，虚心听取，做出公正评价；对待成绩差的学生，态度热忱，主动接近他们，消除他们的心理障碍和自卑感，增强其学习信心。

在吉林省长春市为老师们做"畅神境界的追求"专题讲座

如，教学"平行线"时，有学生提出"不相交的两条直线就一定是平行线"，并在纸上画图说明理由。这位学生的问题显然是由没有异面直线的概念引起的，教师便直观演示，让学生建立异面直线和平面线的不同概念，给予耐心指点，使问题得到圆满解决。

4. 尊重自主意识，创设自学情境，激励求知的成就感

学生在学习过程中，克服困难获得成功，就会感到满足，因此获得继续学习的一种动力。实践中尊重学生的自主意识，创设自学情境，激励求知的途径主要有：

（1）鼓励学生质疑，满足学生自我表现的需要，使学生体验到学习的愉快。

（2）运用迁移规律，引导学生探索数学知识。如教学"比"的基本性质时，在学生掌握了商不变的性质和分数的基本性质的知识基础上，让学生根据比与分数、除法之间的关系进行探索自学。

（3）理论联系实践，充分发挥学生的主体作用。教学"统计图表"时让学生走访爸爸、妈妈的单位，收集整理数据，在教师指点下，绘制成大的统计图表，举办优秀作品展览。

（4）精心设计练习，活跃学生的思路，让学生享受思维的快乐。

（5）创设数学文化环境。如在学校建立一个"数学宫"，当学生进入这个数学宫时，数学家严谨的治学态度、攻克难题的刻苦精神，数学为工农业生产服务而带来的经济效益等，都会很自然地影响着学生情意的变化。学生会在这个"数学世界"里，自己获取知识，显示才华，发展自我。

5. 合作学习，调节课堂气氛，促使学习有愉悦感

学生参加学习活动，置身于众多的同学与教师组成的集体的环境中。师生之间、同学之间必然会产生多方面的相互作用和影响。课堂上，教师应注重组织好师生之间、学生之间的人际合作，调节好师生之间、学生之间的关系，创设和谐、民主、平等的课堂气氛。教师应注重培养学生集中注意力思考教师和同学提出的每一个问题，并对这个问题发表自己的意见的习惯。学生发表意见的时候，是学生思维最活跃、情绪最高涨、求知欲最旺盛的时候，也是课堂气氛最和谐的时刻。这时，不仅发言的学生得到了锻炼，听发言的同学也能从同学的发言中有所受益。因为他们不但要集中注意力听同学的发言，还要在心里默默地把同学的发言与自己的思考作比较，尝试找出同学发言中的某些问题，重新组织好自己的发言内容，或作补充，或做纠正。

教学应用题时，教师设计这样一道题："育才中学的同学们要做 1400 条草袋，送到抗洪前线。已经做了 3 天，平均每天做 250 条，剩下的要赶在两天完成，平均每天做多少条？"一位学生提出剩下的要赶在两天完成，这里为什么要多加一个"赶"字。教师没有直接回答，而是要求学生讨论题目中"赶"字的意义。一学生说："做草袋要送到抗洪前线，很着急，所以题目中要用'赶'字。"另一学生说："我认为'赶'字还有这样的意义：1400 条草袋，做 3 天的工效和剩下的工效肯定是不一样的，后 2 天的工效一定超过每天 250 条。否则，不能用'赶'字。"……这样的学习讨论，不仅渗透了思想教育，培养了学生认真思考、专心发言的习惯，也培养了学生的信息处理和语言表达能力。学生拥有在课堂上平等发言的权利，可以互相补充，学习的情绪高涨，身心愉悦。

九、把学习成功的欢乐带给学生

童年的生命之旅，理应是快乐、健全和灿烂的。作为数学教师，我们必须要把实施愉快教学，以让学生在快乐中学习数学作为基本要求，使我们的数学教学充满生机和活力，让学生在数学学习中乐而忘返。那么如何引导学生快乐学习呢？

1. 以良好的教学面貌感染学生，调动学生的学习热情

在数学教学中，要想让学生学得愉快主动，并从中获得乐趣，数学教师的情绪状态，或者说是精神面貌，对学生的影响至关重要。"教育实践证明，当教师的思想感情灌注在教学内容中激起了学生的情感时，学生就能更好地接受教师讲解的知识。"因为"教师的情感对学生具有直接的感染作用，特别是年龄较小的学生，这种感染作用更为突出"。（摘引自潘菽《教育心理学》）教师宽广的知识面、旺盛的热情、浓厚的求知欲，尤其是发自内心的积极（不是做作乃至虚伪的）的教学情感（表现于教师的表情、动作、语言等方面），犹如让学生服用了强烈的兴奋剂，使他们自始至终兴致盎然。这就要求我们必须满腔热情地去爱学生，必须全力以赴地投入教学，必须要饶有兴趣地和学生度过每一分每一秒的教学时光。唯有这样，数学教学才能成为充满情感活动且富有吸引力的生机盎然的课堂学习生活。

2. 把数学与儿童生活实际密切联系起来，体验数学学习的快乐

美国"木匠教学法"很成功。"木匠教学法"的核心就是注重知识来源于生活，让学生在实践中获取知识，让学生自己发现问题和自己解决问题，充分发挥学生的想象力和创造力。而现在小学数学教材知识系统性太强，与学生生活联系太少，致使教材知识结构与学生认知结构无法达到同步。因此，数学教学要讲来源，讲用处，让学生感到生活中处处有数学。在他们的眼里，数学是一门看得见、摸得着、用得上的学科，让学生懂得从生活中可以学到数学，从数学中可以学会生活。这样，学生学起来自然感到亲切、真实，这也有利于培养学生用数学眼光来观察周围事物的

应邀以主礼嘉宾的身份参加在香港举办的小学数学邀请赛

兴趣、态度和意识。

小学生入学前已有一些生活经验，包括一些模糊的数学活动经验，他们对数学知识有一些肤浅的潜在的需要。因此，数学教学的关键在于教师创设问题情境，提供诱因，把学生那些肤浅的潜在的需要变成正在"活动"的、实实在在的需求，并不断唤起求知欲，引导学生积极而主动地获取知识。例如在教学"长方体和正方体的认识"时，要求学生模仿家庭中的长方体和正方体物体用硬纸板做一个长方体和正方体。让学生观察生活中的数学，既可积累数学知识，更是培养学生学习数学兴趣的最佳途径。低年级学生数一数客厅的瓷砖、光碟等物品的数量，比一比身高、体重，认一认周围的平面图形和立体图形；中高年级学生观察数学美，如形体美、结构美等都能使学生在活动中学习数学。

3. 用实践操作使数学学习更加生动活泼，体验数学学习的快乐

要解决数学的抽象性与小学生思维特点之间的矛盾，就要充分运用其直观性（操作性与非操作性的）进行教学。除了运用教具、学具外，还要利用现代化教学手段（包括计算机辅助教学与多媒体教学），使教与学生动形象，化难为易。我们主张：要让学生动手做，而不是用耳朵听。要让学生动手、动口、动脑，调动多种感官参与，使数学学习活动更加生动活泼。学生动手、动脑、动口的操作过程，实际上就是一种积极有效的意义建构过程。教育心理学的研究表明，这种效果要比单纯的抽象感知和记忆好得多。比如，进行关于长方体的教学时，教师让学生利用自带的土豆进行实际的削切，在操作中具体地观察、感受、思考长方体棱、面、长、宽、高等特性，认真填写观察记录。操作完成了，关于长方体的知识也在不知不觉中学会了。这样的教学，学生自始至终兴趣十分浓厚。

4. 通过游戏化的教学活动，激发学生的参与热情

德国教育家 W. A. 拉伊在他的《实验教育学》一书中指出："通过游戏进行的教学是所有教学活动的典范，因为这种教学合乎自然。"因为"游戏是一种本能驱力的表现"。所以，"所有的教育活动都必须以本能驱力为基础，建立在通过游戏获得的各种能力之上"。乐于游戏是儿童的天性，同时也是其认识世界的最重要的途径。引入游戏化的教学活动，不仅使数学学习趣味横生，而且有助于最大可能地调动学生的学习潜能。比如在教学"时、分的认识"时，让学生在限定的一分钟内展开拍球、跳皮筋、记成语、默单词、背诗词等活动，在活跃的氛围中，学生们既体验了一分钟时间的长短，又感受到了时间的珍贵。尽可能地使我们的教学游戏化，这不只是快乐学习的需要，更应该是我们改革数学教学的一种发展方向。适当地组织竞赛活动，也有助于激发学生的学习兴趣。"国外许多心理学家的实验研究表明，在竞赛过程中学习兴趣和克服困难的毅力大增，因而多数人在比赛的情况下，学习和工作一般比没有比赛的情况下要好得多。"（潘菽《教育心理学》）在数学教学中，导入阶段性的竞赛活动，可以引导学生从胜负原因分析中寻找规律，从而激发探究新知的欲望；教学新知过程中的竞赛活动，有助于激发学生勤于动脑的钻研探索精神，培养学生创造性思维的火花；巩固阶段的竞赛，对于促进学生运用所学知识形成技能技巧是十分有益的；拓展延伸阶段的竞赛活动，则属于数学兴趣活动的范畴，可以培养学生将数学运用于实际生活的能力，以及多种实践能力。当然竞赛不能太多太滥，要根据需要灵活组织，教师要特别注意引导学生正确对待竞赛的胜负，培养积极向上的情感，力避竞赛的不良影响。

5. 展开适宜的教学评价，强化学生的成功意识

真正的快乐莫过于希望的实现和努力之后的成功。在课堂教学过程中，教师应充分发挥主导作用，通过积极的教学评价，使学生在参与获取知识的全过程中，体验学习的艰辛劳苦的同时，感受到学习成功的喜悦和欢乐，品尝到甘甜的学习成果，获得心理上的极大满足，从而激发更持久的学习动力。

（1）注重及时的过程评价，给学生以积极的学习导向。在日常的教学过程中，针对学生在数学学习中的各种表现，进行及时而又适宜的评价，强化他们的成功意识、优势意识以及良好的品行意识。比如学生学习中出现与众不同的创新思维和做法，即使作业或是回答没有全对，没有得高分，也应该大力肯定。这既是对他的肯定，也给了全班同学以导向。又如在操作以后，有的同学注意保持教室环境卫生，应给予表扬。对于一般的孩子而言，这样的表扬强化了他的品行优点，这种积极的态度可能更容易迁移到对数学的学习上来。当然平时的评价，无论是表扬还是批评，都要区分对象。不同个性、不同水平的学生，在评价的形式、程度、场合上要有所区别。基本的原则是以能够激发学习热情、强化优点、促进进步为宜。

（2）注意实施多渠道评价，营造快乐学习的浓郁氛围。以学生为主体的思想，在教育教学评价上同样是适用的。对学生的评价，过去往往都是老师的事，学生极少参与。而事实上来自同伴的评价，学生往往更容易接受。在教学过程中，有经验的教师总是注意巧妙地调动学生的参与积极性，从而把评价活动作为教学的有机组成部分。同伴对于学生的闪光点发自内心的评价，对学生的影响同样是深刻的。评价过程中可能有不正确的地方，而借助老师巧妙的引导，可以使学生在交流评价中正确地把握。这样的数学学习，学生的积极性是最高涨的，同样也是充满乐趣的。当然我们还可以和家长建立定期联系的制度，让家长了解孩子的学习状况，给予定期的评价。这对孩子的影响也是巨大的。当然这种联系制度绝不能搞成通气告状制度。这一点必须和家长达成共识，否则会适得其反。

（3）进行多层面的奖励评价，强化学生的闪光点。许多有经验的老师，都比较重视对学生多层面的奖励评价，比如组织学生定期评选发言最佳奖、思路最奇特奖、书写最认真奖、正确率最高奖、善于倾听奖、善于综合奖、善于协作奖、进步最快奖，等等。这种多层面的奖励评价，可以大大拓宽表扬的范围，使各层次的学生都有了体味成功的可能。而奖励给学生的可以是在班级板报上公开展示的荣誉称号，可以是一朵小红花，也可以是一张老师签名的小小书签，甚至是老师给买的一本书，或是建议家长购买图书进行奖励的通知书。虽然这些看起来不起眼，但是对孩子来说却是非常珍贵的。它不仅大大强化了他们的成功意识，而且将时时激励他们对于数学学科投入更大的热情。数学学习的动机和兴趣，也就这样在不知不觉中形成了。

和澳门数学教育研究学会理事长汪甄南先生合影

孔子说："知之者不如好之者，好之者不如乐之者。"实在是道出了快乐学习的重要意义。如果我们坚持不懈地在引导学生快乐学习上下功夫，那么我们的数学教学必将会迎来一个新天地。

第五条　课堂上既要有宽松的环境、和谐的氛围，更要有全情的投入、激烈的争锋。课堂不仅要使学生停留在快乐学习的状态，而是更引领学生进入真正思考的创造境界。

十、引起学生探究欲望的"好问题"

课堂应是点燃学生智慧的火把，而给予火把火种的是一个个具有挑战性的问题，甚至让学生走出教室的时候仍然面对问号，怀抱好奇。恰到好处的提问，可以揭示学生认识中的困惑，引起学生探究知识的欲望，激发学生积极思维，使学生情绪处于最佳状态，有利于学生掌握知识、发展智力、培养能力。它是教学过程的有机组成部分，是整个教学过程推进和发展的重要动力。教师是否善于设计"好问题"，体现了教师对整体教学的把握和理解，也是教师素质高低的一个表现。

（一）提问的主要目的在于引起学生的探究欲望，激发他们的创造性思维

1. 问题要问在有疑之处

教师提问必须在学生有疑之处，这样的问题才能引起学生探究的兴趣。而问题一旦得到解决，他们就会有"柳暗花明又一村"之感，在精神上得到极大的满足，从而激起进一步探究的欲望。如果教师不是问在学生的有疑之处，而是把满堂灌变成满堂问，不仅不能引起学生的探究兴趣，还会使学生产生厌倦，影响探究教学的效果。

学生的有疑之处一般有两种情况：一种是学生自知有疑的地方，一种是自觉无疑而实则有疑的地方。对学生自知有疑的地方，教师要引导学生把它们提出来，鼓励他们大胆猜测和假设，然后通过资料的收集和实验，把它逐一解决。对于那些司空见惯、学生自觉无疑实则有疑的地方，教师要通过演示或实验在"无疑"之处设疑。在这些地方一经提出问题，学生就会觉得大有搞清楚的必要，从而激起探究的热情。

如，教学"圆的周长"时，教师精心设问，层层设疑，一次又一次掀起教学的高潮。教学过程如下：

演示：屏幕上，先显示一个圆，圆周上的一点闪烁后，沿圆周绕一圈，然后闪烁圆周。

师：同学们，什么是圆的周长？

生：圆一周的长度，叫做圆的周长。

师：请同学们闭上眼睛"想象"，圆的周长展开后，会怎样？

生：一条线段。

师：那么如何测量计算圆的周长呢？今天我们共同研究这个问题。（板书课题：圆的周长）接着启发学生动手实践，在实践中探索测量圆周长的方法。

师： 你是怎样测量出圆的周长的？

生： 用滚动法测量出圆的周长。

师： 如果要测量的是大圆形水池，你能把水池立起来滚动吗？（学生哄笑，齐声回答
说：不能）

师： 还有什么办法测量圆的周长呢？

生： 用绳子绕一周，量出绳子的长度，也就是圆的周长。

师： 你能用绳测量出这个圆的周长吗？

（演示：教师把系着小球的细绳的另一端固定在黑板面上，用力甩动小球，让学
生观察黑板上小球被甩动时小球运动形成的圆）

生： 不能。

师： 用滚动法、绳测法可以测出圆的周长，但是有局限性。那
么，能不能探讨出一种求圆周长的规律呢？

师： 圆周长的大小是由什么决定的？我们要找到这个规律，先
做一个实验，你能发现什么？

实验：两个球同时被甩动，形成大小不同的圆。

学生欣喜地发现：圆的周长的大小与半径有关。圆的周长的大小与直径有关。

师： 圆的周长到底与它的直径有什么关系呢？

学生积极动手测量，得出结论"圆的周长是它直径的 3 倍多一些"。

师： 圆的周长到底比它的直径的 3 倍多多少呢？这里，我给同学们讲一个古代数学
家祖冲之测量圆周率的故事。……

教师的提问，层层设疑，激活思维，不断掀起高潮。使学生觉得数学学习不是
枯燥乏味的，而是趣味无穷的。教师巧妙地引出故事，在帮助学生增长知识的同时，
自然地对学生进行了爱国主义教育，使学生产生对数学知识一往情深的志趣。新知
识教学后，教师又提出一个有趣问题：天坛公园有棵大树，你能用绳子测量出大树
的直径吗？又一个联系学生生活实际的提问，唤起学生的回忆和联想，引人入胜，
扣人心弦。

2. 问题要难易适度

所谓问题难易适度，是指教师提出的问题既有一定的难度，又是学生经过努力
可以解决的。问题过难过易都不利于学生开展探究学习，有效地促进他们智力和能

力的发展。问题过于简单，不能激发学生探究的兴趣，不能使学生积极思维。问题过难，又会使学生感到力所不及，不知从何做起，因而失去探究学习的兴趣。教师向学生提出的问题，其难易程度应在学生的"最近发展区"内，才能激发学生的思考，推动探究活动的进行。

3. 问题要具有启发性

启发性的提问能使学生产生浓厚的学习兴趣，激起学生探求知识的欲望，促进学生在掌握知识的同时，发展智力，培养能力。那么，什么样的问题才具有启发性呢？

（1）能激起学生探究兴趣的问题。人的情感具有动力功能，即情感对人的行动有增强或减弱的效能。教师提出的问题，如能引起学生的探究兴趣，就会使学生的学习情绪处于高涨状态，激发起寻找问题答案的欲望。从内容上看，能激发学生探究兴趣的问题，大多是与学生生活联系密切的问题。因此，教师提问时要注意从学生实际出发，理论联系实际，不要从概念到概念，从理论到理论。从形式上看，问题要变化多样，形式单一的提问会使学生感到乏味。

（2）能启发学生思路的问题。能启发学生思路的问题必须具体、明确、严密，不能含混不清，模棱两可。只有具体、明确、严密的问题，才能引导学生沿着一定的思路去解答。问题含混不清，会造成学生思维混乱。

（3）能引起学生认识中矛盾的问题。能引起学生认识中的矛盾的问题，一是在新旧知识的联系处；二是在理论与实践的联系处；三是在低层知识与高层知识的联系处，等等。教师如果能在这些地方恰到好处地提出问题，就会在学生认识中引起已知与未知、理论与实践、高层次与低层次之间的困惑，激发学生去积极探索。

（4）能激发学生创造性思维的问题。能发展学生创造性思维的问题主要有两大类。一类是问题的正确答案不是一个，而是多个。这类问题要求学生从不同的角度、不同的侧面，用不同方法去解决问题，从而引起学生多角度的心理兴奋，有利于发展学生的创造性思维。另一类是解答问题所用的理论是综合性的，它要求学生把学过的知识纵向、横向或纵横交错地联系起来，进行一番加工创造，灵活地运用。这也能促进学生创造性思维的发展。

如，教学"异分母分数加减法"，首先复习同分母分数加减法的计算法则，要求

学生计算 $\frac{2}{4}+\frac{1}{4}$，$\frac{32}{40}-\frac{25}{40}$，$\frac{21}{60}-\frac{8}{60}$ 并说出解题依据：分数单位相同，可以直接相加减。接着，教师设计了这样一组提问：

提问（1）：这几道同分母分数加减题中，有的分数不是最简分数，你能把这几个算式改写成最简分数相加减吗？（学生改写成 $\frac{1}{2}+\frac{1}{4}$、$\frac{4}{5}-\frac{5}{8}$、$\frac{7}{20}-\frac{5}{12}$）现在这几个算式还是同分母分数相加减吗？（不是）是什么呢？（异分母分数相加减）今天这节课我们学习"异分母分数加减法"好吗？（好）板书课题。在新旧知识的连接点处设问，巧引妙传，自然地导入新课，突出了旧知识向新知识的渗透。

提问（2）：今天要学的异分母分数加减法和刚刚学过的同分母分数加减法有什么不同？在思考的转折处设问，引起学生积极思维。

提问（3）：你能把异分母分数变成同分母分数再相加减吗？引导学生依据旧知识，探求新知识，寻找知识间的内在联系，掌握计算法则。

提问（4）：异分母分数能不能直接相加减？为什么？引导学生探究算理，做到既明算理又明算法，牢固地掌握新知。

课堂提问，唯有的放矢，才有"心有灵犀一点通"的效果。上述提问的设计有利于学生在教师的启发诱导下，通过积极思维，主动地获取知识，掌握算理法则。同时，还有利于培养学生的探索精神和思维能力。

（二）课堂提问的"到位"设计

设计并运用"到位"的数学课堂提问，是提高数学课堂教学效益的一个极其重要的方面。设计时应注意以下几点：

1. 控制难度

课堂提问要有一定的难度，才能刺激学生的思维，调动注意力。但也要注意难度恰当，以顾及大多数学生的知识、智力水平。

例如，教学"奇数和偶数"之后，要求学生根据奇数和偶数的意义回答问题。教师边提问边在磁性黑板上出示 1（学生答是奇数），2（偶数），3，4，……后提问并出示字母"X"。全班学生都非常感兴趣，经过思考讨论，明白了 X 可能是奇数（如 23），或偶数（如 60），也可能既不是奇数也不是偶数（如 1.25，$\frac{1}{3}$），还有学生补充说：可能是最小的奇数（1）或最小的偶数（2）等。这样的提问设计比起举出若干个数来判断奇数偶数，增加了难度，使大多数学生体会到了智力角逐的乐趣。

2. 把握深度

课堂提问应有一定的深刻性。不能浅显得可以不动脑筋便能答出，当然也不能绞尽脑汁得不到答案。教师可以抓住某个知识块的关节点，组织一组连贯的问题。

例如，为了区别面积和周长这两个不同的概念，教师出示图（1）提问：

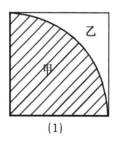 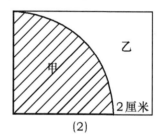

(1)   (2)

（1）图中甲和乙的面积哪个大？

生：S甲大于S乙。

（2）周长呢？

经过议论，学生取得一致意见：C甲＝C乙。

（3）如果把图（1）变成图（2），甲和乙的周长哪个长？

生：乙的周长长。

（4）长多少？

这个问题的设计有一定的深度。少数学生草率地回答长2厘米。经分析判断，学生发现去除相同的部分，C乙比C甲正好多出2个2厘米，即4厘米。

3. 巧设坡度

根据学生的思维特点，课堂提问要由易到难，由简到繁，由浅入深，层层递进，才能达到理想的教学效果。设计提问要讲究坡度。

例如，教学"一个数除以分数"，这节课的难点之一是要求1小时行驶多少千米，先求出 $\frac{1}{5}$ 小时行驶多少千米再乘以5。为突破这一难点，教师设计了这样一组提问：

（1）（出示一张15厘米长的纸条）你有办法知道这张纸条的长度吗？（生：可以

用尺子量出纸条的长度。)

（2）（教师出示一张超过学生手中尺子长度的纸条）现在要用你们手中的尺子，一次量出这张纸条的长度，你有办法吗？

学生在教师的启发下，认为可以把这张纸条折成三折或四折，先量出这张纸条的 $\frac{1}{3}$ 或 $\frac{1}{4}$，再乘以 3 或 4，就可求出纸条全长。教师巧妙的设问，符合学生的认知规律，为学生接受新知作了铺垫，减缓了思维的难度。

4. 激发创造性思维

教师的提问，要讲究感情色彩，努力创造出一种新鲜的能激发学生求知欲望的境界，使学生的创造性思维火花，得到激发。教师若能抓住学生原有的知识经验和接受信息不相适应而产生的心理失衡，提出问题，便特别能打动学生的心。

例如，教学能被 2 整除的数后，教师拿出两张电影票，一张是 11 排 8 座，另一张是 11 排 9 座，说：“小明和小强是好朋友，拿到这两张电影票后，小明高兴地说：‘8 和 9 是相邻的两个数，我俩是坐在一起的。’他们走进电影院时，发现……”“同学们知道他们发现了什么吗？为什么？”学生很感兴趣，他们在积极的思维过程中，进一步明确了奇数列、偶数列和自然数列中相邻的不同含义，培养了学生对具体问题作具体分析，善于处理生活中的数学问题的能力。

5. 增强跨度

教师提出的问题要有较大的思维容量，要抓住教材重点、要点，问得集中。为了增强跨度，对设计好的问题可考虑用合并、简化、取消等方法，实行"浓缩"，以提高问题的容量。

例如，教学"年、月、日"，教师提问："每年的 7 月 1 日，是＿＿＿＿的生日，是＿＿＿＿的纪念日，我们应该牢记这个日子。同学们你能用今天所学的知识告诉我，它是谁的头一天？"这个问题的设计，渗透了德育内容，还考虑到了知识内涵的综合性。引导学生综合运用所学知识，从不同角度做出回答。即 7 月 1 日那天是七月份的头一天，是七月上旬的头一天，是第三季度的头一天，是下半年的头一天。

6. 巧选角度

在设计提问时，教师应根据教学内容作多角度排列，并依据教学目标和学生实际选择最佳角度合理提出问题。

如，在学生理解和掌握质数和合数新知识的基础上，教者适时地采用游戏形式，做"学号"游戏练习，要求学生记住自己的学号，根据老师的提问，符合题意者站起来，恰到好处地多角度提问设计，能达到全面巩固知识的最佳效果。

教师的提问如下：

（1）学号数是质数的同学。

（2）学号数是偶数的同学。

（3）为什么有一位同学还坐着？

生：因为 1 既不是质数，也不是合数，所以学号数是 1 的同学还坐着。

（4）学号数既是奇数，又是合数的同学。

（5）学号数既是合数，又是偶数的同学。

（6）学号数是偶数，而不是合数的同学。

（7）学号数是最小质数的同学。

（8）学号数是最小合数的同学。

十一、引领学生进入真正思考的创造境界

在数学教学实践中，要善于交给学生思维的主动权，让学生在教师精心设计的问题情境中积极地观察、思考、发现、探究、创造，真正参与到一个生动活泼、主动而富有个性的数学学习活动中。

（一）多层次的设问引导，启发学生积极思维、主动探究

苏霍姆林斯基说过："学生来到学校里，不仅仅是为了取得一份知识的行囊，更主要的是为了变得更聪明。"在教学过程中，应充分挖掘教材的智力因素，通过多层次的设问引导，启发学生积极思维，主动探究。这样，既能有效地巩固和深化新知识，又拓展了学生的思维空间，培养了学生独立探究的能力，提高了思维水平。

如，教学"分数的初步认识"时，教师设计了这样一道题："妈妈把一块月饼平均切成了 10 块，胖胖吃了其中的 4 块。胖胖吃了这块月饼的几分之几？"很显然，这道题是教者为初步认识了分数的学生进行巩固练习而设计的。学生很快答出是 $\frac{4}{10}$。当学生回答后，教师并没有到此为止，而是提出了新的问题："如果剩下的平均分给爸爸、妈妈吃，爸爸和妈妈分别吃这块月饼的几分之几呢？"课堂气氛顿时活跃起来，学生们纷纷议论，争相回答：爸爸和妈妈各吃这块月饼的 $\frac{3}{10}$。正当学生享受思维成功快乐的时候，教师又提出了新的问题："胖胖吃了这块月饼的 $\frac{4}{10}$，爸爸和妈妈各吃了 $\frac{3}{10}$，谁吃得多？（胖胖吃得多）谁吃得少？（爸爸、妈妈吃得少）如果你是胖胖，你是自己多吃些，还是让爸爸、妈妈多吃些呢？（学生齐答：让爸爸、妈妈多吃些）那么，你认为胖胖应吃这块月饼的几分之几，就能让爸爸、妈妈既吃得一样多，又吃得较胖胖多些呢？"此时，学生思维活跃，兴趣盎然，都想帮胖胖想办法。积极地思考之后，有学生回答出胖胖应吃这块月饼的 $\frac{2}{10}$，爸爸、妈妈都吃这块

月饼的 $\frac{4}{10}$。主动、积极、投入的学生们获得了思考成功的愉悦。

教师在原题的基础上，巧妙地两次设问，真正挖掘了教材的智力因素，为学生拓展了思维的空间，提高了学生的思维水平。其间有效地渗透了分数的意义，分数与单位"1"的关系，简单分数的加减法和大小比较等知识。虽是分数的初步认识，学生却成功地把" $\frac{6}{10}$ "从"1"和" $\frac{4}{10}$ "之间找出来，再平均分成两份，得出两个" $\frac{3}{10}$ "。在教师引导下进行 $\frac{4}{10}$ 和 $\frac{3}{10}$ 的大小比较后，又去重新分配单位"1"（ $\frac{10}{10}$ ）。当想到其中可包括一个 $\frac{2}{10}$ 和两个 $\frac{4}{10}$ 之后，豁然开朗，实现了探究的目标，获得了学习的成功。此时，学生的兴奋心情是可想而知的。

这样的教学，充分挖掘了练习题的智力因素，激活了学生的思维，一题多练，练出深度，培养了学生的发散思维和聚合思维的能力，教学的层次高，效果好。实践证明，课堂练习题不是"用的不够"，而是"用得不够"。还值得一提的是，教师的两次设问之间的过渡，是联系学生自己的实际，提出如果你是胖胖你怎么做，有效地对全班学生进行了思想道德品质的教育，教者也成功地挖掘了练习题的思想教育因素。

（二）开放教学，开掘学生的智力潜能

"长方体的表面积计算"练习课上，教师出示如右图敞口的长方体纸盒，要求学生讨论怎样计算它的表面积。

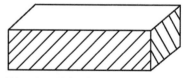

学生有了计算长方体表面积的知识基础，都能得到如下两种解法：

解法一：先算出长方体纸盒的表面积，再减去一个底面积，就得到敞口纸盒的表面积。即：

（长×宽＋宽×高＋长×高）×2－长×宽

解法二：因为是敞口的纸盒，只要算一个底面积，长×宽，再算两个侧面积，宽×高×2，以及前后两个面的面积，长×高×2。把这五个长方形的面积加起来，就是总的表面积了。列成综合式是：

长×宽＋宽×高×2＋长×高×2

讨论到这里，教师揭示两种解法实质是一样的，把解法一的式子变化一下，就能得到解法二的式子。一般的课，上到这里就会转入另一个练习题。而上课的老师觉得这太不尽兴了，学生们的智力潜能远没有开掘出来，于是，就提出了新的问题"除了这两种算法外，还有没有别的算法？"请将不如激将，教师的提问，唤起了学生探索新知的欲望。学生的思维活动又启动起来，积蕴着、积蕴着，终于有一位学生兴奋地举起了手，师生都在静静地听着他的新办法：

把纸盒拆成一个多边形，用（高×2＋长）×宽，这是大长方形的面积，长×高×2，这是两个小长方形的面积。把它们加起来，即求得敞口长方形的表面积。

解法三：（高×2＋长）×宽＋长×高×2

这时，又有一位学生补充说，这种解法是横着看那个大长方形的计算方法，如果竖着看那个大长方形，算法是这样的：

解法四：（高×2＋宽）×长＋宽×高×2

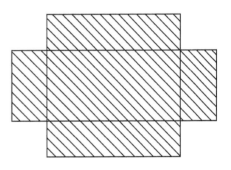

这两位同学的创造思维，令师生们兴奋不已。课堂中的思维活动，真让人感到是一种旋转翻腾的多姿多彩的"体操"运动。"数学是思维的体操"这句名言被体现得淋漓尽致。

又有一位同学站起来，说了他的解法：把这个"十"字形看成一个剪掉四块小正方形的大长方形。我们在制作小纸盒时，就是找一张硬纸板这么做的，由这个大长方形的面积减去 4 个小正方形的面积，也就是减去 4 个（高×高）的正方形，也就是减去 4 个小正方形的面积就行了。

解法五：（高×2＋长）×（高×2＋宽）－高×高×4

"他想得好不好？"老师激动地说。

"好！"学生的掌声响了起来，掌声、赞叹声汇集在一起。

教师就像早有所料，拿出一张长方形的纸，跟学生说："现在，老师要用这张纸，设计制作一个敞口的长方体纸盒，该怎么做呢？"学生回答后，教师又要求每位学生拿出一张图画纸，自己设计制作一个纸盒，再算出它的表面积。

学生饶有兴趣地做起了手工，在思维的发散后又起了新的波澜，教学被推上了一个新的浪尖。抽象的数字和具体的操作拉上了手，动脑和动手挂上了钩。老师和学生都沉浸在创造活动的乐趣之中。学生的思维在教师的启发引导下，在创造性的活动中得以拓展、发散，智力潜能被有效地开掘出来。

（三）练中求"活"，启迪学生思维和创造

启迪学生思维，发展智力，培养能力，建立良好的智能结构，是课堂练习的目标之一。教学实践中，要充分发挥练习题的功效，在巩固基础知识的同时，做到练中求"活"，引起学生的积极思维和创造，给学生"跳一跳摘果子"的机会。

教学"百分数的意义和读写法"，在巩固练习时，教师先让学生写出 10 个百分号（％），要求一个比一个写得好看。学生们照着老师的板书或参照书上的样子认真书写起来。学生书写的过程中，教师突然叫停笔，让学生默默地数一数自己完成的个数。接着，教师提问：你能告诉老师完成了几个吗？学生纷纷举手。教师没有让学生回答，而是说："同学们，直接说出你写了几个百分号，那是很容易的。你能用今天刚学的百分数知识来说一句话，告诉老师你完成的情况吗？"学生顿觉有趣，积极思考后，学生回答出多种不同的说法。有的学生回答："我完成了任务的 40％。"有的学生回答："我已经写好的个数占要写个数的 30％。"有的学生回答："我还剩任务的 60％没有完成。"有的学生回答："我再写任务的 10％，就完成一半了。"有的学生回答："我完成的比刚才那位同学的多 25％"。每一位学生都根据自己写的百分号的个数，想出一句带有百分数的句子，在积极的状态下参与学习。学生回答后，教师又问："你是怎么想到这个百分数的呢？"学生们都能说出自己的思考过程，一名学生回答说："我写了 4 个，占任务（10 个）的 $\frac{4}{10}$，也就是 $\frac{40}{100}$，用百分数表示是 40％，所以我完成了任务的 40％。"教师充分肯定了他的说法，该学生获得了学习成功的满足。

要求学生用含有百分数的句子，来说明已经写的百分号的个数，对于刚学习百分数的学生来说，有一定的思维难度。但是教师正是通过这个练习，形成思维的阶

梯，引导学生"跳一跳摘果子"，培养学生的探索精神。从效果上看，这个练习有效地吸引了每位学生积极参与学习活动，突出了教学重点，教学效率高。其间看似巩固百分号的书写，其实，教师别有用意，意在通过练习，帮助学生巩固百分数的意义，初步渗透求一个数是另一个数的百分之几的解题方法。

（四）让学生出题"考"老师，品尝思维的快乐

教学"乘法分配律"，揭示规律后，教师引导学生做填数练习：

（1）（8＋9）×3＝□×3＋□×3

（2）13×（40＋4）＝13×□＋13×□

（3）16×（5＋3）＝16×□＋□×3

（4）34×19＋66×19＝（□＋□）×□

集体讨论并练习后，教师说："同学们，老师出了填数题给你们填了，你们能不能也当回老师，出题考考老师呢?"学生听了老师的话后，心想：今天老师要当学生，让我们当回"小老师"出题考他。我们要好好"难为"一下他，展示一下我们的风采。学生们有的自己动笔，有的与同桌交流、合作，出的"考题"是：

生1：（17＋19）×2＝17×□＋19×□

生2：4×9＋9×6＝（□＋□）×□

生3：（14＋13）×□＝14×□＋13×□

生4：（7＋8）×□＝7×□＋□×□

生5：□×□＋□×36＝37×（□＋□）

生6：（27＋56）×7＝27○7○56○7（填运算符号）

从学生的题目看，学生1没有一味模仿老师出的题，要求填写等号左边的两个加数，而是要求填写相同因数，有变化；学生2则交换了第二个乘法算式的被乘数与乘数位置，且等号的右边没有出现一个数字，比学生1难度增加了；学生3出的题是一道多解题，只要三个空内填写的数字相同都可以，说明学生对乘法分配律已掌握，反映了一定的思维水平；学生4在学生3的基础上，更难了一步，连等号右边第二个乘法算式的被乘数都未出现；学生5虽然只给出两个数，但却确定了要填的三个数，另两个空即第一个积的乘数和括号里的第一个加数可填写任意相同数，而这个相同数若填写可以与36凑整的数如64，则可使计算简便，反映了较高的思

维水平；学生 6 要求填写运算符号，思路开阔，抓住了乘法分配律的知识要点。

学生出的每一道题，教师都非常认真地分析题意，找出解题的突破口，有根有据地分析解答每一道题，并让学生判断正误，直至学生满意地说"对了"为止。这样，课堂气氛热烈，学生思维活跃，教师从容答题，师生充满信心，共同沐浴在愉快的教与学的环境中。课堂上，师生"换位"，让学生出题"考"老师，这种别具一格的练习形式有以下几点好处：

（1）加强师生的共同活动，沟通情感，协调师生之间的关系，学生愉悦地参与认知活动，兴趣盎然，活动符合儿童的心理特点。

（2）有利于抓住教材中的重点、难点、疑点进行强化练习，使学生较深刻地领会所学知识。

（3）教师利用自己较详细地解答每一道题的机会，在学生注意力高度集中、判断回答的过程中，展示解题思路，传授解题方法，课堂教学实效明显。

（4）学生通过智力活动提出问题，反映了学生对所学知识的掌握情况，便于教师获得教学的反馈信息，便于准确把握学生学习新知的脉搏。

（5）在学生出题和判断的过程中，有利于培养学生运用知识编题、辨析的能力，不断提高思维水平，同时有利于增强学生的自信心和获得学习成功的"成就感"，使学生尝到思考的快乐。

（五）巧设课尾，再掀思维高潮

课堂教学的结束阶段，是整个课堂教学过程的有机组成部分，它对发展学生兴趣，强化教学目标具有重要意义。教学中，应精心设计课尾，利用课尾的教学活动，再次激起学生的思考热情，使知识得以延伸和强化。

如，教学"约数和倍数"时，下课的铃声快要响了，教师没有按部就班地给学生布置作业，而是面对全班 40 名学生，从容地说："同学们，快要下课了，我们一起来做一个游戏，好不好？"（学生齐答："好！"）这个游戏的名字叫"动脑筋离课堂"，游戏的规则是这样的：老师出示一张卡片，如果你的学号数是卡片上的数的倍数，你就可以离开。走的时候，必须先走到讲台前，大声说一句话，再走出教室。你说的一句话，可以是"几是几的倍数"、"几是几的约数"或"几能被几整除"其中的任意一句。

游戏开始了，教师先出示一张数字卡片 ②，学号数是 2 的倍数的学生，一个个走到讲台前，学号是 4 的学生说："4 是 2 的倍数。"学号是 6 的学生说："2 是 6 的约数。"学号是 8 的学生说："8 能被 2 整除。"全班有一半的学生运用所学知识，正确地说出一句话，得到在座学生的认可后，高兴地走出教室。接着，教师慢慢地拿出另一张卡片 0.5。有 3 名学生立即站了起来朝讲台走去，走了一半又回到原位。教师提问：为什么大家都不走了？学生结合整除应具备的条件说明了理由。教师接着又分别出示卡片 ③、⑤，学号数是 3、5 的倍数的学生走出教室，（其实学生们都没有走远，都在门外、窗外看着呢）。最后剩下学号是 1、7、11、13、17、19、23、29、31、37 的学生，这时，教师不再出示卡片，而是问学生："你们怎么不走呢？"学生回答说："我们的学号数都不是老师拿出的卡片上的数的倍数。""那么，教师出示哪个数，大家就都可以走了？"学生积极地思考后，异口同声地说："1。"教师出示一个大大的卡片 1，10 名学生在下课铃声中欢快地离开了教室。

新颖有趣的"动脑筋离课堂"游戏，巩固了知识，检查了效果，还进行了纠正错误和个别指导，发挥了学生的创造性，一举多得，灵活巧妙。此教学过程，学生已不仅仅停留在快乐学习的状态，而是进入了真正的思考的创造境界。学生面对老师精心设计的问题，不是望而却步，而是跃跃欲试。其间学生不但掌握了知识，培养了能力，而且树立了敢于探索的勇气和信心。特别是后进生，也有了强烈的参与意识，在创造的气氛中，被唤起创造的欲望。

十二、开放式教学与学生创新意识的培养

陶行知先生提出：要解放儿童的头脑，使他们能想；解放儿童的双手，使他们能干；解放儿童的眼睛，使他们能看；解放儿童的嘴巴，使他们能说；解放儿童的空间，使他们能到大自然、大社会之中去扩大眼界，各学所需，各教所知，各尽所能。陶行知先生这种开放式教学的思想，应成为我们实施开放式课堂教学，培养创新意识，形成创新思维和创新能力的重要指导思想。数学学习的最重要的成果就是学会建立数学模型，用以解决实际问题。数学的开放性、多样性不仅是生活需要的

反映，也是人的认知结构、认知能力的反映，不仅生活需要开放的数学教育，学生认知潜力的发展也需要开放的数学教育。

（一）开放的教学内容

1. 创造性地处理教材。培养学生的创新能力，教师要有创新的思维方式，特别是要创造性地处理教材

"循环小数"是学生较难准确掌握和表述的一个概念，特别是表述其意义的"从某一位起"、"依次"、"不断地"、"重复出现"、"小数部分位数是无限的"等抽象说法，学生难以理解。教学时，为改变教材中从单调的计算引出概念的做法，而创设情境，通过吸引学生经历"听一听"、"看一看"等过程，将难点分散，各个击破，帮助学生逐步建立起这一抽象的数学概念。

（1）听。教师用录音机放出火车行进时车轮滚动发出的声音。先让学生猜听到的是什么声音，再提问：火车车轮滚动发出的声音有什么规律？当学生说出总是重复听到"咔嚓、咔嚓"的声音后，教师板书"重复"两个字。

（2）看。引导学生看与计算机相连接的显示屏幕，屏幕上出现下列信息：中间一个日历，周围有七个色块，上面分别写着"星期日"、"星期一"、"星期二"……"星期六"。当教师触摸计算机显示屏中间的日历后，随着日历的翻页，周围的星期几便同时闪烁，也就出现日历不断翻页变化，一星期的七天，即星期日、星期一、星期二……星期六，在不断地重复出现。教师则提问：一个星期七天的出现有什么规律？（重复出现）会不会出现着、出现着就不出现了？（不会）那么在"重复出现"的前面还应该加一个什么词？（不断地）既然是不断地重复出现，出现的次数是有限的还是无限的？（无限的）学生回答时，教师板书：出现、不断地、无限。在此基础上，揭示课题：一星期的七天总是不断地重复出现，像这样的情况，我们把它叫做循环。在自然课上，我们学过"水的循环"，今天我们学习数学里的循环，认识"循环小数"。

2. 大自然与社会是培养学生创新能力的生动课堂。引导学生参与社会实践活动，让学生从社会中、大自然中获取知识

如，在学完了"统计图"后，让学生调查：

第一，个人喜好方面的问题。如：喜爱的玩具、小动物、花草；爱吃的水果、蔬菜；最受欢迎或喜欢的电视节目、卡通人物；喜爱运动；爱喝的饮料；班上参加各兴趣小组的人数。

第二，大家都关心的主题。如，奥运会各国金牌数；濒临灭绝的物种及数量；比较熟悉的一些动物的奔跑速度；一些著名的河流的长度；班级同学的出生年月；戴眼镜的人数；人的身高、体重、臂长等；气温、雨量记录；一天的体温变化记录；最近几年城市人口统计；关于行程的记录；一段时间的股票指数；某商店一周的营业额。

第三，研究专题。如，在校园餐厅里消费的一次性筷子或餐盒数量；在家看电视的时间对视力与学习的影响；不同地段对商店营业额的影响；促销活动对营业额的影响。

学生能从不同的视角想出各种方法解决问题，表现出惊人的创造潜能。

3. 开发应用性习题，发展学生的创造性才能

完整的数学内容由抽象、符号变换和应用三部分组成，传统的数学教材以处理符号变换为主，导致了教学脱离实际。现在世界各国数学教材的共同趋向是开始重视数学抽象和数学应用。我们应该注意开发从实际生活和生产中产生的数学问题，让学生在发现数学问题和解决数学问题中，发展他们的创造才能。可启发学生发现与生活实际密切相关的数学问题，与传统的习题相配合，组成更完整的数学训练体系。如：

（1）在学生认识厘米，会用厘米尺测量线段的长度后，让学生测量地图上弯曲的铁路线长度。学生可想象出用线重合在铁路线上，然后拉直后量出它的长度。也可用圆规，把它的两脚叉开到 1 厘米，从起点交替转动圆规的两脚，测量到终点，从而量出地图上铁路线的近似长度。

（2）超市中每本练习本是 2 元，每支铅笔是 0.5 元，每只小皮球是 5 元。小明用 10 元钱去买这三种物品，要求正好用完，三种物品都买到，他应该怎样？学生要进行规划匹配从 $5+2+0.5×6=10$ 和 $5+2×2+0.5×2=10$ 中，得出两种不同的买法：可以买 1 只小皮球、1本练习本和 6 支铅笔；也可以买 1 只小皮球、2 本练习本和 2 支铅笔。这类开放性的习题，往往有两种或两种以上的答案，而传统习题的答案一般都是唯一的封闭式的。

（二）开放的教学过程

传统封闭式教学是上课时才向学生公布教学内容。教学起点从零开始，学生时时处在被动接受的地位。而开放式教学则先向学生公布教学内容，学生事先可通过找资料、搜集信息，预习新课，对新授教学内容有充分的了解和准备。正式教学时学生则处在相当的起点，学习过程中时时处在主动探求之中。同时，课堂向课后开放。传统封闭式教学是把所有问题解决在课内，而开放式教学则提倡把问题带出课外，带向生活，带向家庭，带向社会，带向终身。

开放的教学过程，要提供自主学习、自主活动的时间和空间，使学生有机会创新。教学"平行四边形面积计算"，设计了这样的教学过程：

（1）创设问题情境。

教师出示以下两个全等的长方形纸板，使得第一个硬纸板中的平行四边形（a）的底与第二个硬纸板中的长方形（b）的宽相等。提问："（a）与（b），面积哪个大?"

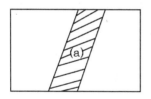 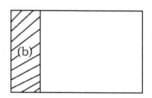

（2）引导解决疑问。

问题出示以后，学生产生了好奇心，同时产生了解决问题的欲望。有些同学通过数小方格来寻求结论。另有部分同学作如下操作：

剪去图形（a）与图形（b）以后，不去度量比较（a）、（b）的面积，而是比较剩下部分面积的大小，通过先拼合，再叠合得知：两个全等的长方形剩下的面积相等，由此推得：图形（a）与图形（b）的面积一样大。在操作过程中，教师适当加

以引导，让学生上台操作、演示，通过观察、比较与分析，得出结论，并渗透了"等量减等量，其差相等"、"部分量小于全量"等知识。

（3）讨论理解概念。

得出结论以后，教师并不满足，而是引导学生作如下讨论：

① 在图形（a）、（b）中，长方形的宽与平行四边形的底有什么关系？

② 长方形的长与平行四边形的高有什么关系？

③ 知道长方形的面积，如何求出与它等底的平行四边形面积？

④ 平行四边形与长方形面积一样大的条件是什么？

⑤ 如果平行四边形与长方形面积相等，那么平行四边形的底是否等于长方形的长？高是否等于宽？为什么？

（4）及时巩固深化。

① 在下图中，画出与小长方形 ABCD 面积相等的平行四边形。

② 做"找朋友"数学游戏。给出若干平面图形，如长方形、三角形与平行四边形等，要求学生找出面积相等的图形，允许学生用尺度量。

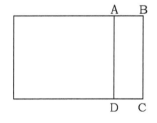

③ 画出规定面积的平行四边形，并画出与之面积相等的长方形，以及面积是已知平行四边形面积两倍的平行四边形。

上述教例，教师重视学生获取知识的思维过程。先是创设问题情境，激发探求新知识的欲望，然后引导学生充分运用感知性材料动手操作，找到未知转化为已知的途径，培养了学生独立获取知识和应用知识的能力。初步得出结论后，教师又组织学生讨论，加深理解概念，并通过练习巩固深化。使学生在学习过程中享有广阔的思维空间，不时迸发出创新的火花。

开放性课堂教学具有以下特点：

（1）辐射性。开放式课堂教学以课堂为中心。从时间上说是向前后辐射，从空间上说是向校内外、家庭、社会辐射，从内容上说是向各学科、自然界操作实践辐射。全程开放、全方位开放，这是和封闭式教学的显著不同点。

（2）主体性。开放教育以人为本，强调人的主体作用，特别重视挖掘师生的集体智慧和力量。课堂上学生是学习的主体，问题由他们提，疑点给他们辩，结论让他们得，教师应充分放手激发学生学习的主动性和创造性。

（3）创新性。"没有最好，只有更好。"事物的答案不是唯一的，不受定势的影响，不受传统的束缚。思考、解决问题要多角度、多因果、多方位。创新性是开放教学的核心。

（4）时代性。课堂教学只有引进时代的活力才能具有生气活力。教材的改革远远滞后于时代迅猛发展的步伐。因此教师应有意识、有计划、有目的地利用时代科技发展的前沿成果，让我们的课堂永远闪烁着新时代的信息之光。

（三）开放的思维方式

在教学实践中，要着力培养学生的创造性思维能力。创造性思维是发现问题和创造性地解决问题的思维，这不仅能揭示客观事物的本质特征和内部规律，而且能产生新颖的、前所未有的思维成果。

1. 开放思维的空间

我们目前教学中值得深思的问题是：我们的学校为什么只教"学答"，而不教"学问"，我们的考试内容为什么用"答"代替"问"？我们的考试标准为什么是有"答"的标准而没有"问"的标准？我们的教育为什么不引发学生"问"的兴趣？教给学生"问"的方法？因此，可以这样说，开放教育的核心是开放学生的思维空间，教会学生从小敢问、能问、善问。鉴于此，课堂组织教学应以激发学生"问"的兴趣，教给学生"问"的方法，培养学生"问"的意识，开掘学生"问"的潜能为目标。使"问"的主线不再在传统的教师讲和教师问的轨迹上滑行。要走出教师满堂讲、学生满堂听，教师满堂问、学生满堂答的模式，开创学生满堂问、师生满堂议、满堂辩的模式。

2. 发散解题的思路

（1）让学生在猜想中学习新、奇的解题思路。只要数学的学习过程稍能反映出数学的发明过程的话，就应该让合理的猜测占有适当的位置。可见，在教学中让学生大胆猜测、假设，提出一些预感性的想法，实现对事物的瞬间顿悟，有利于学生创造性思维的发展。

如，教过"倒数"的知识后，出示这样一道题：$1\frac{1}{7}a=\frac{1}{2}b=\frac{3}{4}c$，比较 a、b、 c 的大小。在学生动笔之前，让他们先猜一猜。其中一个学生是这样想的：把这道题想象成跷跷板，等号两边的总重量一样，a 的伙伴最重，那么 a 肯定最轻，b 的伙伴最轻，那么 b 肯定最重。

（2）让学生在"变通"中学习巧、活的解题思路。优秀学生不在于他优秀的成绩，而在于他优秀的思维方式。可见，在教学中，训练学生由正及反、由此及彼、举一反三的迁移变通能力，是培养学生创造性思维的有效手段。

如，解答这样一道题：求 100 以内不能被 7 整除的各数的和。如果一一列举，再来求和，显然比较麻烦；如果变通一下题目，从相反的角度来思考，先求出 100 内能被 7 整除的数的和，再从 5050（1 加到 100 的和）中减去，求解就方便多了。

3. 鼓励求异的思维

"求异"蕴藏着创新，蕴藏着灵性。学生是充满着灵性的活生生的人，活生生的人就应该活生生地教，而我们的教师却往往会对学生"创新的火花"和"灵性"产生错觉。

如，在一节数学公开课上，有位教师讲一年级图画应用题，他出示了一幅图让学生列式计算。

一位男生说："5－5＝0"，教师很严肃地问："他的解法对吗？"学生说："不对!""那这道题究竟怎样列式才对呢？"教师问。一位女生举手说"5－2＝3 或 5－3＝2"，这时教师的脸慢慢地绽开了笑

容，说："好，那你能给他（指那位男同学）讲讲这样列式的道理吗？"……课后我曾问那位男同学，他说："原来有 5 只小兔子，向左走了 3 只，向右走了 2 只，一只也没有剩下，所以用 5－5＝0。"真可惜啊，就因为这位教师的"正常"思维，对学生的"怪异"做法不屑一顾，错过一次鼓励学生创新的绝好机会，应引以为鉴。

在教学中要通过"一图多式"、"一题多解"、"一题多变"等训练，鼓励学生创新求异，对学生的新发现、新观点、新见解给予肯定，排除思维定势的影响，促使学生创新思维向纵深发展。

4. 保护丰富的想象

想象作为一种非逻辑的思维形式，是创新思维的核心，在创新过程中起着举足轻重的作用。爱因斯坦说："想象力比知识更重要，因为知识是有限的，而想象力概括着世上一切。"没有想象力就没有创新，丰富的想象是人们遨游科学天空的强劲翅膀，要特别注意和保护。

如，在教学"1的认识"时，首先出示主题图引导学生边观察边思考：图上的人和物哪些数量是"1"？当同学们争相说出："一个小朋友、一支铅笔、一个本子、一个文具盒、一张桌子……"后，突然有个学生冒出一句："还有一条凳子！"引得哄堂大笑。老师问同学们笑什么？他们异口同声地说："图上没有画着凳子！"多好的思维啊！老师马上表扬那位学生有创新精神，并让全班同学向他学习。打那以后，学生的思维异常活跃，并不时地产生奇思妙想。如果当时教师对那位学生的"异想天开"的"出轨"做法"一棍子打死"，便可能将学生的创新思维扼杀在"摇篮"之中。

> **第六条**　成功的教学需要教师在课堂上将众多的细节演绎并转化为深刻影响学生思维和接受的力量。因此，课堂上教师应时时处于高度紧张活跃的状态，敏锐感受、准确判断生成和变动过程中可能出现的新情况和新问题。

十三、课堂教学的预设与生成

课堂应是向未知方向挺进的旅程，随时都有可能发现意外的通道和美丽的图景，而不是一切都必须遵循固定线路的没有激情的行程。

"动态生成"是新课程改革的核心理念之一。所谓课堂动态生成就是指在教师与学生、学生与学生合作、对话、碰撞的课堂中，现时生成的超出教师预设方案之外的新问题、新情况。它随着教学环境、学习主体、学习方式的变化而变化，根据教师的不同处理方式而呈现出不同的价值，使课堂呈现出动态变化、生机勃勃的新特点。

课堂应是师生互动、心灵对话的舞台。学生是生命体，是充满情感，富于想象，极具个性的生命体。叶澜教授指出："要从生命的高度、用动态生成的观点看课堂教学。课堂教学应被看作是师生人生中一段重要的生命经历，是他们生命的、有意义的构成部分，要把个体精神生命发展的主动权还给学生。"

（一）没有高质量的预设，就不可能有十分精彩的生成

凡事预则立，不预则废。一个普通的棋手能够预想招后几步棋，专业的棋手能够预想招后几十步棋，大师级的棋手从一开局就能看透整个棋局。只有充分的预计，才能临危不乱，运筹帷幄，决胜千里。预设教案犹如杜威所说，每一位老师带着自己的哲学思想走向课堂，愈是优秀的教师，设计教案的水平与质量愈高。预设一个高质量的教案，既是教师经验的积累，也是教学机智的展现，其间蕴含着教师的教育教学智慧。有的教师过分强调课堂动态生成，忽视了课前预先设定，似乎教学设计越简单越好，反而对学生的了解、对教材的研究少了。这显然是毫无道理的，走向了另一个极端。预设和生成是辩证的对立统一体，两者是相互依存的，如果没有高质量的预设，就不可能有十分精彩的生成；反之，如果不重视生成，那么预设必然是僵化的，缺乏生命活力的。可见，必须以预设为基础，为前提，在实施中才能把握机遇，实现有效的动态生成。

教学预设不是单维的、死板的、封闭的、主观的线性教学设计，而应该是多维的、灵活的、开放的、动态的板块式设计。进行教学设计时，可在每个重要的教学环节旁边另外开辟一栏——可能出现的问题与应对策略，根据自己对学生的知识水平、思维特征等的预先深入的了解，充分预想课堂中可能出现的每一个问题，然后将解决每个问题的应对策略附于其后。甚至设计几个不同的板块，这几个活动的板块可以根据教学的需要随时穿插、变化。这样，在不同的环境，面对不同的学生，尽管产生的问题可能多种多样，甚至截然不同，但是由于有充分的预设，所以教师不会手足无措。即使出现这些预设之外的情况，也能够很快想出应对的策略，及时化解。例如，教授"面积和面积单位"时，按什么顺序学习三个面积单位，就可做出三种预设：① 按教材的编排，平方厘米、平方分米、平方米依次出现组织教学；② 考虑到学生家里搬新房的不少，对住房面积多少平方米接触较多，作了先学习平方米的预设；③ 同样，也安排先学习平方分米的教学思路。结果表明，学生选择先学习平方米，教学得心应手。

（二）在重视学生生成的同时不能忽视教师生成

以往的课堂教学中教师也想体现学生的主体性，让学生自主学习，但由于受教学活动计划性、预设性的影响，学生的思维与活动总是被限制在教案中。动态生成的教学不再是教师主宰，学生跟着走，而是根据学生的具体情况，随时调整教学过程，真正使学生成为学习的主人。然而，教师在动态生成中的作用也是不容忽视的，那种认为学生是动态生成唯一对象的观点是不可取的。数学课堂教学动态生成的对象应该是学生和教师。这与强调学生是课堂教学动态生成的主体并不矛盾。教师在教学过程中，受到环境、学生等的影响，会产生灵感，形成即兴的教学思路，从而对原来教学设计进行完善和必要的补充，这是值得提倡的。例如，一位教师教学同分母分数加法，一开始让学生说说怎样计算，估计正确与错误的算法会同时出现，然后可以抓住认知冲突，组织讨论。但结果是，学生在尝试计算"$\frac{2}{9} + \frac{5}{9}$"时，无一例外都是等于$\frac{7}{9}$。针对这一情况，教师灵机一动，改变原定思路，设问：为什么不是等于$\frac{7}{18}$呢？你有什么理由说服老师？面对老师生成的新问题，学生通过折纸、画图、实物举例等多种方法，说明自己的方法是正确的，学生的学习参与十分投入、有效。

（三）动态生成的内容是错综复杂的，林林总总的信息需要教师沉着应对

动态生成的课堂是真实的课堂，是丰富多彩的课堂。课堂教学不再只是忠实地传递和接受知识的过程，更是创新与开发的过程。它是一个师生及多种因素间动态的相互作用的推进过程。它不可能完全按预定的轨道行进，会生出一些意料之外又在情理之中，奇特的、富有个性的鲜活内容。有意义或无意义，重要或不重要的新情境、新思维和新方法都会出现，实际的教学过程要比预定的、计划中的过程生动、活泼、丰富得多。

应当看到，动态生成的内容错综复杂，在课堂教学中，林林总总的信息会扑面而来，有时会令教师应接不暇，不知所措。所以，要避免过于理想化的倾向，沉着应对，既不能挫伤学生创造的积极性，又不能急于求成。例如，教学"角的认识"，

教师提了一个开放性的问题：关于角你知道些什么？这下可好，学生说羊角、牛角、尺的尖尖角，甚至于人民币中的"角"样样都有。这正是学生认识的生活中的角，教师要耐心等待，多加鼓励，巧妙引导。教师可以启发，数学中的角与刚才说到的生活中的角有所不同，请画出一个你认为的角。学生在画角的过程中，充分显露思维水平，互相启发、交流，步步为营，逐步完善。只要教师能很好地把握教材，有足够的教学机智，采取有效的教学策略，就可能将问题变成新的教学资源，把原先可能成为瑕疵的问题转化成教学的亮点。

（四）重视利用生成资源，不能忽视整体目标

动态生成凸现课堂教学的资源性，要合理利用动态生成的教学资源。所谓合理，其中一个重要标准就是不能偏离了整体目标。所谓"整体目标"，就是要求教师对知识技能、方法与过程、情感态度价值观三位一体目标进行整体把握，不能拘泥于某节课的具体目标，而要做到"形散而神聚"。教材和教案不再是神圣不可"触犯"的，老师和学生可以从教学目标，以及教与学的实际出发，根据学生心理的、情感的、知识的需要，随时做出富有创意的重组、整合、删减。教学设计往往是理想化的，不可能滴水不漏，应当允许偏差的存在，允许与预设不一致甚至相矛盾的意外情况的发生，而这一切，又都应当成为一种新的可供开发的教育资源。

在不偏离教学目标的前提下，首先要重视动态生成的有效性，分清轻重缓急，分别对待，不能眉毛胡子一把抓，或者捡了芝麻丢了西瓜。其次，要根据学生的需要进行选择。要面向全体学生，照顾大多数学生的实际需要和水平，组织有效的教学。而不能围着一个或几个学生转，忽略了大多数。否则，会顾此失彼。例如，一位教师教学"圆的周长"，在探索直径与周长的关系时，许多同学想到了用圆片在尺上滚、用线量出圆的周长，想办法算出周长与直径的关系。正当学生积极探索之时，一位学生说圆周率是祖冲之发现的，教师就讲起了祖冲之用内切多边形求圆周率的方法，一人唱独角戏，花去了十多分钟，学生听得糊里糊涂。显然，教师的教学偏离了教学目标和广大学生的实际需要，得不偿失。

动态生成的课堂是开放的、互动的、真实的、多维的，是教师与学生、学生与学生、学生与文本的多元的对话，是充满生命活力、充满智慧与挑战的课堂。

十四、关注细节是具有品位的教学新境界的体现

具有教育智慧，是未来教师专业教育素养达到成熟水平的标志之一。教师的教育智慧集中表现在教育、教学实践中，即具有敏锐感受、准确判断生成和变动过程中可能出现的新情况和新问题的能力；具有根据对象情况和面临的情境，及时做出决策及选择，并调节教育行为的魄力；具有使学生积极投入学校生活，热爱学习和创造，愿意与他人进行心灵对话的魅力。在一定程度上，课程是由课堂上无数个细节共同组成的。所以，关注现场与细节是提升教学智慧的必经之路。

（一）细节在教学过程中的功能和作用，在促进学生发展中的意义和价值，举轻若重

许多教学细节过去并没有受到每一个教师的重视，也没有系统的理论对它们的必要性和规范性给予深入地探讨。但自从新课程教学改革开始，教师们对细节的观念逐渐发生了变化，教学细节也开始被当作一个重要的实践环节去认识。

细节可以体现一位教师的实力和功力，细节的变化标志着课堂理念与实践的变化。新课程教学改革，最终要在课堂教学的每个细节上实践和体现。重视细节的改造，正是新课程教学改革的一个重要特点。关注细节，就是关注新课程的理念能否落实到位以及教学行为能否根据新课程的要求重新塑造；关注细节，就是追求教学的合理化、智慧化、精确化，是具有品位的教学新境界的体现。

一位教师所创造的"举左手，举右手"的教学细节，就是教师与成绩较差的学生之间的一种约定：如果能够回答问题举右手，如果没有把握则举左手，教师根据学生举手提供的信息来决定是否请他回答问题。既照顾了学生的自尊心，又鼓励了他积极参与课堂交流。但是，由于理解和接受程度不同，老师们在教学行为中对新理念和新要求的把握水平参差不齐。过去司空见惯的教学细节仍时有发生。如学生回答问题错误，教师让学生站着，问"谁来替他正确地回答"，等另一名学生正确回答后，教师则对他说："你听清楚了吗，请坐。"长此以往，学生回答问题的主动性、积极性会逐步消失，愿意回答问题的学生越来越少。这一细节隐含着一个错误的观

念，即教师已经讲过的内容，学生不应再出错。数学课堂上，当学生经历了独立思考后，常可听到这样的问话："谁愿意把你想到的说给老师听听？"这句话的潜台词是，教师是课堂的主宰，学生必须靠拢老师。按照面向全体、平等互助的理念，这句话应改为"谁愿意把你想到的说给大家听听？"两句问话，虽然只有一词之差，但反映出两种泾渭分明的教学观。

在小学一年级的音乐课上，教师在自己的衣服上贴了许多"小红星"，这是为了赏识孩子们而准备的。在课堂上，哪个孩子有了好的表现，老师就会把"小红星"贴在该生的额头上。孩子们表现得主动积极，课堂上不断出现精彩的场面。可是，赏识孩子不能只凭自己的预先设计进行，也不能只对孩子的某一个方面的优良行为进行奖赏，而忽略了对孩子其他方面优良行为的奖赏。在课堂教学接近尾声的时候，贴在这位音乐教师身上的"小红星"掉了一个，有个孩子很懂事地捡了起来交给了老师。老师接了过来，又贴在了自己身上，一言未发。这个时候，教师如果能奖赏这个孩子一个"小红星"，或者说声"谢谢"，又会是怎样的效果？

可令人费解的是：刚下课，教师身上的"小红星"又掉了一个，又有一个孩子认真地捡了起来，要交给老师。"不要了"，老师一边说着，一边摆着手。孩子看着老师，愣了一下，有些犹豫地将手上的"小红星"抛掉了。乍看起来，新课程的理念与实践之间似乎只有一步之遥，但跨出这一步却并非那么简单。

细节虽小，却不能小看。在看似"应该"和"正常"的地方，在有意无意的忽视和漠视的地方，正存在着教师从感性和理性两个方面都应该努力去避免的非教育和反教育的现象。教学细节具有的对学生心理、行为的深刻"教育性"，警示着每一个严谨的教师。因而应分析和反思惯常的教学细节，从中清理出由不合规律、不讲科学、不重人道所导致的问题，从打造全新的教学细节入手，改变原有教学行为，形成新的教学理念和实践，才能以此来体现出对学生的尊重、信任、理解，体现出对学生全面发展的充分重视，体现出对教育教学基本规律的自觉，体现出教学技巧、教学艺术和教师素质，体现出先进教育理念下教师的人文关怀。事实上，有时教师一句体贴的话语、一个鼓励的眼神、一次信任的微笑、一个尊重的姿势，都能唤醒学生沉睡已久的意识和潜能，都能使天性中最优美、最灵动的东西发挥到极致。

（二）随时捕捉学生的疑问、想法、创见等精彩瞬间，因势利导

课堂教学，有交流才有价值。有时学生在阐述其见解时，会不经意间带出一些很有探讨价值的"副产品"，这时，作为说者的学生可能是"无心"的，但作为听者的教师一定要"有意"，要善于从学生的讨论发言中发现，从错中见到对，从无中见到有。要"于无声处"谛听即将响起的惊雷。

教师应该像谈话类电视节目的主持人一样，大脑时时处于高度紧张活跃的状态。或是归纳整理零散的见解，或是提升凝练肤浅粗陋的认识。在引导、评价、总结时要集中精力，调动全部的智慧。在实施预设教案的进程中，教师随时捕捉学生的疑问、想法、创见等精彩瞬间，因势利导改变原来的教学程序或内容，自然地变为动态生成，才能产生事半功倍的效果。而在动态生成中，教师还要高屋建瓴，甄别优劣，选择恰当的问题作动态生成的"课眼"，引导教学进程，让课堂教学在健康有效的轨道上发展。

例如，教学整数除以分数的计算法则，在复习的基础上，教师出示例题：一辆汽车 $\frac{2}{5}$ 小时行驶 18 千米，1 小时行驶多少千米？引导学生根据"速度＝路程÷时间"，列出算式：$18 \div \frac{2}{5}$。

师：这是整数除以分数，请同学们想一想，该怎样计算？

生 1：可以把 $\frac{2}{5}$ 化成小数来计算：$18 \div \frac{2}{5} = 18 \div 0.4 = 45$（千米）

生 2：我觉得这种方法有局限性，当除数不能化成有限小数时，用这种方法就不能很快计算出正确的结果。

生 3：因为分数除以整数（0 除外），等于分数乘以这个整数的倒数，我把 $\frac{2}{5}$ 看做一个数，它的倒数就是 $\frac{5}{2}$，也就是 $18 \div \frac{2}{5} = 18 \times \frac{5}{2} = 45$（千米）。

当生 3 说完，全部同学先是一愣，然后都叫了起来："嘿，答案一样！"

教师原来设计的教案，是当教师提出问题后，假设学生不知道怎样计算，教师即按照预设的教学程序，引导学生逐步学习。课堂上教师提问后，学生当即有办法

解答，并且能猜想"新公式"，这超出教师的预设。而此时，教师略作思考即改变教案，教学转为动态生成。

师：大家想得很有道理，不过，这种计算方法究竟是否正确呢？大家能验证一下吗？同学们经过一番想、画、算，用线段辅助分析的方法进行验证。（图略）

生1：从图上看，如果把 $\frac{2}{5}$ 小时行驶的千米数看做 1 份，那么 1 小时行驶的千米数应该为 18 千米的 $\frac{5}{2}$ 倍。求 1 小时行驶多少千米，就是求 18 千米的 $\frac{5}{2}$ 是多少。

列式为：$18 \div \frac{2}{5} = 18 \times \frac{5}{2} = 45$ 千米。

生2：$\frac{2}{5}$ 小时行驶 18 千米，就是 2 个 $\frac{1}{5}$ 小时行驶 18 千米，可以先求出 $\frac{1}{5}$ 小时行驶多少千米？列式：$18 \div 2 = 18 \times \frac{1}{2}$ 千米，又因为 1 小时是 5 个 $\frac{1}{5}$ 小时，所以求 1 小时行驶多少千米，就是 $18 \times \frac{1}{2} \times 5$，根据乘法结合律，可以得到：$18 \div \frac{2}{5} = 18 \times \frac{1}{2} \times 5 = 18 \times \frac{5}{2} = 45$（千米）……

师：大家开动脑筋，发现并借助线段图想想整数除以分数的计算法则："整数除以分数，等于整数乘以这个分数的倒数。"教师话音未落，班里的"数学迷"张晨站起来说："老师，我想起来了，验证方法还可以利用商不变性质，同样可以推出整数除以分数的计算法则：$18 \div \frac{2}{5} = \left(18 \times \frac{5}{2}\right) \div \left(\frac{2}{5} \times \frac{5}{2}\right) = 18 \times \frac{5}{2} = \cdots\cdots$

数学课到此，从预设教案到动态生成，可谓波澜起伏，学生在"猜想——验证"的学习进程中，充分发挥出学习的积极性和主动性，多角度、多方面地探索新知，变被动学习为主动发展。

再如教学"角的认识"，教师引导学生在本子上画一个角。一位学生画好后突然冒出一句：要是再画一条线，就变成一个有三个角的图形了！这位同学的发现立即引起学生们的兴趣。老师见到这个情形，改变原来的教学预案，引导学生试一试，并让学生把画出的三个角的图形展示出来。

（学生依次展示）

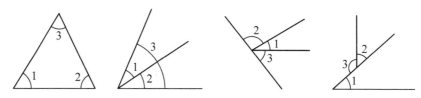

这几位学生独到的想法，表现出较高的创新思维能力。教师不失时机地捕捉到学生的想法和创见，因势利导，为学生创设探究性的问题情境，给学生创造机会，学生的手指尖上就会出智慧。教学中的灵动，是课堂教学达到智慧境界的旅途中顺手采撷的鲜花。

细节见理念，见文化，见灵魂，见精神，见境界，见价值，见魄力。关注细节，细究细节，其实就是关注大势，深谋大局。

第七条 随机教育和生成教育同教育艺术密切相关，一个优秀的数学教师应该具备高超的教学艺术，艺术是技能与智慧的完美结合。

十五、数学教学是一门创造性的艺术

学生的数学学习是在教师指导下，获得数学知识、技能和能力，发展个性品质的过程。数学学习中的发现也是经过教学法加工的再发现过程，是对人类发现过程的一种体验。由于数学本身具有高度的抽象性、体系的严谨性和应用的广泛性等特点，所以数学学习不仅有一般学习的特点，而且还有其突出的特点。

首先，数学知识的构建过程是"再创造"的过程。数学是高度抽象概括的理论，是逻辑建构的产物，所以数学学习需要学习者自身的认识和建构。按照认知学习理论，数学学习是在学习者原有数学认知结构基础上，通过新旧知识之间"同化"或"顺应"，形成新的数学认知结构的过程。由于这种"同化"或"顺应"的工作最终必须由每个学习者相对独立地完成，因此，建构活动在很大程度上应当说是一种再创造的过程。

其次，数学学习是创造性思维活动。数学具有逻辑的严谨性，它以尽可能完美的形成方式表现出来。呈现在学生面前时，已略去了发现的曲折过程。学生看到的只是概念、定理、公式、法则以及由它们组成的演绎体系，而看不到这些知识的发生发展过程，这给学生数学学习的"再发现"带来困难。所以数学学习中的"再创造"要求较之其他学科要高。数学学习是一种创造性的思维活动。

1. 教师应通过自己的"创造"，为学生展现出"活生生"的思维活动过程

由于数学学科抽象、严谨的特点和数学学习的"再创造"要求比其他学科高，数学教材不能完全适应学生的理解力、思维力和想象力。数学教师更多的责任恰恰就在于他应当通过自己的"创造"为学生展现出"活生生"的思维活动，从而帮助每一个学生最终相对独立地完成所说的建构活动。

教学"一个数除以分数"中，对教科书中的例题"一辆汽车 $\frac{2}{5}$ 小时行驶 18 千米，1 小时行驶多少千米?"的教学，有两个要点：

（1）求 1 小时行驶多少千米，为什么要先求 $\frac{1}{5}$ 小时行驶多少千米?

（2）求 $\frac{1}{5}$ 小时行驶多少千米为什么要除以 2?

教师创设了两个思维情境，作为理解抽象知识的阶梯。

（1）出示一张较长的纸条（超过学生尺子长度的 2 倍），要求学生用手中的尺子一次量出纸条的长度。学生想到对折两次，先量出纸条 $\frac{1}{4}$ 的长度再乘以 4。

（2）出示一个糖盒，提问：把糖果的块数分成 5 等份，能算出糖果的块数吗?当学生要知道 $\frac{1}{5}$ 的糖果的块数时，教师告知这盒糖果的 $\frac{2}{5}$ 是 18 块。

这样把抽象的知识具体化、形象化，便于学生完成知识的建构活动。

2. 教师应通过自己的"创造"，充分发挥教学活动的感染力量

由于数学研究是一种创造性的劳动，教师应通过自己的示范使学生体会到这种"劳动"的内在乐趣。一个好的数学教师要通过自己的教学使学生受到强烈的感染，从而激发他们对数学的兴趣和热爱，激发对美的追求。如，教师阐述所授内容时，将抽象的概念具体化，深奥的哲理形象化，枯燥的知识趣味化；叙述事理时曲而不直，含而不露，隐而不现，渲染出最富于暗示性和启发性的意境，让学生在回味、追索、咀嚼中引起丰富的联想等，收到情理交融、曲径通幽的艺术效果。

教学"年、月、日"时，教师首先给学生提出一个生活中的问题：奶奶去年过第16个生日，而奶奶的孙子去年过第18个生日，奶奶和孙子今年各是多少岁？当学生的思维"短路"时，教师引导学生思考：

（1）一般情况下，几年过一次生日？现在奶奶过的生日反而少，说明什么？

（2）生日跟什么有关？奶奶有些年没有过生日，又说明什么？

在教师的引导下，学生回答，说明奶奶生日的那天，在有的年份中没有出现。这时，引入新课，唤起了学生强烈的探求新知识的欲望。

3. 教师应通过自己的"创造"，使数学教学过程成为对数学美的反映过程

数学从表面上看来是枯燥乏味的，然而却具有一种隐蔽的、深邃的美，一种理性的美。数学美是数学科学本质力量的感性与理性的呈现，是一种人的本质力量通过人的数学思维结构的呈现，是一种真实的美，是反映客观世界并能动地改造客观世界的科学美。教师在教学过程中要自觉地把数学美反映出来，并不断地感染学生，不断地给学生以美的熏陶和训练。如：

123456789×9＝1111111111
123456789×18＝2222222222
123456789×27＝3333333333

这些算式，不仅给人以新颖奇异之感，而且使人深切地感受到数学的和谐美。

4. 教师应通过自己的"创造"，协调好师生的双边活动

教学的对象，在教学中不是被动地接受"塑造"，而是以主体的身份参与"塑造"自我。一堂好课须由师生双方共同创造，教学艺术的生发点便是师生在教学中的交流与合作。教学的成功与否，主要看教学活动中，教师与学生的参与程度与积极性水平以及师生关系是否融洽，能不能心领神会地默契配合与协作，能否取得思维共振与感情共鸣。

我在教学"分数的基本性质"时，出示这样一道题：$\frac{12}{24}=\frac{(\quad)}{(\quad)}$，先由教师出分母，让学生根据分母填出分子，再由学生出分子，教师则根据分子填分母。师生对答，创设了民主和谐的学习气氛。当学生有意说出"分子填5"来"为难"老师时，教师机智地让其余学生帮助老师想办法解决问题。最终学生想到 $\frac{12}{24} = \frac{1}{2}$，$\frac{1}{2} = \frac{5}{(10)}$。这一情境的创设，把学生的思维活动推向高潮，真正做到了思维共振和感情共鸣。

数学教学是一门创造性的艺术。它是教师在数学教学活动中，以富有审美价值的独特的方式方法，创造性地组织教学，使教与学双边活动协调进行，使学生能积极、高效地学习，使学生感受数学教学美的技能技巧。

十六、教学机智与教学幽默

课堂教学是一个多变量的动态系统，在课堂教学中，经常会有许多意想不到的事情发生，如何灵活妥当地处理偶发事件，不仅关系着一堂课教育教学的成功，而且是衡量一位教师教学机智的一个重要标尺。同时，现代教学不仅要求学生"学会"、"会学"，而且要使学生"乐学"。要达到这样的目的，途径是多种多样的，而教学幽默就是一条重要的途径。所以，对于教师来说，就需要提高教学幽默艺术的修养，掌握教学幽默艺术的必要技巧。

（一）教学机智

所谓课堂教学机智，是指教师创造性地运用心理学原理和规律，对教学过程中出现的偶发情况进行及时、巧妙、灵活地处理，顺利完成教学任务或收到意外的教学效果的课堂教学实践活动。教学机智是一种正确处理教与学矛盾的技能和技巧，是教师在课堂教学过程中机智而灵活地教育学生，化解矛盾，沟通思想，随机应变地解决课堂进程中出现的各种问题，以保证课堂教学顺利进行的能力。

1. 教学机智的能力主要体现在以下几方面

（1）洞察力。培养教师具有锐敏的观察力和发现力，能迅速捕捉到学生在课堂上的各种反应，具有合理调节教与学的能力。

（2）思辨力。培养教师具有适应学生个性特点的各种思辨能力，具有处理不同个性学生之间、群体之间矛盾的能力。要求教师能针对学生的喜、怒、哀、乐及学习与生活情感的实际，展开积极思维，设计对策。

（3）反应力。培养教师的主体意识，要求教师面向全体学生。针对学生的个性特点、内外在表现、学习态度、学习方法和效果做出反应，使学生始终感受到教师对他们的学习情况了如指掌，从而提高学生课堂学习的注意力。

（4）判断力。培养教师果断处置偶发事件、解决教学疑难问题的能力，要求教师能对此类问题做出准确判断，选择最佳的处置方法，使问题得到解决，让学生心悦诚服。

（5）应变力。培养教师控制和调节教学气氛的能力，重点是把握"教态"、调控"学态"的能力，如：当教学方法不当、自身教态有误、学生学态不佳等引起教学中出现错综复杂局面时，能迅速使教与学两个子系统相互协调。

2. 运用教学机智处理课堂偶发情况的技巧

（1）抓住时机，情景交融。这种方法多用于天气及环境的突然变化，即将教学内容及时巧妙地与当时的环境氛围相联系，形成情景交融之势。

如，教学"时、分、秒"，老师在下课前让学生计算：一节课40分钟，如果在9时15分上课，下课的时刻应是几时几分？当学生算出应是9时55分时，老师指着教室里的时钟说："你们看现在就是9时55分，我们下课。"

（2）随机应变，点石成金。课堂上，学生时常提出一些稀奇古怪的问题，或者受思维定势的影响有些错误的想法，教师要抓住有利时机及时给予引导、启发，这样既可以培养学生自身提出问题和解决问题的能力，锻炼学生的思维，又可深化学生的认识。

如教学"平行四边形的面积计算"，教师首先出示一个长方形要求学生说出面积计算的方法：长×宽（a×b）。接着，教师在图旁出示一个平行四边形，让学生思考这个平行四边形的面积怎样算？学生有两种回答：一是用数小方格的方法来算面积；二是两边相乘（a×b）。显然第二种想法是错误的。教师没有评判对错，去讲面积计算公式的推导，而是肯定了这位同学运用了"类推"的数学思考方法。然后，引导学生从这位同学的错误想法出发，师生共同探讨，得出结论。

教师巧妙地将平行四边形左移至长方形图上，引导学生比较：两个图形的面积一样大吗？（不一样大）哪个大？大多少？经过仔细观察比较，学生发现图中（如右

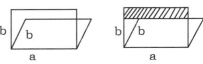

图）的阴影部分，就是长方形面积比平行四边
形面积大的部分。既然两个图形的面积不一样
大，这位同学的 a×b 能算出平行四边形的面
积吗？（不能）学生懂得了这位同学的想法是错误的。那么，这个平行四边形的面积
怎样计算呢？这时，学生发现应该用"底×高"，多数学生都能说出将长方形外的小
直角三角形平移进来，然后计算长方形面积的道理，师生共同推导出了平行四边形
的面积计算公式。

　　教师机智地从伴随着教学过程中出现的错误想法出发，进行引导点拨，并运
用这一想法引出正确的想法，得出合乎逻辑的结论，这是很有技巧的。这种巧妙
的"纠正"，抓住错误延伸，诱发思维，开启心智，对于得出的结论印象反而
深刻。

　　（3）幽默纠错，化解窘境。幽默是教学机智的润滑剂，一旦教师发生语言失误，
可以转换话题，把学生的思维转移开去，在新的情景下，采取幽默的方法来补救失
误。运用得好不仅可以化解窘境，亦可调节课堂气氛。教师若漏写了板书，说漏了
话，可以不动声色，伺机巧妙补上。这样既可"保全面子"，又不至于分散学生的注
意力。如果一时不便寻机纠错，教师必须实事求是，心胸坦诚，吸取教训，巧妙
补正。

　　（4）灵活施教，保护自尊。课堂上教师要以爱心和善意去理解学生的行为；要
尊重学生的生活感受；要肯定学生的长处，并以妙语相应；要不计学生过失，而灵
活吸取他们的合理见解，保护学生的自尊。

　　如，一次公开课上，老师出示这样一道应用题让学生解答：一个车间要装配
288 台洗衣机。工人们每小时装配 36 台，经过 5 小时，还剩多少台没有装？这是一
道比较简单的两步计算应用题，一般的解法是：288－36×5＝108（台）。

　　可是，一位"后进生"在黑板上把算式错误地列成"288÷36"。

　　坐在下面的学生沉不住气了，纷纷举手要求发言。几个胆大的孩子窃窃私语，
"怎么连这么简单的题都不会做"。做错题的孩子站在黑板前手足无措，脸涨得
通红。

　　这位有经验的上课老师，先示意大家安静，然后转过身对那位板演的"后进生"
说："这道题你没有做错，只是没有做完。"老师这样一说，全班的学生都愣住了，

一个个瞪大了眼睛。在老师的启发下，这位"后进生"明白了：$288÷36＝8$（小时），这一步求的是这个车间完成装配任务所需的时间，现在装配了 5 小时，还要装配 $8－5＝3$（小时）才能完成任务。还剩下没有装的是 $36×3＝108$（台）。这样，得出了这道题的又一种解法：$36×（288÷36－5）＝108$（台）。

这位老师还引导他把两种解法进行对比，鼓励他选择比较合理、简便的方法。这个同学高高兴兴地回到座位上。

在学生"脸涨得通红，站在黑板前手足无措"的时候，这位老师凭着自己的教学经验和机智，想方设法把学生引导到合理、简便的思路上来，让学生"体面"地坐下去，这是非常难得和值得大力提倡的。每个学生都有要求进步的愿望，学习成绩差的学生也不例外。保护"后进生"的自尊心，为"后进生"提供进步的阶梯，是我们在教学工作中不能忽视的。

3. 运用教学机智调控课堂教学的几种方式

运用教学机智，自觉地对课堂教学实施有效的调控，使课堂出现张弛有致、意趣盎然的教学格局，整个教学流程呈现出预定的、有序的、最佳的调控态势，这是现代教学的显著特点之一。

（1）调谐。

教学过程中"教"与"学"之间能产生和谐的"共振"效应。这需要教师具有高超的"调谐"技艺，即在教学过程中，比较精确地测度学生对信息的接受度，使教师输出的信息与学生接受的信息频率相等，从而达到"谐振"的目的。学生感知信息的心理过程具有外显性，教师可以通过他们的语言、姿态、表情、眼神、手势等来了解。当学生感知、理解比较顺畅甚至心领神会时，不仅可在其赞同、肯定的语言上得到印证，还可在语言以外的其他信号上流露出来，比如表现出满足、欢欣、激动的神情。学生的反馈信号实质上是学生知、情、意的外显，由此，教师可根据学生各种外显反馈信号所负载的信息量从整体上进行测度。

（2）调速。

教学节奏的调速具有艺术性。教学速度过快，易使学生产生紧张、疲劳、焦虑情绪，造成认知困境；速度过慢则易使学生注意力分散，精神松懈，兴趣淡薄；即使速度适中，若均速不变，没有起伏，也会使学生感到单调、乏味，缺少刺激。怎样才能做到张弛相间、变而有度、稳而有序呢？有人提出最理想的效果就是"快节奏慢镜头"。"快节奏"就是养成学生快看、快说、快记、快写、快思的习惯。课前的充分准备、课中的严格要求、课后的作业限时等都是施行快节奏的基本环节。"慢镜头"就是在教学关键上充分揭示知识的发生过程。其基本形式有延时、重复、追问、暂停，让学生画个草图看看，列个式子算算，举个例子试试，等等。在解题思路教学中，特别要注意加强思路的诱导，促使学生经历陌路的预探、常路的模仿、正路的强化、套路的突破、叉路的择定、歧路的剖析、窄路的拓展、多路的沟通等活生生的思考情况。通过强烈明快的节奏感，引导学生学习节奏时续、时急、时缓，不断激起思维的波澜，使知识更好地渗进学生的心田。

（3）调味。

学生最厌烦枯燥乏味的课，教师要掌握学生的学习心理，在保证教学科学性的前提下，千方百计地追求趣味性、生动性、形象性和实效性。在教学过程中，注意诱发学生的学习兴趣，帮助学生更好更快地领悟和掌握知识，防止生成思维桎梏，激起思维涟漪。首先，应当紧密结合教学内容有针对性地诱趣，防止哗众取宠。其次，要注意直接兴趣向间接兴趣的转化，通过竞赛、游戏、质疑等多种形式培养学习兴趣的持久性，特别要注意调动学生的质疑兴趣，每节课结束前应安排专门的时间让学生提问，使学生从小养成敢疑、善疑的良好习惯。最后，要注意寓趣于教学过程始终，做到课伊始，趣已生；课进行，趣正浓；课结束，趣犹存。使学生保持良好的学习心态，愉悦地投入学习。

（4）调温。

就像人生活在最适宜的气温下心旷神怡、流连忘返一样，要保持课堂教学最佳状态下的"常温"，就应学会自觉地"调温"，形成良好的课堂气氛。教师及时在情感冷漠处、教学冷场处、思维冷却处、兴趣冷淡处、知识冷落处加温或聚热，通过这些行之有效的调节方式，让学生始终沉浸在情感和思维畅通交流的氛围之中，从而情绪高涨地学习。这样，才能取得好的教学效果。

（二）教学幽默

所谓幽默，是指一种行为的特性，能够引发喜悦、带来欢乐，或以愉快的方式使人获得精神上的快感。教师把幽默带进课堂，融合于教学之中，就有了教学幽默。教学幽默既具有幽默的机智性和娱乐性的一般特点，又具有其特殊的规定性，即在教学中的教育性。可以说它是形神兼备——其"形"是幽默，而"神"则是教育；也是寓庄于谐——其外部表现是"谐"，给人以娱乐的感受，而本质的内核是"庄"，给人以教育和受益。教学幽默犹如一根神奇的魔棒，常能使语言于瞬间闪烁出耀眼多彩的火花。苏联著名教育家斯维特洛夫认为："教育家最主要的也是第一位助手，就是幽默。"

1. 教学幽默的功能

全国著名特级教师魏书生曾明确提出："每堂课都要让学生有笑声。"他在课堂上一向力求使用幽默、风趣的教学语言，不仅使优秀的学生因成功而发出笑声，也能使后进生在愉快、和谐的气氛中受到触动。教师的教学幽默具有巨大的教育功能：

（1）激活学生思维，增强教学效果。

教学幽默本身就像"激发剂"，能激活学生思维，使学生保持浓厚的学习兴趣和旺盛的求知欲。教学幽默能把教学内容具体化、形象化，这样有助于学生理解知识；教学幽默常常富于启发性，使学生通过积极的思考和想象才能会意，这样就能加深学生对教材内容的理解；教学幽默以学生喜闻乐见的形式出现，易于学生巩固知识。国外有人研究，如果在叙述一个概念时，紧跟着举一个幽默的例子，然后再解释概念，学生的记忆就会深刻。

（2）活跃课堂气氛，形成快乐学习氛围。

心理学研究表明，人们在良好的情绪状态下，思路开阔，思维敏捷，解决问题迅速；而在心境低沉和郁闷时，则思路阻塞，动作迟钝，无创造性可言。教学幽默具有极强的情绪感染力，能有效地活跃课堂气氛，使学生人人精神愉快，个个情绪高涨。在这种愉快、欢乐的课堂气氛中，学生不仅会受到老师的情绪感染，而且能使师生之间的交流畅通无阻，教师的才干、学识、教学技能很容易转化为学生的智慧。

（3）舒缓紧张心绪，减轻精神压力。

系统的知识学习中，学生们往往要接触到许多"问题"。问题在于学生心理体验到外界侵入的未被同化、整理的力，它破坏了学生主体内部原有的暂时平衡状态，造成了紧张力的加剧。而幽默则起着舒缓紧张神经的作用，否则学生从一开始接触问题，就一直持续紧张，其脑力就像机器齿轮运转一样，由于缺乏润滑油，磨损加大，轻则短时中断运转，重则缩短机器的寿命，甚而导致过早报废。

（4）缩短心理距离，联络师生感情。

心理距离的大小表明师生之间交往过程中关系的深度、亲密度、融洽度和协调度等心理方面联系的程度。从教育社会心理学的观点来看，师生之间的心理关系，不论其好坏，都是一种最有影响力的心理环境。健康、轻松、融洽、充满温暖和友谊的心理环境能使学生产生安全感、轻快感、满足感、幸福感和责任感，而冷漠、过于严肃、缺乏关怀和同情的心理环境则会使师生之间产生误解和隔阂，形成认知上和情感上的各种障碍。教学幽默缩短了师生之间的心理差距，拉平了师生之间的地位差异，沟通了师生间的思想感情，使师生间形成人格平等、心灵相通、共同求索的和谐气氛，学生因此会觉得教师既可敬又可亲。

（5）蕴含思想或哲理，给人以启迪。

教学幽默蕴含着深刻的思想或哲理，给人以启迪，在笑声中达到教学的目的。没有蕴含幽默的教学是浅薄的、强迫的，也是乏味的。鲁迅先生在结束《在上海中华艺术大学的演讲》时说："以上是我近年来对于美术界观察所得几点意见。今天我带来一幅中国五千年文化的结晶，请大家欣赏欣赏。"说着，他一手伸进长袍，把一卷纸慢慢从衣襟上方拿出，打开一看，原来是一幅病态丑陋的月份牌。顿时全场大笑。鲁迅先生借助恰到好处的表演，与结束语形成鲜明的对比，极具幽默感，不仅使演讲在欢快的气氛中结束，而且使听众在笑声中进一步品味先生演讲的深意。真正的教学艺术在于把深刻的教学内容以生动而浅显的幽默形式表达出来，深入浅出，达到教书育人的目的。

2. 教学幽默的运用技巧

教学幽默有一定的规律和技巧，教师在实践中多注意积累，就会熟能生巧。

（1）挖掘教材内容中幽默的因素，并用语言、表情、动作把它表达出来。

如，一位老师在教"商中间有 0 的除法"时，曾反复强调：商最小不够上"1"时，千万别忘了上"0"。但学生就是记不住，要么忘了上"0"，要么"0"上不到位。后来，我在教学中来了点幽默，使这种现象逐步得到改变。碰到商中间必须上"0"时，我说："我们的前面出现了一个'坑'，大家知道，假如路面有坑，必须填平才好走，跳过去难免伤脚。好，我们大家想办法将'坑'填平。哟，我找到了一个填'坑'的鹅卵石（即'0'）——商上'0'。"同学们一听，咧嘴笑了。由于我的语言比较生动形象，具有潜在的诱导力，富有幽默感，在商中间上"0"的问题上，同学们印象颇深，不再有误。

（2）设计富有幽默色彩的教学方法，以达到加深知识理解、启发学生心智、对学生进行思想教育的目的。

教师在教学中，可以根据教材内容、学生情况，选择富有幽默色彩的教学方法，这样能使学生在轻松愉快的状态中掌握知识。

在美国纽约世贸中心大厦前留影

如，有一位特级教师在讲"如何写议论文"时，对学生说，议论文其实并不神秘，我三岁的小孙女也会做议论文。有一次，小孙女说："我最喜欢爷爷了！"（论点）"爷爷喜欢我，不骂我，买冰棒给我吃，还带我到儿童公园去玩。"（四个论据）"所以我喜欢爷爷。"（结论与开头呼应）这个例子一举，整个教室充满笑声，在笑声中，学生理解了议论文的基本特征。

又如，教学"有余数的除法"，同学们在竖式中能注意到余数，却常常忘记将余数写进横式里。如：$4217 \div 7 = 602 \cdots\cdots 3$，有时被写作 $4217 \div 7 = 602$，我说：

"'602'和余数'3'四兄弟同时去一个地方,'老3'走得太慢,被甩在后面了,但'老3'毕竟循着'602'三兄弟的脚印(……)追来了,大家可不能将'老3'扔掉了哟(即别忘了写上余数),否则就不够'兄弟'情义啦!"同学们哈哈笑起来,笑声中悟出了余数的重要性。

(3)化解突发事件,及时幽他一默。

教师在教学过程中,往往会遇到一些事先未曾预料到的问题。例如,学生上课迟到、讲话、看报等,这时教学幽默也不失为一种很好的班级管理手段,用以帮助维持课堂秩序。如有个学生朗读时声音总是放不开,于是教师做出倾身侧耳听的样子,并用手贴在耳背,这种幽默的姿势逗笑了同学们,那位同学也笑着放声朗读了。另外,课堂上,学生注意力不集中现象时有发生,教师常常需要进行组织教学,时时抓住和集中学生的注意力,教学幽默可以助教师一臂之力。说几句幽默的话,做一个幽默的动作,可以让学生舒缓心理的疲劳,有利于学生下一个"注意"。

3. 教学幽默技能的训练

(1)努力培养自己乐观、开朗的性格。

乐观、开朗的性格是创造教学幽默的基础。教育工作是以人为对象的,教师要用知识启迪学生的心灵,用感情诉诸人的情感。所以,教师要时时处处表现乐观向上、热情奔放的精神面貌。只有这样,教学中才能用幽默的语言、表情、动作去激发学生的学习兴趣,顺利实现教学目的。

(2)搜集富有幽默感的格言、警句、妙语、急智之言、风趣的小故事、笑话等。这些常常是教学幽默运用的材料。

(3)注意运用一些修辞手法。

幽默往往是巧妙修辞手法的灵活运用,能够表现出幽默内涵的常用修辞方式有:借喻、影射、含蓄、讽刺、双关、跌宕等。

十七、风格产生魅力,魅力启迪智慧

教学艺术是为了达到教学的最佳效果而采取的符合科学性、创造性、情感性、魅力性等手段、方式、方法的巧妙的完美的综合。教学艺术必须以达到最佳的教学效果为其功利目的。反之，不能达到教学的最佳效果，就不能称为教学艺术了（韦志成）。德国著名的教育家第斯多惠说："教育的艺术不在于传授的本领，而在于激励、唤醒和鼓舞。"新课程赋予教学艺术更多的内涵，因此，新课程理念下的课堂要千姿百态、异彩纷呈。

（一）充满民主、和谐、激情的课堂需要教师有高超的教学艺术

给知识注入生命，知识因此而鲜活；给生命融入知识，生命因此而厚重。新理念倡导的课堂教学，一个最大的亮点是课堂焕发出生命的活力。一个突出的特点是打通课堂的壁垒，制造课堂的热能效应，将学习活动立体化，极大地拓展学习的外延，让学生积累文化，积淀精神。每节课都有"形"有"神"、有"情"有"韵"，并以"情景"为亮点，以"情感"为纽带，以"思维"为核心，以"周围世界"为源泉，通过创设和渲染一种优美、智慧富有儿童情趣的氛围，将知识教学镶嵌在情景中，融入艺术活动中，课堂成了虚拟的智慧宫、科技园、演讲厅和挑战平台。课堂是在一种和谐的情感氛围下，将激活的知识种子播种在学生大脑的"沃土"中，实现师生情感与情感的交融、心灵与心灵的共鸣和生命活力与生命活力的对接。这就离不开教师教学视野的拓展，教师知识品位的提升，在教学中迸发出智慧的浪花，激荡起创新的激情，领悟出教学是一门艺术的真谛。

（二）把自己的体验、感受融入到教学中

教学艺术形成是教师的主体性在教学实践活动中的自然表现。人的生命本质就在于人能够不断发挥自己的主体性实现对自我生命不断的超越。超越的过程是一个理想不断代替现实的过程。人正是在这种过程中，不断体验着人生的乐趣，实现着人生的价值。教师正是在不断超越自我，不断否定过去教学经验的过程中，实现着教学艺术的磨炼与提高。没有这种人生的冲动与生命的激情，教师教学艺术的形成就会缺乏动力。

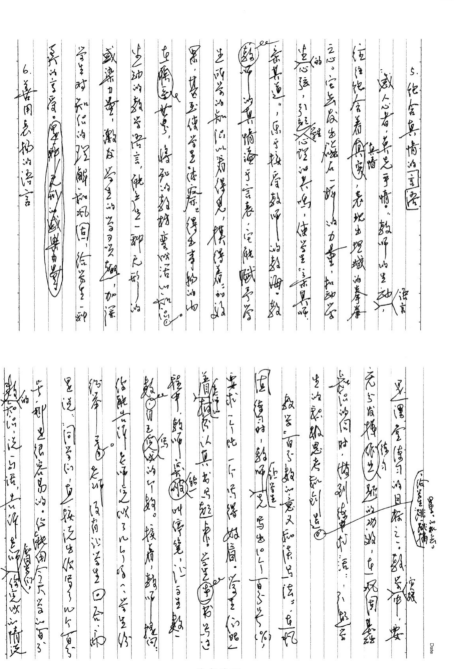

作者手稿

　　形成教学艺术的过程，就是教师学会把自己的经验、理解、智慧、困惑、问题等融入教学的过程。长期以来，我们的教学更多地是一个客观的学习过程，或者说是一个学习客观知识的过程。这个过程具有一定的应试性，与学生的生活、与学生的兴趣关系不是很大。为什么学生对现在的教学兴趣不大？教师对它的兴趣也不大？这主要是教学不能很好地体现师生的经验、师生自己的理解，不能使他们的聪明才智得到较好的发挥。一般而言，越是年轻的教师，教学的客观性越强，主观性越差。什么时候教师把自己的体验、感受融入到教学中，而且越来越多，什么时候教师就开始形成自己的教学艺术了。

　　怎样去追求和体现教学艺术的价值？

　　实现"六变"：一变教学目标"一维"为"三维"；二变"教教材"为"用教材"；三变"被动接受"为"自主探究"；四变"教师问学生"为"学生问教师"；五变"注重结果"为"关注过程"；六变"单科教学"为"多科整合"。

　　突出"四化"，即课程心灵化、过程动态化、内容生活化、情境和谐化。

　　着力"四活"，即把教材用活、把方法激活、把过程盘活、把媒体点活。

　　着眼"五境"，即图画再现情境、音乐渲染情境、演示烘托情境、游戏创造情境、表演展示情境。

　　力求"四味"，即把课上得充满趣味，饱含情味，具有韵味，令人回味。

（三）研究性工作是形成教学艺术的关键

　　教学艺术形成的过程是一个不断研究教学内容、教学方法与教学对象的过程，它需要一个支持探索、鼓励创新、你追我赶的学术氛围。钱伟长先生曾说，教师必须搞科研，这是培养教师的根本途径，不搞科研，忙着捧书本上讲台是上不好课的，因为你没有自己的观点，不会选择内容。今天，我们不仅要提研究性学习，而且要提研究性工作。因为我们面对的工作、局面越来越复杂。不研究工作的性质、工作开展的过程、工作计划、工作组织环节、工作评价等问题，我们就不可能把工作做好。教学是十分复杂的活动，是对人的一种工作，教师只有研究教学，研究构成教学的要素，才能把工作做好。研究性工作是教师形成教学艺术的关键。

　　科研氛围主要取决于在教师身上生发的一种科研活动与激情。不能小看构成文化氛围的这种活力，这是连接理论与实践的桥梁。在这种富有活力的科研氛围当中，教师的智力劳动才会得到应有的尊重。

（四）教学艺术形成的策略

教师要正确认识教育科研对自己发展、对学生发展的意义，努力把自己的工作变成研究性工作。教学艺术形成的策略有：

（1）行动研究。所谓行动研究法就是创造性地运用理论解决教育、教学实际问题，以解决问题为目的的一种研究方法。这种方法一般是在自然条件下进行的，教师运用理论指导自己的实践行为，并不断反思自己的实践行为，从而获得自身理论水平与实践能力的同步提高。在实际操作中，行动研究一般是在专家的指导下进行的。

教学艺术形成的快慢主要取决于：对理论运用的自觉性、经验的积累以及经常的反思与总结。传统教学中，教师采取的是经验主义的教学法，缺乏理论运用的自觉性。许多特级教师成功的经验表明，教师要形成教学艺术，就必须学习并运用教育、教学理论。因此，行动研究法在教师形成教学艺术的过程中有着十分重要的作用。

学习理论是应用理论的前提，教师对教育、教学理论的学习是一个长期的过程。在传统的教学中，教师的业务提高主要指学科知识的提高。但有关研究表明，教师的学科知识与学生学习成绩之间是低相关的态势。而教育理论却是教师普遍缺乏的，它是教师教学活动赖以顺利开展的条件性知识。条件性知识在教师教学艺术形成中起着十分重要的作用。它们主要包括：理念性知识，主要指教师的现代教学观；策略性知识，主要指教师设计、组织教学的知识；相关性知识，如学生身心发展的知识；程序性知识，如现代教育技术等。

（2）反思性教学。教师进行反思性教学，也意味着他们应具备一定的实践理性，即善于对实践问题进行一定的理论思考。实践理性是教学实践主体性精神的充分体现，即教师在实践与理论两方面都表现出了很强的自主性、能动性与创造性。实践主体只有不盲目、有计划，才能在教学中表现出一定的理性。理论的理解靠理性，理论的产生也要靠理性。理论主体在一定的理论理想的鼓舞下，去掌握理论，去创造理论。实践主体在理性的自觉行为中，去践行自己的理论。当理论与实践统一在一个主体上时，理论与实践便出现了很好的契合。与纯理论思考者不同的是，实践性思考者担负着一定的社会责任感，它是在理论与实践两方面的结合中去完成社会使命的。对于他们来说，理性是实践的开始，也紧随着实践。实践结束了，理性有可能还在延续。他们是在理论与实践中创造着自我，实现着自己完美人格的发展。教师在形成教学艺术的过程中，要增强自己理性的反思意识与能力，应具有创造性地运用教育理论的意识与能力。扩大教师的教育视野与理论胸怀是培养他们反思意识与能力的前提。

（3）群体研讨。在教学艺术形成过程中，必须制定教师共同参与的培训制度或模式，要营造良好的研讨氛围。教师群体劳动效应，即教师在积极上进的群体中会自然而然地产生向上的行为。教学艺术形成问题，不能孤立地从单个主体的角度去考虑，而应当从群体教师的角度出发去考虑。在群体中，教师才会你追我赶，互相观摩，共同提高。河南省安阳市人民大道小学，在一个具有现代教育理念的校长的带领下，积极进行教育教学研究、探索，教师的教学艺术在逐渐形成，产生了像刘可钦等在全国有影响的青年教学专家。

群体教学艺术水平的提高为个体教学艺术的形成提供了良好的基础。因为，在现代社会，任何个体教师教学艺术的形成不可能不受到其他教师教学艺术表现方式的影响。即使是著名教师教学艺术的形成也离不开这种方式。魏书生出了名以后，应邀四处讲学，他在给别人讲教学之道时，他自己未必都是输出，而无输入。首先他在给别人讲解时，他的思路理得更清；他对自己的理论更加充满自信，听众就是他的理论的最好验证者；同时，别人意见的反馈对他又是一个很好的启发，这是进一步完善自己理论的一个重要契机。

（五）形成自己的教学风格

风格产生魅力，魅力启迪智慧。教学风格体现着教师的教学思想、教学技巧、教学风度和教学特色，是教学活动个体化的重要表现，标志着教师教学艺术的成熟。教师形成自己教学风格的过程，也是一个创造自己教学特色的过程。教学风格具有独创性、稳定性、丰富性和发展性等主要特征，其中独创性是核心，是最重要的特征，是教学个性的重要表现，也是衡量教学风格是否形成的首要标志。因此，每个教师都应在教学实践中自觉追求教学风格的理想境界，努力形成独特的教学风格。以独特的教学风格，达到以智慧启迪智慧、以情感赢得情感、以思想影响思想、以人格塑造人格的理想效果，课堂里流淌着激情的诗韵和激昂的歌律。教师与学生在课堂这个学习场所，你激励我，我激励你，像水泉相互滋润，像星光彼此照耀，师与生心的和谐、思维的碰撞、实践的协作，使教师和每个学生的创造力得到最大展示，个性得到全面张扬。

为此，教师的教学风格形成要体现十二个字：放飞激情，张扬个性，展示魅力。

激情是情感的直接表象，有激情就显活力，有激情就能滋润每一颗心灵，有激情就能迸发出智慧的浪花。

个性是一个教师教学经验、教学特色和灵性的折射。有个性就显灵性，就有特色，就有创新。

魅力是一个教师人格、道德、知识、智能等素质的综合体现。有魅力就显形象，就有气质和风度，就能点燃学生心中的火种，就能唤起学生心灵的共鸣。

第八条　教育工作是一种创造性劳动，创造是教学艺术的最高境界，只有不断提升个人魅力，才能经营好一个鼓舞人心的课堂。

十八、现代教师素质的构建

教育改革的目的是唤醒课堂的生命力。要让课堂变得活泼生动起来，让每个学生都能充分自由地发展，并具有创造性的思维和创造力，教师的素质是关键中的关键。

现代教师的高素质首先体现在继承和发扬爱岗敬业、热爱学生、严谨治学、为人师表、勇于奉献的职业传统美德。有这样一位老师，他有着感人的恋教情结。"他一天不上讲台，就像掉了魂，讲台简直成了他生命的支柱"，而他却得了重病：四肢麻木，腿无力支持躯体。学校了解他重返讲台的强烈欲望，三个月后作了特别的安排。这一天他坐着轮椅缓缓进入教室，当他出现在鲜花簇拥的讲台上时，学生们全体起立，报之以长时间的热烈掌声。他越讲越起劲，直讲得容光焕发，神采飞扬，手舞足蹈，最后竟在不知不觉中离开了轮椅，巍然屹立在讲台前！因为重新拥有了讲台——他生命的支柱，瘫痪的他站了起来，真是奇迹。任何一个有追求的人，不懈地求索、奋斗、开创、超越，不就是寻找生命的支柱吗？有了这个支柱的支撑，漫漫风雨人生路，就可以昂然挺身前进了。

现代教师的高素质还突出表现为四个方面的素质：（1）有高度的创造性精神；（2）有一定的知识广度和深度；（3）有健全、向上的心理素质；（4）有以人格魅力为主要内容的精神境界。

（一）有高度的创造性精神

素质教育要求教师在充分尊重学生主体性的基础上，引导学生全面发展。为完成这一目标，教师就必须具备高度的创新精神。

实施素质教育，就是要抛弃传统的忽略学生个性发展的灌输式教学模式，开展让学生全面发展的创造性教学模式。这种创造性教学模式包括：第一，教学生学会学习，"授人以鱼不如授人以渔"，这是教师日常教学的重中之重。第二，培养学生的创造能力，注重学生创造性人格、创造性思维和创造性技能即学生创造能力的培养。陶行知老先生在《第一流的教育家》一文中提出：一个真正的教育家所具有的良好素质就是能尊重科学，敢于向传统教育观念进行冲击。尊重科学，就是按客观规律去从事教育活动；敢于向传统教育观念进行冲击，就是勇于对现实问题、传统习惯（包括自己的习惯）进行不破不立的革命。

学生的创造性一部分来自于老师。教师有创造性的思维，绝大多数的学生才会有创造性的思维；教师不保守，学生才会不保守，他们的才华才会横溢。作为教师，要充分尊重学生的个性发展，要尊重学生的创造性思维，要鼓励学生海阔天空、异想天开和求异的思维。不要总以条条框框来束缚学生，不要总以传统来压制学生，要敢于承认学生想法中的"亮点"，要多提供给学生自主学习的机会，多引导学生，对学生在学习中的"失误"不要及时"定性"评价。教师要永远拥有童心，要理解学生的好奇心、好动心、上进心。教师要努力去适应社会的发展，吸收新知识、新科技，努力和社会、时代保持一致。只有这样，我们才能培养出具有创造性思维的学生，我们的创新教育才能成功，才能师生共同成长。

国人素来客套问候语繁多，"吃饭了没有？""过得还好吗？"问的大都是可答可不答的家常话，极少有人问："今天你创新了没有"之类的"正经话"。可发达国家这方面不同，美国人见孩子放学回家就问："上学向老师提了几个新问题?""今天有什么新想法?"（不像我们老问"迟到早退了没有"）日本人互相见了面总是一握拳头举过眉角说："加油干啊!"然后行色匆匆各有所忙（不像我们老说"混呗"）。小小问语反映出一方国民的素质和习惯，开拓性、激励性的问语折射出一个民族健康积极的精神风貌。

教师是创新的灵魂，教育工作是一种创造性劳动，创造是教学艺术的最高境界，高素质的教师必须具有高水平的创造能力。

（二）有一定广度和深度的知识水准

创造性的启动，离不开知识的积累。一定的知识广度和深度是教师担负素质教育必备的智能素质。创造性作为一种高度综合的能力，它的形成必须以全面的知识技能为基础，以高尚的人格特征为保证。教师要想在教育教学中富有创造性，不仅要有全面知识技能作为铺垫，还要有一定广度和深度的知识水平。否则，创造性的教育活动无从谈起。

教师不仅要具备本学科坚实的知识基础和扎实的教学基本功，还要熟悉其他学科知识，并且要树立终身学习的观念，不断学习新知识，尤其要对自然科学和社会科学研究前沿的最新知识、最新成果有一定的了解。目前的教育改革特别强调培养学生综合应用知识的能力，更是迫切要求教师具备丰富宽广的知识面。

教师应具备深厚的教育理论修养，熟练运用最新专业教学理论与方法。熟练、灵活地运用教材和教法，即能够在较高层面上驾驭教材，形成富有个性特色的教育思想与教学风格。教师应具备信息技术应用能力，尤其是较熟练运用现代教学手段进行课堂教学的能力。

教师还应具有一定的教育科研能力，能对自己的教育实践和周围发生的教育现象有反思和总结能力。善于从中发现新问题，发现新现象的意义，对日常工作保持一份敏感和探索的习惯，不断地总结经验教训，不断地改进自己的工作，不断更新和丰富自己的知识结构，使自身的教育活动具有科学性和前瞻性。

（三）有健全、向上的心理素质

在教育活动中，教师同学生接触多，他们的一言一行，一举一动，都可能会对学生的价值观念、道德观念的形成产生直接的导向作用。因此，教师必须十分重视克服对学生的心理偏差和对自我的心理偏差。对学生的心理偏差主要表现为：对部分学生的偏爱，对部分学生的忽视；偏信，面对有偏见的问题缺少开放、平和的态度。对自我的心理偏差则主要有：或清高，不愿放下"架子"，不愿与学生交往；或自卑，不热爱教育事业；或性格孤僻，脾气暴躁，等等。教师的这些不健康的心理素质对培养学生全面发展是十分不利的。

现代教师的良好心理素质至少包括下列几个方面：（1）有正确的世界观和人生观，保持稳定、乐观的心理；（2）饱满的教学热情，奋发向上的崇高理想；（3）关爱和尊重学生，师生间有较强的亲和力；（4）有较强的自控能力、应变能力以及适应环境变化能力；（5）有良好的人际关系，善于同他人合作；（6）有善于调整和平衡自身心态的能力。教师良好的心理素质的培养是素质教育一项十分紧迫而又长期的重要任务。教育者只有在精深的专业知识、广博的文化基础知识和良好的心理素质基础上，才可能具有高超的教学艺术，真正成为学生健康完善心灵的塑造者。

（四）有以人格魅力为主要内容的精神境界

学生的模仿力强，性格可塑性较大，他们敏感，稚嫩，脆弱，老师的一言一行往往都给他们留下深刻的印象，以致影响他们的健康成长。教师的教学过程既是授业的过程，同时也是一个传道的过程，即以教师的人格去塑造学生的人格的过程，这就是所谓"为人师表"。教师对学生人格的影响，主要不是看他在课堂上如何高谈阔论，而是看他在长期的教学工作中所表现出来的人格魅力——教学态度、敬业精神及处世能力等。人格个性对人的发展是比智慧能力更重要的因素，人格魅力既是保证素质教育走向完善的因素，也是保证教师取得成功的法宝。

教师是智者。首先，教师应该博学，应该上通天文，下晓地理，学富五车，满腹经纶。其次，教师应该是睿智的。教师不仅是知识的传播者，还是智慧的化身，从他嘴里流淌出来的是思想、机敏和幽默。他能让人豁然开朗，让人柳暗花明，让人峰回路转，让人如沐春风。他就像一块宝石，永远散发着人格、学识和智慧的魅力。

十九、数学教师的语言魅力

语言是传播知识的载体，是人际交流的工具。在课堂教学中，教师运用形象鲜明、优美流畅、妙趣横生的语言，能激发学生的学习兴趣，吸引学生的注意力，调动学生积极思维，促使学生广泛参与。苏霍姆林斯基认为，"教师的语言修养在极大的程度上决定着学生在课堂上的脑力劳动的效率"，并深信"高度的语言修养是合理地利用时间的重要条件"，因而竭力主张"把言语修养的问题跟其他同样重要的问题一起，作为全体教师特别关心的对象"。

（一）教师的语言应是一种温暖如春风，温润如细雨的语言

表达，把无形的智慧境界变成生动的操作手段。一个教师的主要价值就是通过表达实现的。课堂上，表达就是话题的引子，就是创设的情境，就是激情的催化剂，就是航船的方向舵。气氛平淡时要凭表达"挑起争端"，气氛火爆时要凭表达平和心境。一个教师的整体素质也体现在表达上：庄重凝练是修养，幽默诙谐是智慧；激越澎湃是性情，不温不火是儒雅；简短干脆是蕴藉，滔滔不绝是魄力。教师就要练好"嘴皮子"，不仅要能说，更要会说，关键时候还要学会"不说"。平淡无奇让人昏昏欲睡，烂嘴叨舌更是讨人厌。

1. 抑扬顿挫的语调

美国心理学家赛门斯说："在教师的许多特性中，声调占着一个重要的地位。从根本上讲，声调并不是教师的技能和设备中一个重要部分。但是一种不好听的或低沉的声调很可能阻碍教师事业成功。有时教师的失败，是由于他的声调太弱，学生听不清他的话，而他也不能用他的声调来控制学生的注意。另一方面，有些教师的声调如粗糙的晨号声，听着就非常刺耳。"因此教师在讲话时必须注意语词的变化，并以此来吸引学生的注意。而有的老师，一开始讲话声调太高，到后来就只好声嘶力竭地"叫话"了；有的老师声调缺少变化，过于单调，给人一种昏昏欲睡的感觉；还有的老师声调过于低沉，学生听起来费力。

2. 快慢适中的语速

教学中，教师的主导作用主要就是通过教师的语言点拨来实现的。教师讲话的速度太快，就会导致学生对概念、定理、法则的理解模糊或错误。教学过程中，如说服、讨论、表扬、批评等，教师讲话的速度太快，会使学生感到不够亲切、耐心。教师讲话语速快慢适中，而且宜慢不宜快。著名历史学家尚钺这样记录着他听鲁迅先生上课时的感受："他的语言，虽然还有点浙江绍兴的语尾，但由于他似乎怕有人误解而缓慢清晰的字音，和在用字方面达到人人听懂的词句，使全教室在整个时间中都保持着一种严肃的静穆。语速略慢的语言，便于展现说理的思路，留下了思考的余地，使听众忘了自己的存在，而完全被说者精辟的思想和见解所征服。"

3. 板眼分明的节奏

语言的节奏，实际上就是语音的节奏。现代心理学研究表明：人在一种单调的声音刺激下，大脑皮层会很快进入抑制状态。而抑扬顿挫、具有节奏感的教学语言，则是打破单调平淡、提高教学效率的有效手段。这就要求教师在上课过程中"心中有学生"，做到：教学活动应动静相生，就像一个热闹节目演完以后总要安排一个能缓和气氛的节目一样，来调节学生的大脑，减少疲劳。教学过程应起伏有致，教师要精心设计一节课的开始、发展、高潮和结局，形成节奏。教学进度应快慢相宜，新课引入宜快；学生作笔记时，速度应适当放慢；难度要分散，宜缓慢讲；重点要突出，应反复强调。教学信息应疏密相间，使学生学习有张有弛，保持旺盛的精力。教学语言的表达技巧须抑扬顿挫，有时声情并茂，有时娓娓而谈，让学生的思维始终伴随着教师的"讲课旋律"，弹奏着"知识的交响乐"。

4. 生动风趣的语言

教师的语言生动风趣，学生才有如沐春风之感受。生动风趣的教学语言一定是深入浅出，通俗幽默，具体形象，富有表现力和强烈的感染力。往往是引用学生熟知的事例，作出恰当的比喻，变概括为具体，变抽象为形象，变深奥为浅显，把乏味枯燥的内容变成妙趣横生的形象，使丰富深邃的内涵变成浅显易懂的语言，发挥语言的巨大功能，既向学生传授知识，又给他们带来愉悦。

老师们应自觉地去掉那些呆板的说教，而代之以有趣的比喻、生动的故事、形象的描绘、恰当的类比、奇特的比拟，那么师生之间的交流就会和谐得多，融洽得多。从一位有代表性的教师语言中，我们看到生动的教学语言的美好境界：她的问答语言，善于巧设机关，一问一答之间有柳暗花明之巧；她的讲述语言，恰似行云流水，娓娓道来，一言一语充满幽默和风趣；她的讲解语言，能够点石成金，一语中的，一言一语好似春风化雨，渗透学生心田；她的朗读语言，抑扬顿挫，声情并茂，一吟一咏使学生如沐春风，得到美的享受。

5. 饱含真情的语言

"感人心者，莫先乎情。"教师的生动语言，往往饱含着真情，表现出坦诚的拳拳之心。它会发出磁石一样的吸引力，扣动学生的心弦，引起学生心理的共鸣，使学生"亲其师，信其言"，乐于接受教师的教诲。教师的真情溢于言表，它能赋予学生所学的知识以"看得见、摸得着"的效果，甚至使学生"体察"得出事物的内在世界，将死的教材变成活的知识。生动的教学语言，能产生一种无形的感染力量，激发学生的学习兴趣，加深学生对知识的理解和巩固，给学生一种美的享受。

6. 善用表扬的语言

心理学家威廉·詹姆士说过："人类本质中最殷切的需求是：渴望被肯定。"因为，得当的赞美是一种投资少收益大的鼓励性行为，是一种卓有成效的感情投资。因此，作为一名合格教师，应善用表扬的语言激励学生。有的学生爱好某一学科，往往和这科老师多表扬了几次有关；有的学生喜欢某位老师，往往也和这位老师的称赞分不开。谈到表扬时，南昌三中特级教师张富同志说得很风趣："我都50多岁了，上班早了一点，校长说'张老师，你来得真早啊'，我也很高兴，第二天会去得更早一点。人都爱听表扬的话，何况是十多岁的孩子呢!"我们发现一些著名的特级教师、优秀教师无一不是擅长表扬的高手。表扬，是他们常用到的法宝。他们表扬的语言都热情洋溢，充满赞美，令人耳热心跳，无疑给了学生巨大的鼓舞和力量。

7. 身态语言

身态语言是无声语言，它以其独特的方式发挥着传递信息的功能，它对有声语言起润色和强化作用。国外心理学家研究指出，人们获取的信息，只有11%是通过听觉获取的，83%是通过视觉获取的，而精妙地表达一个信息应该是7%的语言加38%的声音加55%的表情。可见，无声的身态语言，比有声语言更耐人寻味。而毫无身态的语言，会给人以平淡拘谨、毫无生气的呆板印象。身态语言包括表情、心情和眼神。表情包括面部表情和动作表情，它是一种直观印象的身态语言，让人心领神会。如自然地微笑、轻轻地点头、挥挥手，其意就是赞同；伸拇指，其意就是极好；眉毛微皱、双嘴紧抿、轻轻地摇头、摆手等，其意就是不赞成、不满意。教师心情是一种外露的心理语言，对学生有无形的感染力。不论遇到什么挫折和困难，教师都不要把烦躁情绪带给学生，应调整好自己的情绪，以最佳的心态去上好每一堂课。眼神是最富有表现力的表情。教师的眼神是"此时无声胜有声"，对学生来说是"心有灵犀一点通"。如一位学生因紧张回答不出教师提出的问题，当他抬头看见老师那充满慈爱、鼓励的目光时，心情放松，经过一番思考，终于顺利答题。当然，表情、心情、眼神必须同言行相配合进行，才能增强感染力，提高教学实效。

（二）数学教师语言的特点与功能

我国著名美学家朱光潜曾说："话说得好就会如实地达意，使听者感到舒适，发生美感，这样的说话，就成了艺术。"

1. 数学教学语言艺术的特点

（1）科学性。

数学是一门系统性、逻辑性很强、非常严密的学科，应将科学性放在首位。数学语言的特点是严密、准确、精练、逻辑性强。往往一字之差，会有不同的含义。如"数"与"数字"，"增加"与"增加到"，"数位"与"位数"等。因此，数学教师的教学语言错误，会导致教学的失败。优秀数学教师的语言应准确，精练，"像敲钉子——声声入耳"。

（2）逻辑性。

数学教学语言，不但要有科学性，还必须有逻辑性。数学语言逻辑性主要表现在两方面：一是语言本身要准确，简练；二是语言要条理清晰，前后一致，层次清楚。教学语言的内在逻辑性，可以增强说服力和论证性。优秀数学教师的语言非常简练，逻辑性强，正像鲁迅说的那样："用最简练的语言表现最丰富的内容。"这要求教师能够熟练掌握教材，紧扣教学重点，有针对性地讲解。教师讲话要特别注意避免言不及义的废话、不着边际的空话和不必要的重复，尽量不带"口头禅"。

（3）启发性。

教师的教学主要是为了让学生自己学会学习，培养学生的思维能力。这就要求教学语言应当耐人寻味，发人深思，含蓄不露，达到富有启发性的艺术效果。

为了激发学生的尝试冲动和创造精神，教师应用鼓励的语言去启发学生，如"这道题老师还没有教，谁会算?"、"谁敢试一试?"、"谁能试一试，自己来解决?"、"我相信你们能自己想出来"、"能不能想出更好的解法?"、"看谁想出的解法最多"，等等。

（4）趣味性。

教学语言的表达对象是学生，必须注意语言的生动、形象，富于情趣，要像磁石一样吸引住学生的注意力。教学语言要求能做到声情并茂、妙语连珠、妙趣横生。教学语言还需要有幽默感，这更会增加语言的吸引力。有时可以穿插小故事、顺口溜、歌谣、谜语，从而使教学妙趣横生，欲罢不能。

（5）灵活性。

由于课堂教学的因素是复杂多变、丰富多彩的，这就要求教师的教学语言具有机智灵活性，根据不同的对象、不同的情况，及时调节教学语言的速度、基调、音量、节奏、语气等。教学语言的对象感很强，针对学生的不同年龄特征和个别差异，教师要运用不同的语言形式；针对不同的教学内容，教师要用不同的语言去表达；针对不同时间、不同场合，教师要用不同的语气、节奏讲话。

2. 教师生动语言的功能

（1）愉悦功能。教师的语言生动，是教学艺术的体现，是教师遵照教学法则和美学尺度的要求，灵活、恰当、生动地运用语言，为取得最佳教学效果而采取的创造性的教学手段。教师运用贴切的比喻、精彩的描绘、生动的论证、透彻的说明来表述和解释知识，表达思想感情，将抽象的概念形象化、枯燥的内容趣味化，使学生在一种新奇、美妙、亲切的氛围中学习，让他们感到学习有趣、轻松、舒畅，认为学习是一种艺术享受。这样的学习环境、学习内容，必然会使学生觉得赏心悦目，乐此不疲。

（2）激励功能。教师的生动语言，带有浓厚的情感因素和巨大的鼓舞力量。正如德国教育家第斯多德说过的："教学的艺术不在于传授的本领，而在于善于激励、唤醒、鼓舞。"伴随着教师的语言，教师的丰富感情，包括对真善美的赞扬，对假恶丑的憎恶，对学生的真诚爱护，对学生的热切期待，都源源不断地流露出来。它会像初春的细雨一样，涓涓地润入学生的心田。它会使学生兴奋，奋发向上，热爱学习，热爱生活，热爱一切美好的事物。教师的生动语言，承载着耐人寻味的知识。

它像磁铁一样，牢牢地吸引着学生，使学生充满求知的渴望和探索的力量。这种内驱力会成为学生刻苦学习的动力和加速器。

（3）发展功能。教师的生动语言，不仅能清晰、准确地传递知识和信息，而且能把枯燥、深奥、难懂的概念以及公式、原理简单化、形象化、趣味化。教师的生动语言，就是一把把解析难题的钥匙，就是一个个先进的、科学的思维方式的载体。因此，教师的生动语言在把知识传授给学生的同时，也巧妙地把认识、分析事物的方法、科学的思维方式，解决疑难问题的捷径传递给了学生，进而达到开发学生智力，发展学生能力的目的。学生经常接受这种语言，消化这种语言，思维就会得到发展。

（三）用适合儿童特点的语言描述数学概念

按照皮亚杰的认知阶段发展理论，小学生的认知发展处于具体、直觉水平阶段。小学生认知发展的局限性使得他们需要凭借具体的实际经验来理解并运用定义性概念和这些概念之间的关系。并且，他们倾向于直观地理解抽象的概念和关系。由此可见，数学教学语言的任务之一就是用适合儿童特点的语言描述概念和原理，便于儿童理解和掌握。

1. 借助"修辞"方法，设计教学语言

修辞就是对语言的修饰，使语言更加完美和生动形象。经过修饰的语言能在人的大脑中留下深刻的印象，激发和唤起人的直观思维。

例如："（ ）和 ［ ］的认识"教学便采用拟人手法的教学语言进行了设计：

（ ）和 ［ ］的对话

（ ）：××班的同学你们好，我是你们的老朋友小括号，今天来看看大家。最近我去美容院做美容手术，你们看我这双耳朵，简直就是两片弯弯的月亮，难怪人们送我"美少女"的雅称。

［ ］：（ ）等等我，我跟你一起去见见××班的同学。××班的同学你们好，我是你们的新朋友中括号，我在这里向大家问好啦。

（ ）：你看看你这德性，也敢来这里凑热闹。不说别的，就看你那两只耳朵，简直就是两个订书钉，真难看。

［ ］：（ ）你这样说就不对了。人不能以美丑来论英雄，要看他对社会的

贡献。

（　）：你说作用，我正想说说我的作用呢。当各位要改变运算顺序的时候，肯定先想到我小括号！

［　］：你说的不假。可是也有你完不成任务的时候，还得我出马，这叫"危难之处显身手"。

（　）：当各位计算的时候，不用说肯定也是先想到我！

［　］：你说的不错。想了你再想我，我乐意。这叫"心甘情愿"。……

2. 借助"生活语言"，设计教学语言

按照"相似论"的观点，某一事物总可以找到另外的一个或几个与之相似的事物。生活语言与教学语言也不例外，它们在许多地方存在着相似性。例如：理解"循环小数"概念的教学语言设计。在电影《阿凡提》中，有一段关于财主向阿凡提讨债的故事。阿凡提借了财主家一只母鸡，一天这只母鸡莫明其妙地死去。财主逼着阿凡提用许多鸡来抵债，财主的理由是：鸡生蛋，蛋孵鸡，鸡生蛋，蛋孵鸡，鸡生蛋，蛋孵鸡……又如：有关"分数计算结果的处理"教学语言设计。分数计算结果的处理要求是：能约分的要约分，是假分数的要化成带分数。用生活语言来解释可称为"减肥"和"打假"。

3. 借助其他学科，设计教学语言

各门学科之间原本就没有什么明显的界限，实质上是相互联系、相互渗透的。借某一学科的"易"，解另一学科的"难"也是教学语言设计的途径之一。例如："文字题解答方法"的教学语言设计。语文里有像将"我是一个极其普通的人"改为"我是人"的"缩句"知识。文字题可借助语文"缩句"的知识进行解答，而且被实践证明是一种行之有效的方法。教学语言设计为：文字题变"压缩饼干"。又如"面积计算公式的推导"教学语言设计。《自然》里有关于水的三态变化的知识，简称为：形变质不变。面积计算公式的推导，往往采用的是把新图形转化成已学过的图形来加以研究，其实质概括为：形变积不变。

以上只是简略地从三个方面对教学语言的设计进行了探索，但并不意味着教学语言的设计就仅此而已。其实，只要我们用心留意周围的事物，深信"处处有学问，处处有文章"，我们的教学语言就会有取之不尽的丰富源泉。

二十、建立良好的现代师生关系

教学活动，从本质上看，是人与人之间的相互作用，是教师和学生间的一种特殊的人际关系。而我们已经进入的这个时代，是一个张扬个性注重人格以及建立在这一基础之上的主体回归的人文教育时代，是一个高度重视问题意识思维品性和实践能力培养的创造教育的时代，这个时代有着信息多源、易得可选、教育者权威削弱、教育更趋向民主理性的特征。崭新时代的崭新教育，呼唤我们必须转变教育观念，真正建立民主平等的现代师生关系，使课堂教学实现心灵的碰撞、情感的交流、认识的升华、能力的提升，充满笑声，充满睿智，充满情趣。

（一）关爱每一个学生

苏霍姆林斯基在《帕夫雷什中学》一文说："一个好老师意味着什么？首先意味着他热爱孩子，感到跟孩子交往是一种乐趣，相信每个孩子都能成为一个好人，善于跟他们交朋友，关心孩子的快乐和悲伤，了解孩子的心灵，时刻都不忘记自己曾是个孩子。"教育就是爱，爱就是教育。爱是人类的一种高级情感，又与人类的理智、道德、审美、人格相互关联。爱学生，就是要用精湛高超的教学水平、教育艺术，在学生心里播下对老师、对学科的爱的情感。

学生心中有杆秤，时常掂量着老师。根据一个调查结果，学生心目中最喜爱的教师形象三部曲是——"入幼儿园时，我希望老师是姐姐"；"读小学时，我希望老师是妈妈"；"到了中学，我希望老师是朋友"。这姐姐、妈妈、朋友，就是能贴近学生、关注学生的人。使学生无知时有人指点，劳累时有人依靠，欢笑时有人陪同，伤心时有人抚慰。教师就要尽力倾心成为这种可亲可敬可佩的人。

一位老师讲过她的这样一段经历："开学第一天，一个男孩的父亲带着孩子来找我。家长当着孩子的面说孩子如何调皮，如何敷衍暑假作业，并希望我能原谅。直觉告诉我这个孩子可能很麻烦。但我没有俗套般地重复和夸张孩子的不足，而是不动声色地说：'没关系，这个孩子不错，一见面我就挺喜欢他的。这也许是一种缘分吧！'我用爱编了一个花环套在了这个刚见面的孩子身上，让他饱尝老师喜欢他的滋味。后来的事情比想象的还要顺利。课堂上没有比这个孩子坐得更有精神，发言更积极的了。"爱和赏识导致成功，恨和抱怨只能导致失败。老师和家长每一次爱的呵护，都可能是孩子成功的起点，都可能温暖他们人生的一段旅程。

当你对学生充满爱心的时候，你的话语就自然会变得亲切温馨，目光就自然会变得满含信任，举手投足都会变得优美动人！只有充满爱心，师生之间才会亲密无间，循循善诱，相互熏陶，教学相长；师生浸润于一种丰富、和谐、光明、温暖、纯洁、疏朗、博大的氛围中，师生充分展开思与思的碰撞、心与心的彼此接纳，放飞囚禁的情愫。

（二）相信每一个学生

民主平等的师生关系最重要的一个特征便是信任每一个学生。

首先，要相信每一位学生都有自主学习的发展潜能。

教师应力求营造一种宽松、愉悦、无拘、自在的课堂教学氛围，把整个心灵奉献给学生，用自己的语言、动作、表情让学生感到亲切，用实际行动表明自己是学生学习的合作伙伴，允许学生对教师的讲解进行纠正、补充，提出不同的见解。

一节市级公开观摩课，课的内容是《多位数的写法》。课上，师生共同探究出多位数的读写方法后，老师请同学们看书，有一段关于"0"的读法，书上这样写："读数时，还要注意每一级末尾所有的 0 都不读。"有个叫李峻的同学读后说："老师，我想和编书的叔叔阿姨讲几句话，我希望他们在这句话里加上'每一级开头的 0 要读出来，每一级中间的 0 也要读出来'，这样就更完整，可以更多地帮助同学们读多位数。"学生在课堂上主动探究，大胆发表观点，向编书的叔叔阿姨提建议，真正成了学习的主人，自主学习的潜能得到了发展，课堂充满朝气，处处闪烁着智慧的火花。

其次，要相信每一位学生都有美好的情感。

孩子的感情世界往往五彩缤纷美不胜收。在 2001 年春天召开的"中国城市儿童想象力和幻想力科研成果发布会"上，北京师范大学一位教授提问"树上有五只鸟，猎人开枪打死了一只，还有几只？"结果，被调查的中小学生中 99％回答"一只也没有了，因为都吓跑了"。有一名小学生却做出精彩的回答："还有三只，因为五只鸟是一家人，打死了鸟爸爸，吓跑了鸟妈妈，还剩下三只不会飞的鸟宝宝。"

儿童的思维和想象力是以丰富的情感为基础的，相信这一点，对于建立现代师生关系至关重要。

（三）尊重每一个学生

学生喜爱在一个安全的课堂环境里学习，这个环境一定是平等、宽松、民主、和谐的。在这个环境里，他能与同学、教师甚至教材进行平等的对话。他讲错了，没有关系；他提出问题，有人关注；他不认同老师，不会受批评；他对教材有异议，也没有人指责。当他学习遇到困难时，会得到善意的帮助；当他取得成功时，会得到诚挚的祝福；当他标新立异时，会得到大家的喝彩。尊重每一个学生要做到以下几个方面。

第一，尊重学生的差异。学生是一个活生生的人，是一个发展中的人。尊重学生的差异，教育就必须以学生个体发展为本。由于每个学生家庭，文化环境的不同，思维方式不同、个性特征不同，因此他们认识事物的水平及相应的知识储备也不会完全一样。学习过程是一种个体的认识活动。当一个数学问题出现的时候，每个学生都会联系自己的经验，用自己的方式来思考问题应该怎样解决，这也就不可避免地会出现解决问题不同的策略和方法。

如，在学习完1—5的乘法口诀后，有这样一道情境题：七色花店里摆有各种鲜花，百合6元1枝、玫瑰5元1枝、菊花3元1枝、剑兰1元1枝……小丽有25元钱，要配一束花，请问：如果你是售货员，将怎样为小丽配花？配花的方法各式各样，不同的同学有不同的方法：有的从价钱计算方便考虑，将花的价钱算够25元就行了；有的不仅考虑价钱，还考虑花的搭配是否美观；有的搭配出各种不同的方案让顾客（小丽）选择等等。这些问题解决的策略多样化，答案不唯一，为学生充分发挥自己内在的潜能创造了条件，让学生在自己的基点上展示才智，发挥特长。

第二，教育要尊重学生的个性尊严，更要尊重学生自由安全的人身权利。苏霍姆林斯基在《公民的诞生》一文说："教育中的皮带和拳头……是我们教育工作者的羞愧与耻辱。教师在学生手册里经常把一根鞭子放在学生的书包里，而父亲就用这根鞭子来抽打自己的儿子。"

小学老师批改作业，一般都是用"√"和"×"两个符号，很直观，但也很生硬。对学生，尤其是那些学习后进的学生来说，好不容易做完的作业，又被老师打上一连串的"×"号，或是被老师打上很大很长的"×"，并加批注："差，太差了!"结果学生一见到老师就害怕，甚至逃学不去上课。这会严重影响他们的学习积极性。

某小学明确禁止任课老师在同学们的作业本上打"×"号，而要用波浪线或者"△"号代替，同时倡导老师在同学订正错误后再打上"√"，并多写鼓励性评语。如，"孩子，你有进步!""你如果字写得能整齐些，就更棒了!""这么难的题你都解答出来了，连老师都佩服你!"等，结果学生们不仅按时写作业，而且都写得很认真。学习的热情明显提高，上课专注，都想得到老师的夸奖。校长说："孩子应在赞美和鼓励中成长，小学是培养孩子学习兴趣和学习习惯的最佳时期。我们采取这样的措施，目的就是想保护好孩子的自尊心和学习热情，帮助孩子找回自信。"

第三，蹲下来看儿童的世界，发自内心地欣赏学生的成长，分享学生成功的快乐。法国的卢梭在他的《爱弥儿》中曾说道："做老师的人经常在那里假装一副师长的尊严样子，企图让学生把他看做一个十全十美的完人。这样做法的效果适得其反……要打动别人的心，自己的行为就必须合乎人情!"从某种意义上说，学生就是老师，老师就是学生。老师不可能在不平等的环境中获得真正的尊重，而只有在尊重学生的行为中获得真正的尊重。

教学"百分数的意义和读写法"时，力求尊重学生的选择和想象，尊重学生的个性和情感，真诚地欣赏学生尚且幼稚的创造萌芽。师生在交往互动中进行智慧的碰撞、情感的交融和心灵的沟通。

师："我们反思一下刚刚的学习过程，有不懂的问题吗？有新想法吗？"

生1："生活当中为什么都用百分数？有没有千分数呢？"

师："这个问题问得好！有想法，有创新。生活当中的确有千分数。猜一猜，千分数长得什么样呢？"

生2："我想千分数肯定和百分数相似，也是分子后面挂一个千分号。"

师："你能通过百分数联想千分数，很了不起！千分号又长得什么模样呢？我们全班同学一起来创造性地设计一个千分号，好不好？"

学生设计千分号，并陆续将作品画到黑板上。部分作品如下：

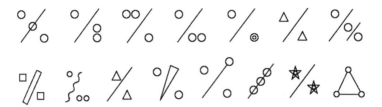

师："我们一起来欣赏这些黑板上的作品，先请第一个同学说。"

生3："我想百分号有两个圈，千分号应该有三个圈。第三个圈没地方放，就放在斜线上了。"

教师欣赏地点了点头："有意思！是啊，百分号有两个圈，千分号不就有三个圈吗！我们看看有几个同学设计三个圈的？"

师生共同欣赏。

师："看来比较多的同学都认为千分号和百分号一样，圆圈应该分别放在斜线的上边和下边。第三个圆圈有人放在斜线上面，有人放在斜线的下面，有人干脆放在斜线上或斜线顶端，还有的圈外套着圈，很有个性（指着其中两幅作品）。这两位同学把三个圆圈串起来，或者全放到右边去，我想也有他的道理，免得分子和后面的圆圈混淆。这有四个圆圈，好像是——"

生4："我原来也打算画三个圆圈，但是看起来不对称，我觉得还是再加一个美观。"（掌声）

师："与众不同，有创见！"

生5："黄老师，我画'糖葫芦'也是有讲究的。第一个圈比第二个小些，第三个圈比第二个大些，颜色也不一样，串起来像个糖葫芦，记忆很方便。又因为10后面只有一个零，比100小，1000后面有三个零，比100大，所以，斜线上的圈一个比一个大。"（热烈掌声）

生6："我画的千分号，斜线方向和其他同学不一样，三个圈都在斜线的右边，记忆起来也很方便。三个圈就好像从山坡上滚下来的一样，我想从山坡上滚下来一定很爽。"（笑声，掌声）

师："这么多的老师给你掌声了，我又一次想到了你们学校大楼上的八个字：张扬个性，体验成功。过瘾吗？"

生齐："过瘾！"

师："开心吗?"

生齐："开心!"

师："刚才同学们都说出了设计意图,很有道理,非常棒!如果这些作品都被采用就不统一了,不统一肯定不方便。百分数和千分数的内在含义还是比较接近的,只不过把一个量平均分的份数不同而已,人们设计千分号的确是在百分号的基础上增加一个圈,这个圈增加在哪里呢?请注意看——"

出示:邳州市的人口增长幅度逐年下降,人口的自然增长率为 5.36‰。

指一名学生读。

师："这句话里就有一个千分号,和黑板上哪一个一样?"

学生指第 4 个。

师："这个同学是谁?"(该生站起)

师："送点掌声给他!"(掌声)

师："再送点掌声给在这里设计许多图案的其他同学。"(掌声)

……

每个学生都有被赏识的渴望,教师只有蹲下来看儿童的世界,发自内心地欣赏学生的成长,为学生的进步喝彩,创造一种支持性的课堂环境,共同分享成功的快乐,学生的个性才能得到充分的释放。上面的教学案例,在学生展示、汇报自己"杰作"的过程中,老师不断地赞赏学生独特富有个性化的理解和表达,学生拥有和体验着做人的全部尊严,享受着被人认可和欣赏的快乐。奇妙的情趣、奇妙的思维、奇妙的想象,得以淋漓尽致地发挥,师生之间弥漫,充盈着一种和谐、默契的精神氛围。师生共识,共享,共进,形成了一个真正的"学习共同体",课堂成了学生放飞心灵的天空。

课堂实录与点评

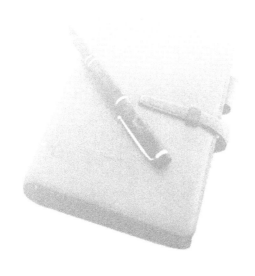

一、激起思维涟漪，让课堂活起来

——"认识角"教学实录与点评

[知识点分析]

"认识角"选自江苏教育出版社出版的《义务教育课程标准小学数学实验教科书》（二年级下册）。对于二年级的孩子来说，看到"角"这个词，脑海里可能浮现出有羊角、牛角、角落、一角两角钱的角，等等，而这节课要学习的是平面图形上的角，是一个平面图形。教学时，首先要让学生明确这一点。认识角，包括能指认出现实中的角及其各部分名称，会用各种材料做或画出角。在此过程中，感知角有大小之分。难点是如何理解角的大小与两边所画的长短无关，与两边张开的程度有关。

[实录与点评]

1. 为什么 8 号球员在离底线最近的时候，却不射门，而要把球传给 10 号球员射门？

师：小朋友们，你们喜欢看足球比赛吗？

生：喜欢！

师：我们来看一段精彩的足球比赛场面！

（课件演示：下底传中）

师：球是谁射进的？

生：是 10 号！

师：为什么 8 号球员在离底线最近的时候，却
　　不射门，而要把球传给 10 号球员射门？

生 1：尽管 8 号球员离底线最近，但射门的角度
　　　太小，不容易射进。

生 2：对！射门角度小，守门员很容易把球封
　　　堵住。

师：有道理，我们来看两位球员射门的角度。

（课件演示）

师：哦！原来是因为 8 号球员站的位置射门角度小，不容易进球，而 10 号队员站的
　　位置射门角度这么大，容易进球。生活中有很多角，角度也有大小不同。我们
　　今天就来认识角！

[点评：说起足球，学生就感兴趣。教学中，以学生喜闻乐见的身边事为素材创
设问题情境，让学生把想要解决或解释某个实际问题的愿望转移到学习新课的认知
兴趣上来，有助于激发学生探究新知识的愿望。]

**2. 我们把黑板上的这里（指）看做角的顶点，这里（比画）和这里（比画）看
作角的边，这（比画两边和角的符号）是一个角。**

（课件出示：红领巾）

师：红领巾上有角吗？有几个角？

（课件演示：依次闪烁并出现三个角，红领巾下移后留下三个角的图形）

师：这三个图形都是角，你们看看它们有什么共同的地方？跟小组同学说说。

生：角有一个尖尖，还有两条直直的线……

师：老师想在黑板上画一个角，怎么办？

生：老师，你先在黑板上点一个点，再画两条线。

（老师在画第二条边时，有意画的很短）

师：这样可以吗？

生：可以是可以，就是不太好看。

（老师再画时，又画的比第一条边长）

师：这个尖尖，叫做这个角的顶点，两条直直的线，叫做这个角的边。为了说明这
　　个角的两条边张开的大小，我们通常会在角上做一个记号，从角的一条边画一

条弧线，画到角的另一条边。

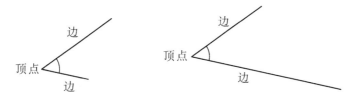

师：我们把黑板上的这里（指）看做角的顶点，这里（比画）和这里（比画）看做角的边，这（比画两边和角的符号）是一个角。大家伸出手一起来指一指。

师：谁愿意到讲台前面来，带着大家一起说。

（一位学生走上讲台，正准备指黑板上的角）

师：老师指过的黑板不能再指了。

（这位学生拿起讲台上的教具三角尺，指着说）

生：这是一个角。（掌声）

师：请大家像这位同学一样，找一找，再指一指，我们身边物体表面上的角。

生：……

［点评：从生活中的角中抽象出数学上的角，有助于学生建立角这一平面图形的概念。指一指、说一说的教学过程中，教师应示范引导到位，以便学生做出准确的判断和描述。角的记号的引导：为了说明这个角的两条边张开的大小，我们通常会在角上做一个记号，从角的一条边画一条弧线，画到角的另一条边。为学生感知"角的大小与两边叉开的大小有关"做了铺垫。］

3. 在下面这些图形中，哪些是角，哪些不是？为什么？把你的想法跟你的小伙伴交流一下，再举手回答。

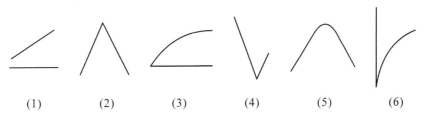

| (1) | (2) | (3) | (4) | (5) | (6) |

师：判断一个图形是不是角，要看什么？

生： 要看它有没有一个顶点和两条边，而且两条边都要是<u>直直的</u>。

师： 找一找下面的图形中，各有几个角，请大家先做上角的记号，再填空。

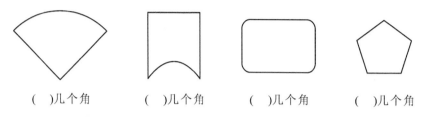

（　　）几个角　　　（　　）几个角　　　（　　）几个角　　　（　　）几个角

[点评：独立判断，小组交流，全体回答，让学生经历一个独立探究、信息交往、知识互补的过程。这样避免了出示一题，提问一个学生的一对一的做法。]

4. 你能在你画的角上再画一条线，变成一个有三个角的图形吗？

师： 请大家在本子上画一个角，并画上角的记号，并标上"1"。

师： 你能在你画的角上再画一条线，变成一个有三个角的图形吗？

（学生依次展示）

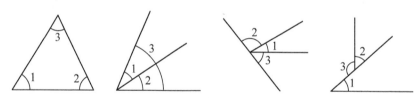

师： 这几位同学的作品太棒了！他们的想法与众不同！我们应该向他们学习。

[点评：在画角的基础上拓展延伸，其中几位学生有独到的想法，教师在课前根本没有估计到，可见学生的创新思维能力是无法估量的。这给我们一个启示：精心设计并不失时机地为学生创设探究性的问题情境，给学生创造的机会，学生手指尖上出智慧的精彩是可以预期的，预设才能生成。教师要创造性地理解和使用教材，用活教材，找准教学内容和创造性思维的结合点。]

5. 这个小棒摆成的角放在展示仪上放大后，小棒变粗了，变长了，角变大了吗？

师： 请大家动手做一个角。

（学生动手做角）

师： 说一说，你是用什么做的？到讲台前，展示给大家看。

生1：我用纸折了一个角。

生2：我用钉子板围了一个角。

生3：我和我的同桌合作，用毛线拉了一个角。

师：合作精神好！

生4：我用小棒摆成一个角。

师：同学们，这个用小棒摆成的角，大家看不清，怎么办？

生：老师，把它放大些。

　　（教师操作展示仪）

师：这个小棒摆成的角放在展示仪上放大后，小棒变粗了，变长了，角变大了吗？

生1：变大了。

生2：没有变大，因为，老师并没有动那个角。

生3：我赞成。

师：那怎样才会变大呢？

生：（边操作）把两边张开得大些，这个角就大了。

师：请大家先用小棒摆一个角，接着让它变大些，再大些，然后再小些。

师：在刚才的活动中，你有什么发现？

生：我发现，角的两边张开得大，角就大，角的两边张开得小，角就小。

　　［点评：学生看不清在展示仪上用小棒摆出的角，怎么办？教师有意让学生来帮助想办法解决。当学生集中注意力解决这个问题后（即用展示仪放大），便成了教师为学生提供的问题情境。在这个过程中，自然巧妙地使学生直观感知到角的大小与两边所画的长短无关，而与两边叉开的大小有关。］

6. 一张正方形的纸有几个角？如果用剪刀剪去一个角，会变成几个角呢？

师：请大家拿出正方形的纸，一张正方形的纸有几个角？

生：有4个角。

师：猜一猜，如果用剪刀剪去一个角，会变成几个角呢？

生：当然是3个角。

生：不一定。可能是5个角。

　　……

师：我们不仅要学会猜想，而且还要学会验证，猜想，然后验证，是许多数学家们常常用的一种研究方法。你们想不想做实验来验证一下呀？

生：想！

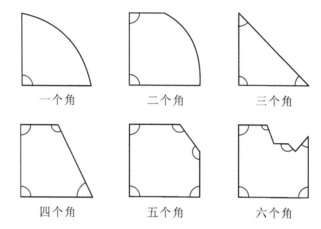

一个角　　　　　　二个角　　　　　　三个角

四个角　　　　　　五个角　　　　　　六个角

师：每个小组的同学可以一起来剪一剪、试一试，看看到底变成几个角，把剪出的
　　图形贴在表中。

　　出示小组活动要求：

　　（1）先猜一猜：一张正方形的纸，用剪刀剪去一个角，会变成几个角？

　　（2）动手剪一剪。

　　（3）把剪后的图形贴在表格相应的格子里。

　　（4）给图形上的角做上记号。

师：请小组的代表汇报。

　　［点评：在这个需要猜想、验证和交流的拓展实践活动中。学生再次获得积极思
考和创造的机会，学生的思维再次被激活，课堂气氛达到了高潮。课堂上，一些学
生在合作交流的过程中，受到别人的启发，打开了自己的思路，同样获得成功的
喜悦。］

　　7. 这节课你有什么收获和体会？对角的知识还有什么疑问？

师：通过这节课的学习，你有什么收获和体会？对角的知识还有什么疑问？

生1：我懂得了什么样的图形叫做角，知道了角的顶点和边。

生2：我知道了角怎样变大，怎样变小。

生3：我明白了一张正方形的纸，剪去一个角后会变成几个角。

生 4：我想提一个问题，老师，怎样比较两个不能移动的角的大小？比如说画在黑板上的两个角，因为不能放在一起比，怎么办呢？

师：同学们，有什么好方法吗？

生：可以做一个跟第一个角一样大的角，再拿去跟第二个角比。

生：可以拿三角板去比。

生：要是有一个像尺子一样的东西去量就好了。

师：说得好！是有一种工具用来量角的，叫量角器，我们以后会认识。同学们，有兴趣，可以找一个量角器，试一试怎样量角。

师：同学们，这节课的表现很棒，给我留下了深刻的印象。别忘了在踢足球的时候选好角度哦！下课！

　　[点评：学生质疑的过程是一个发现问题和解决问题的过程。因此，学生提问后，教师没有直接回答，而是启发大家共同解决。当学生提出"要是有一个像尺子一样的东西去量就好了"，教师适时地引出量角器，并提出"同学们，有兴趣，可以找一个量角器，试一试怎样量角"，满足学生的好奇心和求知欲，让不同的学生有不同的发展。"在每一个年轻的心灵里，都存放着求知好学、渴望知识的火种。"（苏霍姆林斯基）教师精心设计的问题，一旦引起了学生的"认知冲突"，便可以激起学习的动机，思维的涟漪此起彼伏，学生潜在的学习兴趣自然高涨，课堂必然"活"起来。]

（本节课由苏教版教材主编王林点评）

二、精彩源于预设

——"24 时记时法"教学实录与点评

[知识点分析]

　　"24 时记时法"选自江苏教育出版社出版的《义务教育课程标准小学数学实验教科书》（三年级上册）。这是一个实用性很强的知识点，学生对此多少有一些了解。在学生的生活经验中，较多使用普通计时法，因此，为什么需要 24 时记时法？24

时记时法有什么好处？是应该让学生体会的。24 时记时法和普通记时法的互换，把 24 时记时法换成普通计时法，因为有生活经验的支持，比较容易自行推导和理解，但把普通记时法换成 24 时记时法，就有一定的难度。因此，可以先调动其生活经验，讨论解决如何把 24 时记时法转换成普通计时法，总结出转换的方法以后，就可以推导和理解如何把普通记时法转换成 24 时记时法了。

[实录与点评]

（一）猜一猜

师： 中央电视台有一个收视率很高的节目，老师放一段片头音乐，请同学们猜一猜是什么节目。

（播放"新闻联播"片头音乐）

生： "新闻联播。"

生： "新闻 30 分。"

生： "新闻 30 分"是中午播出的，不是"新闻 30 分"，是"新闻联播"。

师： "新闻联播"节目是在什么时候播出？

生： "新闻联播"播出时间是晚上 7 点。

师： （板书：晚上 7：00）同学们都认为是这个时刻，电视画面上写了"晚上 7：00"吗？我们一起来看电视。

（播放"新闻联播"片头视频）

生：不是晚上 7 点，是 19 点。

生：19 点就是晚上 7 点。

师：（板书：19：00）19 点，这是一种什么记时法，它跟我们说的晚上 7 点有什么
　　不同？今天我们一起来研究"记时法"。

师：这是电视节目预报，你最喜欢的节目是在什么时刻播出，请说给小组同学听。

师：（板书电视节目预报的时刻）谁愿意把对应时刻写到黑板上来？

8：50	9：30	14：00
上午 8：50	上午 9：30	下午 2：00
16：40	19：00	22：00
下午 4：40	晚上 7：00	晚上 10：00

［点评：为学生提供探究材料的背景是现实而有趣的，有效地唤起学生已有的生
活经验。］

（二）比一比

师：现在黑板上出现了两种记时法。这两种记时法有什么不同？分别给它们起个名
　　字好吗？你更喜欢哪种记时法？接下来的时间交给同学们。并请大家把研究的
　　结果填在工作纸上。

　　［点评：向学生提出一组探究性的问题，为学生提供了数学活动的机会。］

师：请同学们在小组内交流。

师：谁愿意把研究的结果说给大家听？

　　（一学生走上讲台，教师坐在学生的座位上）

　　［点评：教师跟学生换位，更加突出学生的主体地位。］

生：我给上面的这种记时法起名叫 24 时记时法，下面的叫 12 时记时法。我认为它
　　们的不同是：24 时记时法过了中午 12 点后，继续叫 13 点、14 点，等等，而
　　12 时记时法过了中午 12 点后就叫下午 1 点、2 点了。我喜欢 12 时记时法。

师：这位同学很有条理并完整地回答了三个问题。你为什么起名叫 24 时记时法，不
　　叫 25 时或 26 时呢？你为什么喜欢 12 时记时法？

生：因为一昼夜是 24 小时，所以起名叫 24 时记时法。我喜欢 12 时记时法，因为早
　　上、晚上很具体，一看就知道是什么时刻了。

生：我也很喜欢 12 时记时法。再说，用 24 时记时法，还要算半天，把它纠正（师：是"转换"）成 12 时记时法。假如你没有学好今天的课，算错了，就麻烦了。

师：那我们就努力学好今天的课，不就不麻烦了！

　　[点评：乐观的生活态度和求实的科学态度！启迪学生学好数学，有助于实现情感与态度的目标。]

生：我喜欢 24 时记时法。因为 12 时记时法，还要写上上午、下午，很麻烦。再说早上 7 点和晚上 7 点，容易混淆。有一次我爸爸帮我妈妈买一张火车票去长沙，告诉我妈妈说是 7 点的，我妈妈就以为是晚上 7 点，结果没坐上那趟火车。

师：这位同学联系生活中的具体例子来说明自己的观点，好！

　　[点评：及时地给予肯定与表扬，教师应该成为一个发现者。]

生：我也喜欢 24 时记时法，因为这种记时法，还方便计算时间，比如，商场 9 时开始营业，22 时打烊，要算营业了多少时间，只要用 22 减 9 就可以了。

师：有道理！

生：我还是喜欢 12 时记时法，因为在生活中，人们很喜欢用它。星期天，我约同学去踢足球，打电话时，会说，下午 4 点在体育场会合，就不会说今天 16 点在体育场会合。

师：也有道理！

　　[点评：学生喜欢讨论关于"喜欢什么"的话题，黄老师的课上得精彩源于许多符合学生心理特点的精彩设计。]

师：为什么电视上要标上 19：00，而不标晚上 7：00 呢？

生：其实标晚上 7：00 也可以。

生：不好，假如是外国人，看不懂中文怎么办？

生：可以标上 am 表示上午或 pm 表示下午。

　　[点评：教师创设了平等、宽松、民主、和谐的学习环境，让学生感觉到自己在这个环境里是安全的。因此，学生才会有这样的反应，学生的知识面令人赞叹。]

师：标上 am 或 pm，有的中国人又看不懂了。

生：那就中文、英文都标上。

生：这样太长了，在画面上占了很大位置。

师：对呀！还是用 24 时记时法，标上 19：00，显然很简明。

师：生活中，除了看电视，还有哪儿用 24 时记时法。

生：飞机票、火车票还有汽车票上的时刻。

生：听广播，"刚才最后一响是北京时间 15 点整"。

师：学得真像！

　　[点评：有趣！有时间的话，还可以再让几个学生学着播音员来说。]

生：手机上的时刻。

生：银行门口的营业时间牌子上。

生：邮筒上标的取信时刻，第一次几点，第二次几点用 24 时记时法。

　　……

师：交通、邮电、广播电视等部门在工作中需要很强的时间概念，为了计时方便、简明、不易出错，都采用 24 时计时法。而 12 时记时法，早上、晚上几点很具体，生活中特别在交流对话的过程中应用很广泛。刚才，同学们在讨论的过程中，积极开动脑筋，大胆发表自己的观点。很投入，也很热烈，给老师留下了深刻的印象。

　　[点评：学生经历了独立思考和探究的过程，讨论的气氛才会这么热烈。学生掌握知识和技能，是在他们之间合作交流的过程中实现的，课堂成了学生放飞心灵的天空。]

师：同学们比较了两种记时法的不同，难道就没有相同的地方吗？我看有的长得也挺像的吗？

　　[点评：这个巧妙的设问，既引导学生继续比较探究，又自然地过渡到"转换"知识的学习上。]

生：我发现中午 1 点之前的时刻是一样的，只是 12 时记时法表示的时刻，前面要加上早上、上午或中午。

师：中午 1 点之后就没有相同的吗？

生：有，16：40 和下午 4：40，表示分钟的 40 是一样的。

生：我发现中午 1 点之后，两种时刻都相差 12 小时。

师：你叫什么名字？（生：王利伟）了不起的发现！我们一起为王利伟的发现鼓掌！

（三）互换

师： 见到 24 时计时法表示的时刻你能很快用 12 时记时法来记时吗？

生： 可以！

师： 周日，深圳健力宝足球队对青岛队的比赛在 15 时 30 分开球，17 时 13 分结束。请同学们用 12 时记时法来记时，并写在工作纸上。

师： 请大家在小组内出题练习。

师： 谁愿意出一道题：12 时记时法表示的时刻，让老师来用 24 时记时法表示。

（当学生准备好，举手出题时）

师： 你有标准答案吗？请在工作纸上写好，再考老师。

［点评：写好答案再考老师，这题学生就先练了。让学生出题考老师是假，"骗"学生做题是真。妙！］

生： 中午 12 点。

师： 就是 12 点。

生： 夜里 11 点 45 分。

师： 这道题有点难，谁愿意帮我？

［点评：老师真的需要帮吗？又在"骗"学生。］

生： 在 11 点上加上 12 就可以了。

师： 是 23 点 45 分。谢谢帮我的这位同学。

生： 中午 12 点 12 分 12 秒。

师： 谁帮我？

生： 就是 12 点 12 分 12 秒。

师： 谢谢！

［点评：应该谢谢学生！］

……

（四）强化 0 点

师： （指黑板）这是一条直线，我在上面写上昨天、今天、明天。如果这条直线表示时间的话，昨天和今天之间有一个分界点，今天和明天之间也有一个分界点。

昨天　　　　　今天　　　　　明天

[点评：听黄老师说，这个设计是受春节联欢晚会上的小品《昨天、今天、明天》的启发。教学也是一门艺术，而艺术都是相通的！]

师：这两点之间的这一段，印在工作纸上，请大家在点上填写相应的数。

```
        3  4  5        8  9    11                              23
```

师：最左边的点上是几？

生：最左边的点上是0。

生：最左边的点上是1。

师：是1还是0，为什么？

生：我认为是0，因为夜里1点前面的一小时也是今天的，所以今天应从0点开始。

师：有道理！

师：就这个0点，老师有三个问题。第一，0点跟昨天有什么关系；第二，0点是白天还是黑夜；第三，0点时，钟面上的时针和分针在什么位置？请同学们小组合作解决问题。

生：我们小组认为，0点就是昨天的24点，今天的24点就是明天的0点（师：请大家在0的下面标上24，在24下面标上0）；0点是黑夜，不是白天（师：请大家在0和24的上面画一个小月亮。12的上面画什么呢？）；0点时，钟面上的时针和分针都指着12。

师：请看屏幕。这就是0点时的钟面。我们一起来看，一昼夜钟面从0点到24点时针和分针的变化过程。

（随着钟面的变化，同时演示夜空、星星、月亮逐渐变淡，太阳慢慢升起，再到夜空、星星、月亮再次出现的过程）

[点评：这个多媒体动画演示让学生整体感受一昼夜从0点到24点的变化过程。]

（五）回顾与质疑

师：请同学们回顾刚才的学习过程，你有什么收获，有什么问题和新想法？

生：我学会了两种不同的记时方法。

生：我知道了交通、邮电、广播电视等部门在工作中需要很强的时间概念，为了计时方便、简明、不易出错，都采用 24 时记时法。

生：我明白了今天的 0 点就是昨天的 24 点，今天的 24 点就是明天的 0 点。

生：我觉得大家讨论喜欢哪种记时法很有意思，听着听着我都明白了。老师你喜欢哪种记时法？

［点评：学生喜欢独立探究、合作交流的学习方式。］

师：两种记时法我都喜欢，只要掌握它们之间的转换方法，哪种方法都看得懂，都会应用。

生：我觉得大家一起讨论、学习的形式比老师讲解和做题好。

师：有什么疑问吗？

生：老师，你说我们的祖先是先发明 12 时记时法，还是先发明 24 时记时法。

师：这个问题有意思，谁愿意发表相关的见解。

生：我认为发明了钟面，就有了 12 时记时法，然后，根据需要，才想到 24 时记时法的。

生：我赞成他的说法。

师：这位同学说得很有道理，不过我还是建议同学们课后再查阅资料，继续研究。

［点评：对于这样学生感兴趣的问题，引导学生继续探究是有效的。］

（六）应用

（1）银行门牌

师：（出示下图）看到这个牌子，你知道什么？又想到什么？

［点评：提问"想到什么"，这个题目就用足了。］

生：银行储蓄业务上午 8 点 30 分开始营业，下午 17 点 30 分停止营业。

生：节假日照常营业。

生： 对公的业务，在 11 点 30 分到 15 点这段时间不营业。

生： 我想在节假日，对公的业务是不做的。因为没有标明。

生： 是的。

生： 我想办理业务，也不应该在下午 5 点 30 分才到，应该考虑办业务需要时间。

师： 说得好。

　　（2）火车票

师：（出示火车票）张阿姨从南京去秦皇岛，她下午几时前到达南京火车站比较合适？请大家把想法写在本子上。

　　（师生交流）

　　[点评：这两道题，一方面可以帮助学生进一步认识 24 时记时法；另一方面可以帮助学生了解知识的应用，体会数学与生活的联系。]

（七）游戏

师： 为了奖励同学们在学习过程中的优异表现，下课前，我们一起玩一个游戏。用两个手臂来表示时针和分针，根据两个手臂的位置和它们之间的角度，可以判断是几点。老师先做动作，大家来判断。

生： 下午三点。

生： 夜里三点。

生： 十五点。

生： 三点。

师： 接下来，老师出示时刻，请同学们做出动作。请全体起立。

21：00	18：00	0：00	24：00	今天中午12：00
上午9：00	下午6：00	12：00	昨夜12：00	今夜12：00

师： 为什么最后的几个时刻，大家的动作都一样？

生： 因为这个时候，时针和分针都指着12。

[点评：突出重点，使学生真正理解和掌握数学知识，课堂在此再掀高潮。]

师： 同学们这节课的表现，给我留下了深刻的印象。相信大家一定会不断进步！下课！

（掌声）

[点评：黄老师课后说，如果说学生在课堂上有积极探究的愿望，是因为教师为学生创设了现实而有趣的问题情境；如果说学生都能积极主动参与交流讨论，是因为教师为学生提供了足够的独立探究时间；如果说学生讨论的气氛比较热烈，是因为教师在努力做好引导者的角色，认真倾听，不断将讨论引向深入；如果说学生在课堂上能有一种愉快的情绪状态，是因为教师在努力创设平等、宽松、民主、和谐的学习环境，让学生感觉到自己在这个环境里是安全的，能与同学、教师进行平等的对话；如果说在一些环节上设计新颖，是因为教学是一门创造性的艺术，需要教师为了学生的发展潜心研究和创造。]

（本节课由河南教育报刊社蔡东彩点评）

三、没有部分重合就没有完全重合

——"轴对称图形"课堂实录与点评

[知识点分析]

"轴对称图形"选自江苏教育出版社出版的《义务教育课程标准小学数学实验教科书》（三年级下册）。教材提供了天安门城楼、飞机、奖杯的图片，使学生通过观察图片，动手操作，发现轴对称图形的特征。教材的编排设计给学生的自主探索、合作学习留有很大的空间。和平移、旋转一样，轴对称也是对图形进行变换的方法之一。生活中许多物体都具有对称的特征，通过本节课的教学，要使学生初步体会生活中的对称现象，认识轴对称图形的一些基本特征，能识别出轴对称图形，能用一些方法"做"出一些简单的轴对称图形，初步知道对称轴。教学时，要注意处理好两个关系，一是物体的对称现象，抽象为平面图形后，是对称图形；二是对称图形并不等于就是轴对称图形。在教学方法上，应给学生提供生活中感兴趣的物体，让学生观察、体验生活中的对称现象，让学生在动手操作的过程中充分体会什么是"重合"和"完全重合"，什么是对称轴，了解轴对称的数学内涵，自己总结出轴对称图形的特征，从而掌握什么是轴对称图形，如何判断平面图形是否轴对称。

[实录与点评]

（一）课前活动

师：同学们，离上课还有几分钟，我们来唱首歌还是来表演一个节目呢？

生：我们来表演一个节目吧！

师：那好哇，请上来！

（生模仿"千手观音"的造型）

师：同学们，美吗？

生：美。

师：真棒，给她们掌声！

[点评：通过这个课前的小活动，消除了学生的紧张情绪，同时又能够让学生初步感知对称和对称美。]

（二）认识对称物体

师：同学们，上次咱们见面的时候，你们给老师介绍了许多无锡的特产，老师赶紧去品尝了酱排骨、油面筋，味道好极了！可惜的是没有吃到水蜜桃……

生：因为还不到吃水蜜桃的时候。

师：对呀，不过老师一点都不觉得遗憾，因为我买了一样非常好的东西，你们想不想看一看？

生：想！

师：是什么呢？（边说边拿出泥人放到实物投影仪上）

生：是我们的惠山泥人！

师：对了，你们看，两条弯弯的眉毛，两只笑眯眯的眼睛，还有两个红扑扑的小脸蛋！太可爱了！（把泥人放到实物投影上）

师：老师今天还给同学们带来了好玩的东西，我们一起来看看吧！

师：这个是……

生：叮当猫！

师：好玩吧！（把叮当猫玩偶放到实物投影上）

师：这里还有一个女孩子特别喜欢的……（拿出哈姆太郎玩偶放到实物投影上）

生：（大叫）哈姆太郎！

师：他还会唱歌呢！（打开开关，放出音乐，并把哈姆太郎玩偶放到实物投影上）

师：我们再来看看还有什么！（拿出飞机模型放到实物投影上）

生：飞机！

师：哦，这里还有一个。这个呀，老师可得给同学们好好介绍一下。它是我们学校的同学们参加数学竞赛获得的奖杯！

师：请同学们仔细观察这些物体，注意它们的外形有什么共同的特点呢？

生：对称！

师：对称的，你是怎样理解对称的呢？

生：两边一样的。

师：像这样两边形状大小完全相同的物体，我们就说它们是对称的。（板书：对称）

师：像这样对称的物体，在我们的生活中你还看到过吗？谁来说说看？

生：天安门。

师：（用疑问的眼光看看其他同学）

生：是的，我去过北京，天安门就是对称的！还有故宫也是对称的！

生：老师，还有蝴蝶它也是对称的！

生：还有蜻蜓也是对称的！

　　[点评：物体的对称是轴对称图形这节课的一个知识铺垫，因此在这一环节的设计中，充分考虑到三年级这一年龄段孩子的认知特点，用他们身边最感兴趣的事物引出，促使他们投入较高的热情去探究物体的对称性。]

（三）认识对称图形

师：这些对称的物体，我们把它画在纸上，就得到这样一些平面图形。

师：这些图形还是对称的吗？

生：是对称的。

师：无锡的小朋友真聪明，一眼就看出这些图形都是对称的。那么像这样的图形，我们就把它们叫做……

生：对称图形。（板书：图形）

师：是不是所有的图形都是对称的？它们又是怎样对称的？我们又怎样来证明它们是不是对称图形？这就是我们这节课要研究的问题。

　　[点评：由物体的对称到图形的对称这一过渡相当重要，因为这节课的研究重点是平面图形的轴对称现象。把对称的物体画下来得到的平面图形，与对称的物体一一对应摆在学生的面前，让学生去体会、区别物体的对称与图形的对称的不同，也为接下来对对称图形的研究打下基础。]

师：为了研究这些问题呀，老师还带来了一些平面图形，你们看！（边说边在黑板的右边贴蝴蝶、青蛙、杯子、钥匙、枫叶、菠萝、桃子图形）

师：这些图形都是对称图形吗？

生：不是！

师：你们想不想来分一分哪些是对称的，哪些不是对称的？

生：想！

师：想分，好啊！那就先听清楚要求。我们每个小组里都有一个①号信封，里面就有这些图形，等会老师说开始，就请小组长把图形倒出来，小组的同学一起来

  分。咱们呀，要比一比哪一个小组的同学分得最快。

师：好，开始！哪一个小组的同学愿意上来分？（请一个小组的同学分贴在黑板上的图形）

  [点评：这是对平面图形对称研究的第一个层面，就是正确区分对称图形和不对称图形，初步感知图形的对称性。]

师：已经分好的同学请看看上面的同学他们是怎样分的？

师：别走别走，同学们，我们来听听他们是怎样分的？

生：我们是这样分的，这些是对称图形，这些不是对称图形。

师：（回头问全班同学）你们都是这样分的？

生：是！

师：你们怎么知道这些图形就是对称图形，有什么办法来证明吗？

生：折。

师：折的？哎，这个方法听起来蛮不错的！到底怎样折的，你能不能折给大家看一看？

生：（下去拿图形）

师：同学们我们仔细看看他是怎样折的！

生：（拿着一个蝴蝶图形上来，边折边说）我这样折过后，两边是一样的，所以是对称的。

师：刚才这位同学用对折的方法（板书：对折）证明了这个蝴蝶图形是对称图形！那同学们我们也来试一试，用这位同学的方法把对称图形都来折一折，看看会有什么发现，把你的发现在小组里和同学说一说。

（学生动手操作，讨论发现；教师巡视，参与讨论）

师：哪位同学愿意带着你折好的图形，上来说说你的发现？（把折好的图形在实物投影上展示）

生1：我发现，对折后边上齐齐的，不多也不少！

生2：我发现，有一半挡住了！

生3：我发现，对折后两边都合在一起了。

师：你们说的"挡住了"、"合在一起了"，也就是说，对折后——

生：重合了！（板书：重合）

师：（指对称图形）同学们，刚才你们把这些对称图形通过对折，发现它们重合了。那现在我们小组的同学再来折一折不对称的图形，看看这回又有什么发现？

（小组同学一起折，一起讨论）

生：我发现有一半多，一半少，边上也露出来了。

师：那，它们有没有重合呢？

生：没有！

师：真的没有？一点点重合都没有吗？

生：有，有一点重合。

师：（拿一个学生折过的对称图形，和台上同学折过的不对称图形比较）这个图形对折后重合了，这个也重合了，那这两种重合有什么不一样吗？

生1：有，这个重合得多，这个重合得少。

生2：这个全部重合了，这个没有。

师：这些对称的图形对折后全部重合了，也就是完全重合了！（板书：完全）

师：大家的表现很出色，奖励一下我们自己，来拍拍手吧！"1、2，停"。我们的两只手掌现在是？

生：完全重合！

　　[点评：这一环节是本节课的重点，要掌握"对折——重合——完全重合"这三个重要的知识点。首先通过让学生自己想办法去证明蝴蝶、青蛙、菠萝、枫叶等图形是对称图形，引出学生自己发现的"对折"这一重要方法。再通过每个同学自己动手把对称图形对折，发现"挡住了"、"合在一起了"。这些学生用自己的语言总结

出对"重合"的理解，引出"重合"的概念。最后通过把对折后的对称图形与不对称图形两者进行比较，引出两种重合的区别，从而深刻理解"完全重合"。这时候学生对"完全重合"的认知已经非常清晰。]

（四）认识对称轴

师： 现在把我们折过的对称图形打开看看，你又有什么新的发现？

生： 有折痕！

师： 老师也想折一折，哪位同学愿意把你的对称图形借一个给老师。

师： （拿一个青蛙图形）谢谢！老师开始折了，请注意看哦！

师： （在实物投影上折）我这样折得到一条折痕，我这样折又得到一条折痕，这两条折痕和你们折出来的折痕有什么不一样？

生： 我们的折痕左右两边一样！

师： 也可以说折痕的左右两边"完全重合"。

生： 老师折出的折痕左右两边不是完全重合！

师： 对称的图形，对折后能完全重合的这条折痕，我们就把它叫做"对称轴"！（板书：轴）

师： 同学们，这些图形，我们通过对折，发现它们能完全重合，我们就把它叫做"轴对称图形"。（手指板书，边说边把对称图形与对折，对折与完全重合，完全重合与对称图形连线）

[点评：这里设计了一个对"折痕"比较的过程，让学生在辨析中加深对"对称轴"的理解，知道只有把对称图形对折后，能完全重合的折痕才是"对称轴"。]

（五）判断

师： 今天呀，老师还带来了几位老朋友，它们想和大家玩一个游戏。等会它们出来的时候，如果你们认识它，就大声打个招呼吧！

师： （慢慢贴上正方形、长方形、一般三角形、等边三角形、等腰梯形、平行四边形、圆等图形）

师： 在这么多老朋友里，有没有我们今天认识的轴对称图形呢？这呀，是我们这次游戏的主要内容。既然是游戏，我们就先订一个游戏规则。

师：老师等会儿会一个一个拿出图形，给同学们判断。如果你认为它是轴对称图形，老师说判断，就请起立；如果你认为它不是轴对称图形，老师说判断，就坐着不动。明白没有？

生：明白了！

师：好，我们现在开始了。

师：（拿出正方形）想一想，该起立还是不动，想清楚哦！判断！

生：（全体起立）

师：恭喜同学们，你们都答对了。请坐！这个正方形是轴对称图形！（边说边把它贴在黑板左边）

师：（拿出长方形）判断！

生：起立！

师：很好，请坐！这个长方形也是轴对称图形。（边说边贴）

师：（拿出一般三角形、等边三角形、圆、等腰梯形——给学生判断，最后，拿出平行四边形）判断！

（大部分同学坐着不动，有五六个同学起立）

师：哎，我怎么发现有的同学坐着，有的同学站着呀？

师：请说一说自己的看法吧！

生1：如果对折的话，这个平行四边形两边是一样大的，所以我认为它是轴对称图形。

生2：不对！因为如果对折的话，它不能完全重合，所以它不是轴对称图形。

师：看样子，你们对平行四边形的判断有了两种不同的结论，起立的同学先请坐下。

师：现在请拿出②号信封中的平行四边形，一起来研究研究，它到底是不是轴对称图形呢？

（小组合作研究，探讨）

师：老师现在想知道你们的看法。

生：平行四边形不是轴对称图形，因为它对折后不能完全重合。

师：同学们，你们都赞成吗？

生：赞成。

师：通过刚才的活动，你们觉得在判断一个图形是不是轴对称图形的时候，什么最重要?

生: 对折, 完全重合。

师: 接下来, 老师要给你们看的是几个字母图形, 它们都是轴对称图形。老师只能给你们看图形的一半, 你们要猜出是个什么字母。(教师先后出示 U、I、X、W, 给学生猜, 然后按照 WU XI 的顺序贴在黑板的左边)请同学们连起来拼一拼, 看是什么?

生: 是无锡。

师: 对啦, 这就是同学们生活、学习的地方, 美丽的无锡!

[点评:"无锡"(WU XI)的出现, 令学生特别振奋, 为后一段学生的创作提供了精神动力。]

(六) "做" 轴对称图形

师: 刚才有同学问老师, 桌子上的水彩、彩色笔、剪刀、彩色纸、白纸、格子纸有什么用呀? 现在我就告诉大家, 老师要请同学们自己动手来做一个美丽的轴对称图形。

师: 别忙着动。先想一想你打算选择哪些工具, 怎样去做一个轴对称图形? 老师要看看我们班的同学能想出多少种不同的方法!

师: 想好的同学, 就开始吧!(播放音乐"好一朵美丽的茉莉花")

(教师巡视, 指导学生把作品贴在黑板的右边)

师: 我们一起来看看黑板, 左边是我们大家找出来的轴对称图形, 右边是同学们用自己灵巧的双手创作出的轴对称图形, 美吗?

生: 美!

[点评:这时黑板上既有自己找出的轴对称图形, 也有自己动手创作出来的轴对称图形, 黑板上的板书也给学生充分展示了一个对称美的画面, 此刻的孩子们特别兴奋。]

(七) 生活中的对称

师: 其实呀, 对称不仅给人以美的感受, 它还有一定的科学性呢, 你们知道吗?

师: (播放课件)眼睛的对称, 让我们看物体更加准确;耳朵的对称, 让我们听声音更加清晰, 有立体感。蜻蜓的对称是为了平衡的需要, 我们受到启发, 设计出来的飞机才能够平稳地飞翔在蓝天。

师：在我们的生活中有许多物体，有的是大自然中的对称现象，有的是人们受到这些对称现象的启发，设计出的许多具有对称美的东西！对称，始终给人以和谐美的感受！现在让我们在"春天的故事"这曲优美的旋律中，来看看老师生活的城市——深圳，看看你能不能从中体会到对称美呢？（播放视频）

[点评：这是一节概念课，学生在这节课中要接触的概念有"对称"、"平面图形"、"对称图形"、"重合"、"完全重合"、"轴"、"轴对称图形"等。老师成功地使用对比的策略，使得这一系列概念的建立过程有趣又到位。

在循序渐进中对比，区别易混淆的概念。如"对称"这个概念，老师引导学生循序渐进地经历了"物体的对称现象"——"画下来成平面图形"——"对称图形"这样三个阶段，使学生对"对称"和"对称图形"两个既有联系又有区别的概念印象深刻。

通过设问对比，帮助学生理清思路。我们欣赏一下课中几次巧妙的设问。第一次是老师让学生运用感知把一些要研究的图形分成对称的和不对称的两类后，老师指着学生认为是对称的图形问："你怎样证明它们是对称的？"从而"逼"学生想出"对折"的方法，而不是老师直接要求学生对折，使得接下来的操作活动是为了解决问题的需要，而不是执行老师的指令。第二次是对折不对称的图形后问："这些图形对折后重合了吗？它们一点点重合都没有吗？"从而引出了"部分重合"和"完全重合"；第三次是打开对折的对称图形后，没有立即指出折痕就是对称轴，而是与其他折痕比较，问："这些折痕与你们的折痕有什么不同？"从而引出能使两边完全重合的折痕才是这个图形的对称轴。

在操作中对比，理解概念的内涵。如"完全重合"这个概念，许多时候，老师们只要求学生对折一下对称图形，就引出概念。但老师却不但让学生对折对称图形，还要求学生对折不对称的图形，再要求打开已对折的图形。三次操作引起学生的三个发现。第一次操作，发现了"重合"；第二次操作，发现了"部分重合"和"完全重合"，可以说，如果没有"部分重合"，"完全重合"的概念就是苍白的；第三次操作，引出了"轴"。]

（本节课由深圳新莲小学校长赖梅兰点评）

四、玩中"逼"出法则

——"比较数的大小"教学实录与点评

[知识点分析]

比较数的大小，学生是有经验的，一方面，他们在以前学习 10 以内、20 以内、100 以内的数时都比较过数的大小；另一方面，在日常生活中，他们也多次接触甚至亲自解决过此类问题。这节课，主要让学生探索万以内数的大小比较的方法，使学生体会到比较数的大小是有现实意义的。教学时，应创设情境，尽量调动学生的生活经验和原有的知识基础，让他们把旧知识和已掌握的方法迁移应用，用自己的方法去解决问题，再自己总结出比较数的大小的方法。

[实录与点评]

（一）位数不同的数比较大小

1. 填空

（1）填写表（一）

	最小的	最大的
一位数	1	9
两位数	10	99
三位数	100	999
四位数	1000	9999

（2）写出比最大一位数大的数：15、39、58、70……

写出比最大两位数大的数：102、109、589、890……

写出比最大三位数大的数：1009、3988、9005、6326……

2. 同组互相讨论，发现规律

学生发现：

(1) 一位数都比 10 小。

(2) 两位数从 10 起，且都比 100 小。

(3) 三位数从 100 起，且都比 1000 小。

……

3. 分类

出示数字卡片：

853　47　100　5640　98　63　807

857　3840　454　56　3510　8790　3529　45

(1) 学生动手分卡片。

这些数按位数的多少，可以分几类？

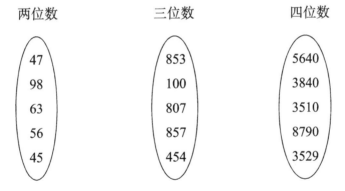

两位数	三位数	四位数
47	853	5640
98	100	3840
63	807	3510
56	857	8790
45	454	3529

(2) 观察思考，揭示规律。

得出结论：一位数＜两位数＜三位数＜四位数

提问：怎样根据位数的多少，得出位数多少与数的大小的关系？

归纳：位数不同，位数多的数大，位数少的数小。

(二) 位数相同的数比较大小

1. 第一次抽签游戏活动（从高位抽起）

游戏规则：

（1）每次指定两组各派四个代表上来抽签。

（2）第一次抽到的数字放在千位上，第二次抽到的放在百位上……

（3）哪一组抽到的数字组成的四位数大，那组就赢。

（4）玩到能看出确定胜负时，本轮比赛结束，可进入下一轮。

<table>
<tr><td colspan="4">第一组</td></tr>
<tr><td>千</td><td>百</td><td>十</td><td>个</td></tr>
<tr><td>8</td><td></td><td></td><td></td></tr>
</table>

<table>
<tr><td colspan="4">第四组</td></tr>
<tr><td>千</td><td>百</td><td>十</td><td>个</td></tr>
<tr><td>5</td><td></td><td></td><td></td></tr>
</table>

第一组先抽到⑧，第四组抽到⑤（把8与5的卡片分别贴到千位上）。

师： 能不能决定输赢？哪一组赢了？为什么？

生： 第一组赢了，因为8个千比5个千大。

师： 假如第四组百位上抽个⑨，第一组百位上抽个⑥，第四组能否赢回来？

生1： 不能，因为百位就是抽到9，也只代表900，都不够1000，而刚才第一组比第四组多3000。

生2： 老师，不用再抽了，胜负已经知道了。玩下一轮吧！

2. 第二次抽签游戏活动（从低位抽起）

师： 现在我们修改游戏规则后再玩这个游戏，请注意规则修改后，有什么变化。

游戏规则：

（1）每次指定两组各派四个代表上来抽签。

（2）第一次抽到的数字放在个位上，第二次抽到的放在十位上的……

（3）哪一组抽到的数字组成的四位数大，那组就赢。

（4）玩到能看出确定胜负时，本轮比赛结束，可进入下一轮。

<table>
<tr><td colspan="4">第八组</td></tr>
<tr><td>千</td><td>百</td><td>十</td><td>个</td></tr>
<tr><td>4</td><td>2</td><td>9</td><td>3</td></tr>
</table>

<table>
<tr><td colspan="4">第五组</td></tr>
<tr><td>千</td><td>百</td><td>十</td><td>个</td></tr>
<tr><td>7</td><td>3</td><td>5</td><td>8</td></tr>
</table>

第八组先抽到③，第五组抽到⑧（把3与8的卡片分别贴到个位上）。

师： 现在能定胜负吗？可以玩下一轮了吗？

生1： 虽然8比3大，但还不能确定胜负。

师：为什么？

生 2：因为 8 是代表 8 个 1，3 是代表 3 个 1，如果十位第八组抽的数比第五组大，就可能赢。

师：那我们接着抽吧！

第八组先抽到 ⑨，第五组抽到 ⑤（把 9 与 5 的卡片分别贴到十位上）。

师：目前哪个组抽到的数比较大呢？

生 1：第八组。

师：现在能定胜负吗？

生 2：还要看百位。

师：是不是抽了百位就可以定胜负了呢？

生 3：还不行。

生 4：要所有的位都抽出来，才知道谁能赢！

第八组先抽到 ②，第五组抽到 ③（把 2 与 3 的卡片分别贴到百位上）。

第八组先抽到 ④，第五组抽到 ⑦（把 4 与 7 的卡片分别贴到千位上）。

生：4293＜7358，第五组赢了！

3. 第三次抽签游戏活动

师：现在我们再次修改游戏规则，请注意规则修改后，有什么变化。

游戏规则：

(1) 每次指定两组各派四个代表上来抽签。

(2) 每一次抽到的数字可以由抽签者自己决定放在哪一位上。

(3) 哪一组抽到的数字组成的四位数大，那组就赢。

(4) 玩到能看出确定胜负时，本轮比赛结束，可进入下一轮。

第三组

千	百	十	个
			3

第六组

千	百	十	个
	7		

第三组抽到 ③，学生把 3 放到个位上，第六组抽到 ⑦，学生把 7 放到百位上。

师：请你们说说，为什么这样放？

生 1：我抽到的 3 太小了，放在个位比较好，让出高位，给大数。

生 2: 我抽的 7 比较大，本来想放到千位，但要是等一下我们组还有人手气比我好，抽到 8 或 9，放在千位更好，所以放在百位。

师: 要是等下抽到的数都比 8 小，怎么办？

生 2: 那也没办法，搏一搏呗！

生 3: 也不一定输，还得看第三组抽到什么数。

   ……

生: 第三组赢了，因为 9853＞6727。

4. 讨论

师: 从以上游戏中，你想到了什么？

生 1: 四位数和四位数比大小，要从千位比起，一位一位往下比。

生 2: 如果千位的数一样，就看百位，百位上的数小这个数就小，百位上的数大这个数就大。

生 3: 如果千位上的数大，百位就不用看了。

生 4: 就是一位一位往下比。

5. 小结（略）

（三）学生活动

1. 把集合圈内的两位数按从大到小的顺序排列。

   98＞63＞56＞47＞45

2. 把集合圈内的三位数按从小到大的顺序排列。

   100＜454＜807＜853＜859

3. 把集合圈内的四位数按从大到小的顺序排列。

   8790＞5640＞3864＞3529＞3510

（四）总结

师: 这节课学会了什么本领？

生: 我学会了怎样比较数的大小。

师: 说说，怎样比较数的大小？

生: 比较数的大小有两种情况。位数不同的数比较大小，位数多的数大，位数少的数小；位数相同的数比较大小，从最高位比起，一位一位往下比。

（五）练一练

1. 在下面的□里填上"＞"、"＜"。

389 □ 402　　3940 □ 5230　　1020 □ 999

2. 按照从小到大的顺序排列下面各数。

（1）940　　9893　　1001　　914

（2）3005　　3050　　3500　　3049

（六）游戏活动

1. 对出数

（1）老师说一个数，如 3760，学生说比这个数大或小的数。

（2）指定两名学生到讲台前面来说。

（3）同组中两个学生互相说。

2. 站位置

每 4 位同学一组，共两组，每人拿一张数字卡片（③ ⓪ ⑤ ⑦），按要求很快站在合适的位置上，组成一个数，并合作报出这个数。

（1）最大的四位数（⑦ ⑤ ③ ⓪），并报数（七千，五百，三十）。

（2）最小的四位数（③ ⓪ ⑤ ⑦），并报数（三千，零，五十，七）。

3. 用⑤ ① ③ ⑦四张数字卡片，按从大到小的顺序写出所有不同的四位数

［点评：在传统的课堂上，老师通常把知识怎样形成，问题怎样解决以及解决的策略和结果都通过讲解呈现给学生。具体到比较数的大小，一般是先教比较数的大小的方法，再运用这个法则判断或比较两个数的大小。而这节课，没有教比较大小的方法，老师就让同学玩抽签游戏，规则是：通过一位一位数的抽签，哪个组最后抽出的数大，这个组就赢了。老师不断改变规则：从高位抽起；从低位抽起；每抽出一个数，可以自行决定放在哪一位上。前两个规则，直接与法则相联系，而第三个规则则发展了学生的策略意识。游戏后，老师及时让学生总结判断两个四位数的大小的方法，由于有了前面的活动和讨论，学生就有了要说的话。"比较两个位数相同的数的大小，先比较它们的最高位……"这样抽象的法则，变成了学生生动的

语言。

我们常常看到数学课上开展的各种活动和游戏，但并不是在数学课上开展的活动都是数学活动，数学活动应该包含着数学知识或数学思想、数学方法，并与本节课学习的知识有联系。较早在教学中提倡活动教学的西方国家已经注意到了这一点，"学习通过活动产生，并主动或被动地包含着数学。"就是美国国家数学课程标准规定学生数学活动的两个原则之一。这节课玩的抽签活动，既有趣，又充满了数学的概念。不管从低位或高位抽起，每抽出一个数位上的数，都会引起孩子们的关注和思考，抓住这种时机及时让他们讨论，"现在可以确定胜负了吗？为什么？"这样就把比较数的大小法则背后的道理，由学生分析出来了。我们可以设想，如果在出现法则之后玩这个游戏，学生的情绪、收获和感悟一定是不相同的。]

（本节课由深圳市福田区教育研究中心罗忱红点评）

五、在问中展现智慧 在分享中领悟本质

——"垂直"教学实录与点评

[知识点分析]

"垂直"这一内容是学生在初步认识直线以后，首次接触直线与直线的位置关系。在同一平面内的两条直线可能相交，也可能不相交。不相交的两条直线互相平行。相交成直角的两条直线互相垂直，垂直是特殊位置的相交。本课时主要以理解"垂直"这种位置关系为重点，在此理解的基础上，认识垂线和垂足，并能用各种方法画出互相垂直的直线，并通过这些活动，体会垂线的一些特性。

[实录与点评]

（一）近生活导入，埋下新知伏笔

师：请同学们在自己的本子上写下今天上课老师的名字，写好的同学就在黄老师名

字旁边写上你的名字。你的名字会写吧！

师：知道我为什么要叫你们写两个人的名字吗？

生：这样可以让我们互相认识。

师：他说把名字写在本子上，我们就互相认识了，他用了四个字叫"互相认识"。

师：什么叫互相认识？

生：就是两个人之间都互相了解。

师：比如说我和你互相认识，意思就是我和你互相了解。我了解你……

生：我也了解你。

师：哦，原来是这样！那能不能这么说（对我来说）：我认识你，你认识我，可以吗？

生：可以。

师：好，谢谢！非常好。如果说从互相认识的角度来说，我理解了，我认识你，你认识我。

师：今天希望我们不光到认识的程度，我还有更多的想法。还希望能够成为"朋友"（板书）。

师：怎么理解成为朋友呢？说到朋友起码要有两个人吧，一个是甲，一个是乙。甲和乙成为朋友，就说明甲就是乙的朋友，同时又说明乙也是甲的朋友。我要不要再画一个，再画就要怎么画了？

生：从乙这里画到甲这里。

师：那么意思就是说，两个人"互相成为"朋友，就说明甲是乙的朋友……（一起来说）

生：甲是乙的朋友，乙是甲的朋友。

师：如果说甲是乙的朋友，乙是甲的朋友，就能说明这两个人互相成为朋友。那么你们愿意吗？愿意和我成为朋友吗？

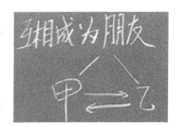

生：愿意。

师：太好了，如果大家真的愿意成为我的朋友，我就非常高兴地想上今天这节课了，要不我们上课，好吗?

生:好。

师:上课。

[点评:名师黄爱华的授课,开课都特别新颖。面对陌生的学生,黄老师以家常式的谈话,迅速拉近了与学生们的距离。他从与学生交流中引出"互相"一词,到理解"互相"的意思,学生通过:互相认识、互相成为朋友……进而为引出授课的主题"互相垂直"埋下了伏笔。整个过程自然流畅,让学生和听课的老师都被深深地吸引住了。]

(二) 抓文本核心,提出关键问题

师:要上课了,向这个(手指黑板板书)是擦了还是留着?

生:留着。

师:是不是很喜欢这些文字和箭头?这些文字当中你最喜欢哪个文字?

生:互相成为朋友。

师:如果在这些符号里头,你比较喜欢谁?

生:箭头。

师:非常好,既然大家喜欢我们就把它留着。

师:好,今天上课之前在黑板上写了,嘴巴里也说了,我们总用这个词语"互相"。
"互相"就是表示两个对象之间同等对待的关系,我们生活中常说"互相学习",什么意思呢?

生:我学习你的优点,你学习我的优点。

师:说的真好!继续,"互相帮助"的意思就是:你帮助我,我帮助你。

师:我们现在再看,刚刚说的是两个人,互相学习、互相帮助。现在看到的这四个字是我们今天数学课堂上要研究的数学知识,一起读一读。

生:互相垂直。

师:在这四个字里面,前面的两个字我们已经有点熟悉了,接着前面的这两个字,是不是应该表示两个对象之间的关系啊?它是表示两个人吗?(不是)那它应该表示什么呢?

生:两条线。

[点评：学生借助两个经常发生的"互相"事件"互相帮助、互相学习"，更深一步理解"互相是两人或两个物件之间的关系"。"互相垂直表示人和人的关系吗？那它应该表示什么？"此问一抛，学生自然而然地将研究视角从生活场景转向数学课堂，借助前一环节的两个"互相"事件直指核心概念"互相垂直是指的两条直线的位置关系"。如此衔接水到渠成，也便于学生理解概念。]

师：好，这四个字有一个字不大好写，特别是第三个字，特别是笔顺容易错啊！我们把手指伸出来和老师一起写一写，这个"垂"字怎么写（演示"垂"的写法）。老师在黑板上写了三个垂字。

[点评：演示汉字"垂"的写法，并与学生一起书空，此法教学真是匠心独具，一举多得。不仅让学生感觉耳目一新，而且巧妙地突出了本课的重点，加深了印象，并为板书做了铺垫，也让学生对接下来的学习内容充满了好奇与期待，让课堂具有了磁铁般的吸引力。]

师：你知道为什么要写三个吗？因为今天我们既要认识"垂直"又要学习"垂线"，还要认识"垂足"（在垂字后面分别板书），这都是我们今天这节数学课要研究的问题，那么数学规定什么叫"垂直、垂线、垂足"呢？（分别在三个词后面加上三个"？"）

这是我们今天这节数学课要研究的非常重要的问题，等会儿老师就会在电脑里显示答案，当老师显示答案的时候，你们是想让老师讲给你们听，还是自己研究呢？你会怎么研究呢？

生：用尺子量。

师：可能会用到尺子，可能用尺子哪个部分量，哦不说了……

师：我建议同学们先看看，再想一想，必要的时候动动手和旁边的同学说说话，然后还可以把不懂的问题理出来，必要的时候可以问问同学包括我，好不好？

生1：我们有不懂的你来解答。

生2：互相学习。

生3：我们还可以互相帮助，把自己的问题弄明白了，既能给别人解答，自己也学到了知识。

师：好像没有一个同学说，黄老师你就坐在凳子那里歇会儿吧，那就是希望我就在你们身边。好，就这么的了。那就准备开始啰，你们都清楚今天要研究什么了吗？

生： 清楚。

师： 好！我们来看看屏幕，今天要研究的三个问题分别是这样的，是这样的，这样的……（屏幕显示问题）

[点评：随着对三个"垂"字的补充完善，黄老师精心预设的大问题清晰、直接地呈现出来：垂直？垂线？垂足？直指目标，干净利落。同时老师每次看似随意的对话"你们是想让老师讲给你们听，还是自己研究呢？你会怎么研究呢？"都是在不断启发和交给学生探究的策略和方法，其教学真的做到了雁过无痕、润物无声。]

（三）悟概念本质，完善知识建构

1. 认识垂直

师： 我还是先坐下歇会儿。好，非常认真、投入，你们就这样两个手放着看啊？还可以做点别的嘛！

（学生打开书要抄写）

师： 不用抄，书上有现成的，说话，和旁边的人说说话，有什么问题你手一招，黄老师就过来了。我们已经过了第二个阶段来，看屏幕！数学上是这样规定的：

> **当两条直线相交成直角时，这两条直线互相垂直。**

（沉默了几秒，学生认真看）

> **其中一条直线叫做另一条直线的垂线。**

（沉默了几秒，学生认真看）

> **这两条直线的交点叫做垂足。**

（学生开始动手操作了）

师：同学拿出吸管了，他大概是打算把它当做两条直直的线开始摆了。这个同学教
　　他了，厉害、厉害！（巡视）你看看都是小老师啊！

（学生很依然很安静地坐着）

师：不如我们集体来问问题吧！我特别欣赏会问问题的同学，谁愿意问问题？你觉
　　得什么问题可以拿出来和同学们讨论讨论。

师：我们这个同学想提个问题，我们来听听。

　　［点评：幽默的对白、机智的引导，让孩子们从无从下手，到尝试解决问题，我
们看到是黄老师的循循善诱而非急于求成，真正是放下身段，从孩子的视角去思考
问题、组织教学。］

　　学生一问：

生：两条都可以叫垂线吗？（学生又小声地重复了一遍）

师：（调侃）他的声音由强到弱。两条都可以叫垂线吗？非常好的问题。

师：两条都可以叫垂线吗？

生：可以。

师：那他的问题解决了吗？注意他为什么会问出这样的问题？他看的是第几句话？

　　（学生读黑板的板书：其中一条直线叫另一条线的垂线）

师：读完以后你怎么告诉他，为什么两条线都是垂线？

生：这条是那条的，那条也是这条的，那两条就互相垂直了。

师：哦！有点意思，真棒，真棒！

　　小结：这个话题里头哟，特别一条叫做这一条，另一条叫做这一条，所以这两
条就互相垂直。一个非常有水平的问题，还有吗？

　　学生二问：

生：如果一条线比另一条线长，另一条线比这条线短，他们形成的夹角还是90°，
　　这算垂直吗？

师：厉害啊！

生1：我觉得应该算是垂直，因为如果把这根吸管拉长，另一个没有拉长，它们还
　　　是可以形成垂直。

生2：角的大小与边的长短无关。

师：咱们这里研究的是两条什么线？直线是可以无限延长的。那我们告诉他答案：

还是互相垂直。非常有水平的第二个问题。

[点评：面对新的课题、陌生的环境和老师，在这样大的会场，学生敢于大胆提问，并能抓住要领，实属不易。这是大问题下创设的平等和谐、自然亲切、宽松民主的课堂氛围，给我们带来不一样的精彩。随着问题的解决，对垂直的认识开始由表及里，慢慢深入。]

学生三问：

生：当两条直线相交不成直角时，还叫互相垂直吗？

师：相交不成直角，摆给我们看一下，那这种情况还叫互相垂直吗？有没有这种可能？

生：有。

师：在这种情况下还叫互相垂直吗？

生：不叫。

师：数学上是怎么规定的？书上是怎么说的？

生读书上的话："当两条线相交成直角时，这两条直线互相垂直。"

师：你知道那个地方为什么写个"当"呢？两条直线相交有很多种情况，当两条线相交成直角时，这种特殊情况下，才能叫互相垂直。那相交不成直角时叫什么呢？

生：叫相交。

师：那互相垂直不也相交吗？

生：特殊的相交。（响起笑声）

师：非常棒啊！垂直属于特殊的相交。另外一种呢？

生：是普通的相交。（笑声更大了）

师：一种是特殊的相交，还有一种是普通的相交。数学上叫一般的相交。不是吃的香蕉，说的是这种相交。听懂没有？厉害，厉害，你给我留下了深刻的印象。

学生四问：

师：又一个问题过去了。我问一个问题好吗？什么叫交点？

生：两条直线相交的地方叫做交点。

师：两条直线相交是不是一定有一个点，叫做交点。

师：同意吧。同学们好厉害啊，学得多好啊！不如我们把相关的知识梳理一下，等下电脑一翻页就没有了。

师：我们把垂直这个问号打开，你认为什么叫垂直？要推选几个关键词你认为是谁？

生：（纷纷抢着说）相交、直角、两条、直线。

（老师根据学生的回答一边板书、一边补充学生的回答）

小结：没错。当两条直线相交成直角的时候，这样的两条直线叫做互相垂直。

　　［点评：至此，"互相垂直"的概念已完全呈现给学生。教师引导学生总结、圈出概念"互相垂直"的关键，形成知识结构：两条直线→相交→直角→互相垂直。学生自己提炼出"两条直线"、"相交"和"直角"这三个互相垂直的关键因素，说明新知建构已经基本完成，学生的理解已融入已有知识体系之中。］

师：老师把问号打开了，同意吗？老师这里有一根红色粉笔，我非常想把有些词语当中非常重要的词语圈出来，你觉得我应该圈谁？为什么？为什么？如果让你来圈你会圈谁？为什么？你站出来要说："因为……"好，和你的旁边的先说一下。（学生开始讨论起来）

　　教师请一个同学来到讲台，并叫住了他说："来来来，你面朝这边。"（指面向黑板）

师：这位同学马上就要拿着这支粉笔在黑板上圈了，猜猜看他可能圈谁？

生：能不能圈两个？

师：你来做主。

生：圈"相交"和"直角"。

师：到底是"相交"还是"直角"？

生：就圈"直角"。

生：还有"两条直线"，如果不是两条线就不行。

师："两条"要不要圈？

生：要圈。

生：相交。

师：那到底有没有可能不相交？平面上有没有这种可能？你摆摆看嘛？

（学生们利用自己准备的吸管开始摆了起来）

师：大家说了那么多，你想圈几个？

生：第一个圈"相交"，还有"直角"、"两条直线"也要圈。

师：这个学生把几个词都圈出了。（下面的学生笑了）

师：怎么都圈了？没错的，其实数学里的每个概念都是非常重要的，能体会到这一点吗？

[点评：学完概念之后，黄老师摒弃了常用的反复读、背等方法，通过让学生用红色粉笔圈起来他认为重要的词语的形式，加强学生对概念的理解与记忆。这样不仅兼顾了不同层次的学生，也交给了学生记忆和理解概念的方法。]

2. 认识垂线

师：那我们研究了半天，我觉得要真正理解和掌握，咱们应该在黑板上画出一组互相垂直的线来，我们画一画好吗？

这里有把尺子，你说我第一条应该画在哪儿？（演示）

生：随便画。

师：随便画也可以吗？（老师用尺子在黑板上横着、竖着摆了几次，选择了将尺子斜着摆）难道也可以这样画吗？

生：可以。

师：像这样一条线也有和它垂直的线吗？你想象一下长什么样？

生：是个×。

演示：我们试试看。（老师在黑板上慢慢地演示起来）

画完之后，老师用手势与同学沟通起来，学生聚精会神地观察并对老师所画的

垂线进行点评。

　　［点评：给一条斜着摆放的直线画垂线，"你能想象是什么样吗？"这一设计抓住了作垂线的难点，让想象在前、动手在后，既发展了学生的空间思维，也让操作变得有效。手势的比划、无语的交流充满了幽默，让学生的学习格外轻松、投入。］

师：之所以不讲话是因为没有话筒。（笑声）刚才说到哪里了？这是互相垂直吗？是直角吗？画在哪儿？有人说有四个直角。

师：如果把这条直线起个名字叫直线 a，另一条叫直线 b，我们能用这样的文字说一句话吗？

　　（指用"两条线相交成直角时，这两条直线互相垂直"这句话）

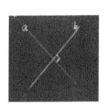

生：a 和 b 互相相交就互相垂直了。

师：能不能用"因为……所以……"来说，和你的同坐说一说。

生：因为直线 a 和直线 b 相交成直角，所以它们互相垂直（再齐说一次）。

师：学到这里，大家认不认同我们互相垂直的问题已经解决了？

生：认同（老师擦去板书"互相垂直"后面的问号）。

　　［点评：让学生直接说出谁和谁互相垂直，是为了抓住新知的核心。若能准确辨别互相垂直的一组线段，那么谁是谁的垂线，则是按固定格式表达即可，建模成功！］

师：接下来我们打开第二个问号"垂线"。我们改变一种办法，不要整理关键词了，谁愿意上来做个小老师，抢掉老师的话筒拿着话筒到黑板上讲给我们听。同座位商量一下你会怎么讲？商量一下，你的角色改变了，做小老师了！

　　（一个学生在老师的鼓励下，走上了讲台，并挑选了一个话筒）

师：你愿意啊！你来啊！要哪个话筒？好！像电视台主持人一样。商量一下，你上台了我去哪里？我给你个选择：是站在边上还是坐到你的座位上？

生：边上吧，不是说互相帮助吗。

师：明白，明白，好好。

生：我想用画图的方式来讲解。（孩子面向老师开始讲解）

师：你不是教我，是教大家。

　　（孩子开始面向同学自信地讲解起来）

生： 不是说一条直线是另一条直线的垂线，所以必须要有两条直线。

比如说直线 A 是直线 B 的一条垂线。直线 A 垂直于直线 B，也就是说直线 A 和直线 B 互相垂直。

（台下老师给了一些掌声）

师： 台下的老师好给你面子哦！你知道老师为什么给你鼓掌吗？

你有三个优点：1. 你一上来就说我准备用画图的方法来讲解。2. 然后你讲的过程全是对的。3. 你后来没画图，这里有图你就指着图来讲。讲得真的蛮好的。你要走？你真准备走了，问题是你走了就走了什么也没有留下来啊！你看老师在黑板上写了那么多，你一个字也不写啊？

生：（学生开始转身拿起粉笔，面对黑板有些不知所措，犹豫了一下开始望着老师，希望给与指点）

生： 我打算画图。

师： 随你，这个讲台你做主，看看怎么办？（语气里充满信任）

生：（还是不知道该写些什么？）

师： 他想干什么？你稍微理一理再讲，我们互相帮助一下，他刚才讲的你们都听懂了吧。（上前扶住孩子的肩膀对全班同学说）

师： 他说我们举个例子吧，就像这样两条互相垂直的直线，直线 a 就叫做直线 b 的垂线，他讲得好不好？他又说直线 b 就是直线 a 的垂线，讲得对不对？你们都学会了吗？请大家把手指伸出来，跟我们一起学，教吧！

（学生开始转身对着黑板上的图试着讲解起来，老师一边提醒一边和孩子一起讲解起来）

生： 直线 a 就是直线 b 的垂线，直线 b 就是直线 a 的垂线。

（学生开始自信地讲解起来）

师： 给他掌声。

（同学们中间响起了掌声）

［点评：从自己在黑板上圈出关键词到上台做小老师，黄老师不断变换教学策略，多元的教学方法由引到放，使学生从小声嘀咕到大胆提问，从不知所措到自信大胆地上台讲解，是智慧的对话开启了孩子们的智慧之门，衍生了精彩不断，给了他们最大的展示空间。］

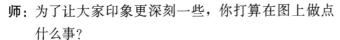

师：为了让大家印象更深刻一些，你打算在图上做点
　　什么事？

　　（老师将孩子引到黑板的另一边，对着先前的板
书，无声地用手势比划了几次）

　　（在启发下，孩子开始边板书边讲解，语气自信了
许多）

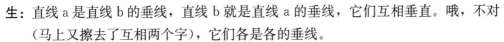

生：直线 a 是直线 b 的垂线，直线 b 就是直线 a 的垂线，它们互相垂直。哦，不对
　　（马上又擦去了互相两个字），它们各是各的垂线。

　　（"各是各的垂线"这句话把台上的同学都逗乐了，老师也笑了起来）

师："各是各的垂线"，应该说互相成为垂线嘛。写下来，非常好！你很棒，很厉害。

生：互相成为对方的垂线。（边说边板书）

师：给不给掌声？（同学们掌声一片）这是一个很有水平的老师，他受到前面的启发
　　就对着这里的 a 和 b 来说，a 是 b 的垂线，b 是 a 的垂线，这是一个具体的表
　　达，然后他又概括了一下，也就是 a 和 b 互相成为对方的垂线。厉害，课本里
　　都没有这句话，我觉得你这句话完全可以写在课本的这一行。发个信息，写一
　　份邮件给编者，告诉他"其中一条直线是另一条直线的垂线"这句话同学们基
　　本能懂，但是还不够明了，还要加一句，你说……

生："它们互相成为对方的垂线。"（讲台上的同学立刻接上了自己写的那句话）

师：这时候编辑老师给你回了一份信，他说：你提的真好，就是这句话有点啰嗦。
　　（一片笑声）

师：你不觉得吗？什么互相成为对方的垂线，人家编书的人四个字就搞定"互相垂
　　直"。"互相成为对方的垂线"想办法浓缩、想办法概括、想办法只变成四个字。
　　（有学生说："成为垂线"）

师："成为垂线"好像没有把那个意思表达出来，谁和谁成为垂线？

生：互相垂线。

师："互相垂线"现在叫"互相垂直"，感觉有点别扭，刚才是互相什么垂线的啊？

生：成为。

师：我和你商量看你同不同意，我们把"对方的"三个字拿掉是完全可以的，这样
　　就变成了"互相成为垂线"可不可以？"其中一条直线是另一条直线的垂线，这

两条直线互相成为垂线。"编辑说你改得真棒！但和上面的"互相垂直"四个字比较，你这是六个字。互相成为垂线能不能也简约一下，"互相交叉"你还能叫"相交"呢，"互相成为垂线"我们能不能也用四个字说？

生：互成垂线。

师：有人说"互成垂线"，也有人说"互为垂线"如何？"互为"就把互相的意思表达出来了，"为"就把成为的意思表达出来了。可以啊，那我们就把"相和成"划掉了，这样就有了"a 和 b 互为垂线"。（老师在学生的板书上划去"相、成"）哇！那就不是一般的水准啊。来，把书再改一下："其中一条直线叫做另一条直线的垂线，这两条直线互为垂线。"

（学生随着老师的引导一起说）

师：哇！老师们给他们掌声，这就是我们麒麟部四（1）的小朋友，厉害！果然不同。

［点评：美国数学家莱许说："数学概念的建立实物操作是发展概念的一个方面，其他的表述方式如：符号语言、图像、现实情景、口头语言、隐喻、手势等同样发挥着重要的作用。"而黄老师的概念教学正如上所说，极大地丰富了数学中意义建构的重要来源。同时对学生已有的认知框架不断作出必要的改造或重建，使之在不同方面建立了普遍的联系。］

师：（老师再次走到黑板前，指着板书）你看我们画成这个样子哦！

生：在这里写……

师：你写！

生：（开始在板书"垂直"前加上了"互为"两个字）加上"互为"。

师：把问号擦掉。厉害，可以了。这 a 和 b 我们把它写在这里也可以画到图上去。

生：（拿起粉笔添上了箭头）

师：再次给他掌声，精彩！

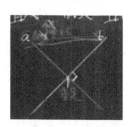

（孩子带着笑容高兴地回到了座位）

师：和编辑写信的事我们课后一定把它落实一下。

［点评：幸福课堂是一个多么令人神往的教学境界。黄老师利用他特有的魅力语言，让评价变得情趣盎然、妙语连珠，

把原本枯燥、难懂的概念教学打造得生动、有趣，让课堂时时充满激辩的精彩、处处流露出幸福的欢笑。〕

3. 认识垂足

师：垂线这个问号打开了，还有哪一个？

生：垂足。

师：垂足谁来？谁来教垂足？（孩子们纷纷举起手）好，你来！

生：我打算用画图的方式来表现"垂足"。两条线相交的点叫做垂足。

（孩子在黑板上加上了"直角"标记，并将垂足的点描得很重）

师：赶紧停下来，圈啊、圈啊！他在不停地画，这不是点是个圆了。小小的一个点哪能画这么大啊！一点意思就行了。

（老师擦去了多余的部分）

师：但是位置很对，把它画圆一点。要不要像他这样做点板书啊？

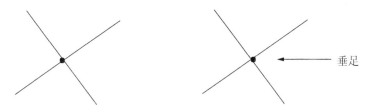

垂足

生：像这个点，就是"垂足"。

师：给他掌声。

（老师又随意画了两条线）

生：这里照样也有一个"垂足"。（并描出了上图中两条线的交点）

（下面的学生纷纷举起手来，黑板上的同学打算把刚才画的点擦掉）

师：画都画了，不要擦了。后面有同学说它不是"垂足"，为什么不是呢？

生：（指着板书说）刚才的两条直线是直的，这两条是斜线。

师：这两条也是斜的。（指第一幅互相垂直的图）

生：这两条相交没有圆点。（下面的学生笑了）

师：这不是圆点啊！你自己画的圆点。（老师指着板书说）

师：他说的两个理由都不成立，最关键的是什么？为什么两条直线相交的点不叫垂足？

生：因为这两条直线不是互相垂直的，所以不叫垂足。

师：你说这两条直线互相垂直吗？相交成直角吗？

生：没有。

师：没有互相垂直就谈不上垂足了。

师：既然这个点不叫垂足，那老师问问你这个点叫什么？给它起个名字。

生：交点。（孩子随即做了板书）

师：意外的惊喜，谢谢！请回到座位。这样我们是不是把这个问号也打开了？（擦去"垂足"后面的问号）

[点评："交点就是垂足吗？"教师从对核心概念中关键词的提取，到基于概念内涵的有意错误发问，无一不是落脚于将新知有机地固化于已有知识。教师故意在黑板上画了两条相交但不互相垂直的直线，让学生判断交点能否写作垂足。面对这个易错点，老师是故意留给学生这个"陷阱"让学生跳进去，使学生通过错误体验深入理解只有"互相垂直的两条直线的交点才叫垂足"。]

小结：我们刚刚研究了互相垂直、互为垂线，接着我们又研究了垂足，你不觉得他们这些概念之间是有关系的吗？互为垂线是不是只那两条线啊？那两条线是哪两条线？是互相垂直的两条线，所以黄老师从这里画两条非常重要的线。（将板书连接起来）而垂足呢？是两条直线相交的交点，所以这里又画一个箭头。（板书）

师：今天这节课我们学会了什么？告诉你旁边的人。你觉得留给你印象最深刻的是哪部分？

生：我印象深刻的是"垂直"，因为垂线和垂足都和垂直有关系。

总结：数学知识是有关联的，当两条直线相交成直角时，其中一条直线是另一条直线的垂线，它们的交点叫做垂足。今天这节课最大的惊喜在于这两个非常了不得的字"互为"。本来我们还可以出示一些图、做一些练习，我想这都不是问题了，今天这节课就上到这里，同学们再见！

[点评：2012年12月24日，特级教师黄爱华来到苏州市枫桥实验小学，为在场的观众献上了四年级《垂直》这一优秀课例。他从容洒脱、运筹帷幄的气度，幽

默诙谐的语言，张弛有度的课堂，令学生们痴迷，也让在场的老师们艳美不已，纷纷不由地感慨：不愧为名师。

除了个人魅力之外，黄老师对《垂直》课堂的设计，构思巧妙，定位精准，有效地突破了教学中的重、难点。向我们准确诠释了新课程理念下，学生、老师在课堂上的角色定位——学生主体、教师引领。以下，我就自己的观点对黄老师执教的《垂直》一课进行一定程度的解析，同时以此反思我们的课堂、我们的教学。

1. 以知怡情，现课堂大气之美。

如果说语文教学是一种情感带动知识的"情知教学"，那么数学教学就是相反的情况：数学教学是用知识来培养一种新的情感，是"以知怡情"。即在数学课上养成一种新的精神，它不是与生俱来的，而是后天获得的理性知识、一种新的认识方式、超越现象以认识隐藏于背后的本质、一种不同的数学美。我想能达到"以知怡情"的境界的数学教学，黄老师首当其冲。

纵观本节课的教学，课堂始终被"情"包围着。由"互相"一词引出"互相认识、互相成为朋友、互相帮助……"从而导入新知，短暂的交流拉近了彼此的距离，教师与学生很快建立起了友情。

"我特别欣赏……"、"你给我留下了深刻的印象"、"这个课堂你来做主"、"台下的老师好给你面子哦！你知道老师为什么给你鼓掌吗?"、"谁愿意上来做个小老师，抢掉老师的话筒拿着话筒到黑板上讲给我们听"……黄老师这一系列激励的话语，让孩子消除了心理的障碍，瞬间点燃了学生表达和展示的激情。

"这位同学们马上就要拿着这支粉笔在黑板上圈了，猜猜看他可能圈谁?"、"其实数学中的每个概念都是非常重要的，能体会到这一点吗?"、"他说的两个理由都不成立，最关键的是什么？为什么两条直线相交的点不叫垂足?"每个问题不仅直指目标，而且交给学生的是学会学习、学会思维的方法，更让学生感受到老师对数学理性思考的真性情。

2. 以问导问，培养学生的提问能力。

郑毓信教授在《数学教师的三项基本功》一书中提到："学生提出问题能力的培养应该被看成教学工作所应追求的一个更高的目标，即由被动地按照教师提问去进行思考逐步过渡到由他们自己去提出问题。"

在这节课上"垂直?"问号的打开正是在学生的"四问""两条都可以叫垂线

吗?""如果一条线比另一条线长,另一条线比这条线短,他们形成的夹角还是 90°,这算垂直吗?""当两条直线相交不成是直角时,还叫互相垂直吗?"……由表及里、层层递进展开的。当然学生这些问题的提出,不仅是因为黄老师具有的高素质,特别是他对"启发性的策略"有了很好的了解,而且是他能根据课堂中的实际情况适当地加以应用,从而真正起到"言传身教"的作用。

3. 多元表征,体悟概念本质。

数学对象并非物质世界中的真实存在,而是抽象的产物。所以我认为数学的概念教学最大的难点在于:①如何使学生的主体思维真正达到一定的抽象水平?②如何将严格的概念定义与其原有的经验和知识作必要的整合,使认识达到一个新的高度?而黄老师"垂直"一课对这两个教学的难点的处理,不仅遵循了概念教学的"心理表征",即让学生经历由"外"到"内"、由"一"到"多"的心理关注,而且将布鲁纳关于学生思维的论述很好地落实在教学中。

布鲁纳说:"学生的思维活动水平主要取决于外在刺激的程度,对此我们可区分出动作的、图像的和符号的这样三个不同的水平……"本课概念的建构正是经历了:借助吸管或小棒等实物进行具体的操作活动来表达;当具体物消失时学生能依据实物的影像在头脑中制作心像,如:用尺子画出互相垂直的两条线,来进行内在的思维活动;最后老师指导学生利用箭头、字母这些数学符号进行思维操作,从而标志着学生的主体思维已经达到了一定的抽象水平。

将学生原本分散的、零碎的内在认识与相应的严格定义作出必要的整合,从而达到一个新的认识高度。黄老师正是利用学生已有知识和经验使相应的定义对于学生而言变得丰富生动起来,而且他充满智慧的引导、师生有效的互动和极富魅力的语言,使概念的得出不再是一种空洞的"词汇游戏",而是对原有知识和经验的重新认识,并作出必要的改造和重构。]

(本节课由深圳市数学名师陈雪梅点评)

六、创造数学符号 体会知识来源

——"循环小数"教学实录与点评

[知识点分析]

"循环小数"是学生较难准确地理解和表述的一个概念，特别是表述其意义的一些抽象说法，学生难以理解。教材通过除法的实例，引导学生观察比较，使学生掌握循环小数的特征，理解循环小数的意义。在此基础上，认识循环节、纯循环小数和混循环小数，并学习循环小数的简便写法。

[实录与点评]

（一）故事引入，做好铺垫

1. 揭示课题

师： 同学们，我们一起来听一段配乐故事好吗？

生（众）：好！

（教师播放录音）

"从前有座山，山上有座庙，庙里有个老和尚，他对小和尚说，从前有座山，山上有座庙，庙里有个老和尚，他对小和尚说，从前……"

（学生们听着配乐故事，不由自主地笑了）

师：（笑着关掉录音机）哪位同学能接着往下讲？

（全班同学人人举手，都要求讲，老师指定一位同学站起来，接着往下讲）

生： 从前有座山，山上有座庙，庙里有个老和尚，他对小和尚说，从前有座山，山上有座庙，庙里有个老和尚，他对小和尚说——

（这位同学讲到这里停了）

师： 怎么不讲了？

生： 这个故事讲不完。

师：（对着全班同学）这个故事能讲完吗？

生：（齐答）讲不完！

师：为什么呢？

生：因为这个故事总是不断地重复说这几句话。

（教师板书：不断地重复）

师：说得很好。在数学王国里，就有一种小数，这种小数，小数部分的数字也会像这个故事里的几句话一样，不断地重复出现。同学们想认识它吗？

生（众）：想。

师：今天这节课我们就来学习循环小数。（板书课题）

2. 结合讲故事的过程，理解关键词

师：如果老师让那位同学不断地重复，一直讲下去，不叫停止，想一想，他要讲多少遍？

生：要讲很多很多遍。

生：要讲无数遍。

师：像这样讲的遍数是"有限的"还是"无限的"？

生：是无限的。

师：他刚才讲的遍数呢？

生：是有限的。

师：同学们，我们听、讲这个故事的时候，总是有顺序地说着四句话，"从前有座山，山上有座庙，庙里有个老和尚，他对小和尚说"，然后不断地重复。这样，又可以叫做"依次不断地重复"。

［点评：用讲故事的方法导入新课，引人入胜，使学生一下子便进入了学习的情境。另外，也使学生初步感知"循环"、"无限"、"不断重复"、"依次不断重复"等概念。］

（二）在实践中探究概念

1. 什么叫循环小数

师：请同学们用竖式计算一道题（出示 10÷3），看看它的商有什么特点？

生：老师，我发现这道除法题除不尽，商总是重复出现 3。

师：为什么会重复出现"3"呢？

生：因为余数重复出现"1"了，所以……

师：这么说，10÷3 的商里有多少个"3"呢？

生：有无数个"3"。

师：既然是无数个，可以怎么表示呢？

生：我认为可以用省略号表示有无数个"3"。

　　（板书：10÷3＝3.3333……）

师：（出示 58.6÷11）这道题的商又有什么特点？

　　（学生除到商是五位小数时，教师要求停笔）

师：想一想，如果继续除下去，商会怎样？

生：商里会依次不断地重复出现"2"和"7"。

师：你是怎样想出来的呢？

生：因为余数重复出现"3"和"8"，所以商就会重复出现"2"和"7"。

师：是不是这样的情况呢？继续除除看。

师：谁能说出这道题的商。

生：58.6 除以 11 等于 5.32727 等等。

师："等等"用什么符号表示？能不能不写省略号？为什么？

生：不能不写省略号。因为只有写上省略号，才能表示商后面还有很多 27。

师：（出示下组题）能说出省略号表示的意思吗？

　　2÷9＝0.222……

　　5÷12＝0.4166……

　　9÷55＝0.16363……

　　[点评：让学生在尝试练习中认识循环小数，引导学生发现当两个数相除出现循
环小数时商和余数的规律。教学重视学生知识形成的过程，有利于学生今后的再
学习。]

师：像这些小数，就是我们今天要学习的"循环小数"（板书课题），谁能说一说什
　　么叫"循环小数"？

生：一个小数，几个数字重复出现。

生：一个小数，几个数字<u>依次不断地</u>重复出现。

生： 一个小数，<u>从某一位起，一个数字或者几个数字依次不断地重复出现</u>。

（注：画横线部分，是教师逐步板书内容）

师： 你们认为哪位同学说得最好？再请同学们看看书上写的与×××同学刚才说的还有什么不同？

生： 书上多了"小数部分"这几个字。

师： 书上为什么要强调从"小数部分"的某一位起呢？

生： 这就是说循环小数是从"小数部分"而不是从整数部分的某一位起，一个数字或者几个数字依次不断地重复出现。

师： 请同学们判断下面哪几个数是循环小数，为什么？（投影显示）

0.999……

5.02727……

6.416416……

3.212121

3.1415926……

0.547745……

（学生判断后，教师组织讨论）

师： 3.212121 是循环小数吗？

生： 不是。

师： 小数部分的"21"这两个数字不是依次重复出现三次吗？为什么不是循环小数呢？

生： 虽然"21"重复地出现三次，但没有"不断地"重复出现，所以它不是循环小数，它是个有限小数。

师： 3.1415926……是无限小数吗？

生： 是。

师： 是循环小数吗？为什么？

生： 因为小数部分没有出现一个或几个相同的数字，所以……

师： 在 0.547745……这个小数中，"5"、"4"、"7"这三个数字已重复出现了两次，它是不是循环小数呢？为什么？

生： 虽然"5"、"4"、"7"这三个数字重复地出现，但没有依次地重复出现，所以它也不是循环小数。

[点评：结合实例，帮助学生理解循环小数的意义，加深学生认识循环小数。这种抽象的文字概念，学生并不能靠读几遍就理解，要联系实际，逐字逐句地讨论它的含义。]

2. 循环节

师：（指板演题）"3.333……"中不断地重复出现的数字是哪一个？（3）在"5.32727……"中依次不断地重复出现的数字是哪几个？（2、7）在"6.416416……"中不断地重复出现的数字是哪几个？（4、1、6）

师：我们能不能想一个办法，让循环小数的写法简单一些，比如，去掉省略号，依次不断重复出现的数字也只写一次，却依然能让人看出这个循环小数的意思？

生1：我想了一个办法，3.333……写作 3.（3）；5.32727……写作 5.3（27）；6.416416……写作 6.（416）。

生2：我的办法是这样的，3.333……写作 3. $\underline{3}$；5.327 27……写作 5.327；6.416416……写作 6. $\underline{416}$。

生3：我的办法是这样的，3.333……写作 3.$\dot{3}$（无限）；5.32727……写作 5.3$\dot{2}\dot{7}$（无限）；6.416416……写作 6.$\dot{4}1\dot{6}$（无限）。

生4：我的办法是这样的，3.333……写作 3.3（3 无限）；5.32727……写作 5.327（27 无限）；6.416416……写作 6.416（416 无限）。

生5：我的办法是这样的，3.333……写作 3.$\dot{3}$；5.32727……写作 5.3$\dot{2}\dot{7}$；6.416416……写作 6.$\dot{4}1\dot{6}$。

师：你认为哪种符号比较好？

生1：不要有汉字比较好。

生2：第5种办法比较好。

[点评：不急于把简便写法告诉学生，让学生自己想办法，使他们体会到数学符号产生的需要，体会数学知识中符号是一种约定俗成的概念。符号就不再那么神秘讨厌了，而且有的思路已很接近数学上的约定俗称了。老师不光停留在"体会"这一层面，还组织学生对所创造的符号进行讨论，从而进一步体会数学符号简洁明了的特点。]

师：在循环小数中，依次不断重复出现的数字有个名称，请看教科书第29页。书上

介绍的符号是大家已经约定俗成的，我们以后就遵循好了。与第 5 种办法很接
近，但更简洁。

师： 什么叫循环节？请找出以上判断题中循环小数的循环节。（教师指数，学生口
答）（当教师指第（4）小题时）

生： 这个数的循环节是"21"。

师： 对吗？

生： 不对，因为这个数不是循环小数，所以它没有循环节。

师： 对！循环节只有在循环小数里才能出现，如果不是循环小数也就没有循环节。

［点评：循环节是学生认识循环小数后的又一个新概念，必须引导学生利用教科
书中的定义讨论清楚。］

3. 循环小数的简便记法

师： 循环小数一般的写法是把循环节写出两遍或三遍，然后写上省略号。不过这样
写比较麻烦，简便写法是只写出一个循环节，然后在循环节的首位和末位数字
上各记一个圆点，这个点叫循环点，如 $5.3\overset{.}{2}\overset{.}{7}$。读作：五点三二七，二七循环。

师： 请同学们试一试。

(1) 写出 3.333……的简便写法。

(2) 写出判断题中循环小数的简便写法。

4. 纯循环小数和混循环小数

师： 比较一下："$3.\overset{.}{6}\overset{.}{7}$" 和 "$3.2\overset{.}{6}\overset{.}{7}$" 这两个循环小数的循环节的位置有什么不同？

生： $3.\overset{.}{6}\overset{.}{7}$ 的循环节是从小数部分的第一位就开始的，而 $3.2\overset{.}{6}\overset{.}{7}$ 的循环节不是从小数
部分第一位开始的。

师： 这是两种不同的循环小数，我们给它们分别起上名字。请看教科书。

师： 请同学们再试一试。

(1) 教师出示循环小数，让学生判断是纯循环小数还是混循环小数。

(2) 做一做。（教科书第 29 页）

(3) 学生举例。（先让学生写在练习本上，而后汇报）

5. 小结学习内容

师： 今天我们学习了哪些新知识？谁能说一说。

师：你能用今天所学知识说明这几道题的商吗？

再次出示：$2 \div 9 = 0.222 \cdots$

$5 \div 12 = 0.4166 \cdots$

$9 \div 55 = 0.16363 \cdots$

[点评：教师引导学生自学教科书，使学生在掌握循环小数的简便记法后，又认识了纯循环小数和混循环小数。在认识这两个概念时，教师注意让学生在练习中思考、议论，这样有利于学生理解。]

（三）解决问题

1. 判断题（对的画"√"，错的画"×"）

（1）0.7777 是循环小数。　　（　　）

（2）$0.0\dot{7}$ 是混循环小数。　　（　　）

（3）$2.07 = 2.0\dot{7}$　　（　　）

（4）$1.\dot{3} > 1.333$　　（　　）

（5）循环小数 13.24324…… 可以写作 $1\dot{3}.2\dot{4}$。　　（　　）

2. 找数

在下列数中，

比 1 小，循环节是三位数字的纯循环小数有（　　）

比 1 大，循环节是一位数字的混循环小数有（　　）

$10.10\dot{1}$　　　$3.\dot{2}1\dot{2}$　　　$0.0\dot{7}$

$0.4\dot{1}\dot{4}$　　　$2.4\dot{5}$　　　$0.\dot{1}0\dot{1}$

（四）课堂作业

教科书练习七第 7、8 题。

（五）课堂小结与质疑

[点评：这节课有以下几个特点：（1）难点分散。学生对"循环"、"无限"等概念过去没有抽象的认识。教者用直观形象的方法在课的开始便扫除了障碍。（2）导入新颖。创设情境，使学生进入有序的思维。（3）教学手段和练习设计配套。教者

用投影出示不同层次的练习设计，有利于培养学生的逻辑思维能力，也有利于激发学生的学习兴趣，并能根据小学生直观——半直观——抽象——概括的认知规律组织教学。（4）整堂课的教学都注重学生参与学习的过程。每一个概念的形成，学生都知道它的形成过程，而不是只知道结论，教师充分利用自学教科书，尝试练习，互相讨论等方法，让每位学生都在积极的状态下参与学习。（5）让学生体会数学符号产生的需要，经历创造数学符号的过程，体会创造数学符号的乐趣。]

（本节课由特级教师卢专文点评）

七、在"做分数"的过程中认识分数

——"分数的意义"教学实录与点评

[知识点分析]

分数的意义对于小学生来说是个比较抽象的概念，教材是根据螺旋上升的安排方式，分两次完成对分数的认识的。第一次是在三年级的时候，由于整数不够用，不能表示比 1 小的数，由此引进了分数。每次平均分的都是 1 个物体，如一个饼、一个圆等，分得的结果，每一份都比 1 小。而这节课是学生第二次认识分数，重点是把第一次的初步认识进一步扩展。强调可以把一堆物体看作是一个整体来平均分，如一堆苹果，一个班级的人数等，分得的结果，每份是这个整体的几分之一，但这个几分之一，可能是一个、两个或若干个。

[实录与点评]

（一）感知 $\frac{1}{4}$

1. 回忆旧知

（课件出示 $\frac{1}{4}$）

师：这是什么数？

生：这是个分数，$\frac{1}{4}$。

师：你已经知道了分数的哪些知识？

（学生回答知道了分数的读写法、各部分的名称、分数的产生以及$\frac{1}{4}$表示什么）

师：你们能不能利用桌上的材料表示$\frac{1}{4}$？

2. 学生独立操作，尽量想出不同的方法，并用彩笔画出阴影表示$\frac{1}{4}$，教师巡视

学生可能出现的表示形式有：

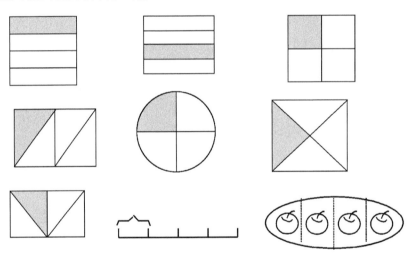

3. 展示汇报

师：谁愿意上台来展示一下你的成果？

生1：我把一张长方形纸对折再对折，其中的一份就是这个长方形的$\frac{1}{4}$。

生2：我把一个圆平均分成4份，其中的一份就是它的$\frac{1}{4}$。

生3：我把一条线段平均分成4份，每一份都是它的$\frac{1}{4}$。

生4：我把 4 个苹果看做一个整体，平均分成 4 份，每份是它的 $\frac{1}{4}$。

师：（指 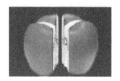，作疑惑的神情问）这样能用 $\frac{1}{4}$ 来表示吗？

（学生先思考，再小组讨论，自由发表意见）

生1：我认为不能。把 4 个苹果平均分成 4 份，每份是 1 个苹果，所以每份不是 $\frac{1}{4}$。

生2：我认为能。因为在这里把 4 个苹果看做 1 个整体。

生3：我认为能。因为把 4 个苹果看做一个整体平均分成 4 份，每份就是这个整体的 $\frac{1}{4}$。

师：刚才几位同学的发言都强调了要把 4 个苹果看做一个整体，平均分成 4 份，每份就是这个整体的一部分，也就是几分之几？（$\frac{1}{4}$）是几个苹果？（1 个）

师：请接着往下看，谁来用一句话说说下面这幅图的意思？（课件动态演示）

生：把 1 个苹果平均分成 4 份，每份是这 1 个苹果的 $\frac{1}{4}$。（教师引导学生观察比较先后呈现的两幅图）

师：你是怎样理解这两幅图的？

生1：一种是把 1 个苹果平均分，一种是把 4 个苹果平均分。

生2：两种都是平均分，每一份都能用分数 $\frac{1}{4}$ 表示。

（二）理解 $\frac{2}{3}$

1. 组织学生操作体会 $\frac{2}{3}$ 的意义

师：请看老师又给大家带来了一个什么分数？（出示 $\frac{2}{3}$）$\frac{2}{3}$ 表示什么呢？这个问题我想请同学们一起来解决。要求每两人一组，选择桌上的材料表示 $\frac{2}{3}$，然后组内交流。

2. 学生自由组合，利用桌上的材料操作交流，教师巡视

3. 反馈

师：哪两位同学愿意把你们的表示形式向全班同学展示一下？

生 1：把 3 条金鱼看做一个整体，平均分成 3 份，其中的 1 份是这个整体的 $\frac{1}{3}$，2 份是这个整体的 $\frac{2}{3}$。

生 2：把 6 瓶可乐看做一个整体，平均分成 3 份，其中的 2 份是这 6 瓶可乐的 $\frac{2}{3}$。

师：你真了不起！想出了与众不同的方法。$\frac{2}{3}$ 在这里表示几瓶可乐？

生 2：4 瓶。

生 3：把 9 朵花看做一个整体，平均分成 3 份，其中的 2 份是这个整体的 $\frac{2}{3}$。

师：有创意！请问，剩下的 1 份是这个整体的几分之几？

生 3：$\frac{1}{3}$。

生 4：把一张纸平均分成 3 份，阴影部分是它的 $\frac{2}{3}$。

（如图 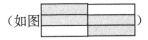 ）

师：想一想，阴影部分还可以用什么分数来表示？

生 4：$\frac{4}{6}$。也可以看做把它平均分成 6 份，其中的 4 份就是它的 $\frac{4}{6}$。

师：真聪明！$\frac{2}{3}$ 就等于 $\frac{4}{6}$！还有谁想展示一下你是怎样表示 $\frac{1}{3}$ 的？

（学生各抒己见，教师及时针对有创新的展示汇报给予肯定与鼓励）

（三）深化 $\frac{1}{\square}$

1. 组织学生利用花朵图探究它的 $\frac{1}{\square}$

师：你们还想研究别的分数吗？（课件出示 $\frac{1}{\square}$）这是个分数吗？它好特别！特别在

哪儿?(分母没有数)它读作什么?每个小组都有一些这样的图(课件演示 12 朵花),请你们涂上颜色来表示这些花的几分之一。大家先思考,再小组分工合作,看看可以有多少种不同的方法来表示。

2. 学生分小组思考,操作交流,教师巡视,引导学生用不同的方式表示

3. 反馈

师:请每组推荐一名同学上台以接力赛的形式汇报,其他同学注意倾听别人的意见,已经说过的方法不再展示。

(学生一边展示,一边叙述是怎样表示几分之一的)

生 1:我们把 12 朵花平均分成 2 份,涂红色的部分是这个整体的 $\frac{1}{2}$。

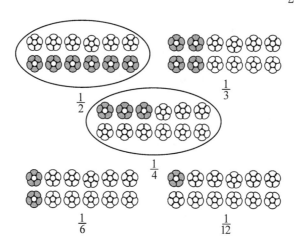

生 2:我们把 12 朵花平均分成 3 份,黄色部分是这 12 朵花的 $\frac{1}{3}$。

生 3:我们把 12 朵花平均分成 4 份,不涂颜色的(涂了 9 朵花)是这个整体的 $\frac{1}{4}$。

生 4:我们把 12 朵花平均分成 6 份,涂橙色的部分是这个整体的 $\frac{1}{6}$。

生 5:我们把 12 朵花平均分成 12 份,紫色部分是这个整体的 $\frac{1}{12}$。

教师把学生汇报的情况汇总在一起。(课件演示)

师:观察这组图形和分数,你发现了什么?

生 1：我发现大家都是把 12 朵花平均分成几份。

生 2：我发现分子都是"1"，也就是都只取其中的一份。

生 3：我发现分母越大，每份所表示的花的朵数就越少。

生 4：我发现分母都是 12 的约数。

师：同学们真了不起，发现了这么多的知识！

（四）理解 $\dfrac{\square}{\square}$

1. 组织学生探讨 $\dfrac{\square}{\square}$ 的意义

师：（课件出示 $\dfrac{\square}{\square}$）猜一猜，老师想让你们干什么？

生：填分数，理解它表示什么。

师：很好！请大家先看要求。

　　（课件演示如下，学生默读操作要求）

　　（1）小组内先确定一个分数；

　　（2）分一分——选择材料表示这个分数；

　　（3）画一画——用简单的图形表示这个分数；

　　（4）说一说——组内互相说说这个分数。

2. 学生采用小组活动的形式，分一分，画一画，说一说分数的意义，教师巡视指导

3. 汇报展示

　　学生在实物投影仪上展示出操作材料，并口述此分数表示什么。

生 1：我们把 1 张纸平均分成 32 份，其中的 5 份是这张纸的 $\dfrac{5}{32}$。

生 2：我们把 8 只螃蟹平均分成 4 份，拿走的 3 份是这个整体的 $\dfrac{3}{4}$，剩下的两支是这个整体的 $\dfrac{1}{4}$。

生 3：我们把 10 个橙子平均分给 5 个同学，两个同学共分得 10 个橙子的 $\dfrac{2}{5}$，其余

同学分得这些橙子的 $\frac{3}{5}$。

生 4：我们买了 7 包薯条，吃了 1 包，吃了它的 $\frac{1}{7}$，还剩 $\frac{6}{7}$。

……

4. 学生讨论、概括分数的意义

师：像这样，一个物体、一个计量单位、一些物体都通称为单位"1"或整体"1"。把单位"1"平均分成若干份，表示这样的一份或几份的数，叫分数，这也是分数的意义。而表示其中一份的数叫分数单位。（板书）刚才我们认识了哪些分数单位？$\frac{2}{3}$ 的分数单位是什么？它里面有几个 $\frac{1}{3}$？

师：生活中人们常用分数来进行描述。谁能联系生活实际说一个分数？

生 1：妈妈买回一个西瓜，平均分成 10 份，吃了其中的 3 份，吃了这个西瓜的 $\frac{3}{10}$。

生 2：银行存款利率要用到分数。

师：对，那是一种特殊的分数——百分数。如：中国人民银行规定定期存款一年的年利率是 1.98%。

生 3：全国耕地面积约占海洋面积的 $\frac{1}{6}$。

……

（五）小结与质疑

师：你已经知道了什么？还有什么不明白的地方？有什么问题想问吗？

生 1：我知道了分数对于我们的生活很有用处。

生 2：我知道分数不是表示一个完整的数。

师：为什么这样认为呢？

生 2：它表示一个整体与它的一部分的关系。

师：说得真好！你真正理解了分数的意义！

生 3：我想知道分数还能表示一个整数吗？

师：问得好！谁能帮他解决这个问题？

生 4：能！比如把一张长方形纸平均分成 4 份，其中的 4 份就是这个整体的 $\frac{4}{4}$，也可以用 1 来表示。

生 5：我还想知道分数能不能像整数那样进行四则运算？

师：分数也能像整数那样进行四则运算，这个即将学到。

师：（课件演示）从图中你可以了解到哪些信息？

生 1：红色部分的面积是最大长方形的 $\frac{1}{2}$。

生 2：蓝色部分是最大长方形的 $\frac{1}{4}$。

生 3：蓝色部分又是红色部分的 $\frac{1}{2}$。

生 4：绿色部分和黄色部分面积相等。

生 5：绿色、黄色部分都是这个最大长方形的 $\frac{1}{8}$，是红色部分的 $\frac{1}{4}$，是蓝色部分的 $\frac{1}{2}$。

生 6：最大的长方形是红色部分的 2 倍，是蓝色部分的 4 倍，是绿色部分的 8 倍。

　　［点评："分数的意义"这节课在设计和教学上最显著的特色是开放性和活动性。让学生在"做分数"的过程中认识分数。

　　（1）巧妙切入新课。学生本来对分数已有了初步的认识，但老师没有把复习旧课和进行新课安排成两个截然分开的环节，而是针对 $\frac{1}{4}$，直接让学生独立思考、操作，在领会其实际意义的过程中，自然地由"1"代表一个物体过渡到"1"也可以代表多个物体，较快地切入了本节课的重点。巧妙地利用对 $\frac{1}{4}$ 的理解，连接了旧课和新课。

　　（2）开放性的设计，让学生自主探索。导入阶段的问题"你能利用桌上的材料表示 $\frac{1}{4}$ 吗？"由于其开放性，才有可能使学生既用旧知识来理解，又引出对"1"的理解的深化。新授阶段的探究 $\frac{1}{\square}$ 和 $\frac{\square}{\square}$，以及小结阶段的"从图中你可以了解到哪些信息?"问题的结论或解答方法都是开放的,非常有利于培养学生的思维灵活性和创新意识。

(3) 实践操作活动,是帮助学生正确建立分数概念的关键手段。分数的意义是个比较抽象的概念,教师的教学不是从概念到概念,也不是由教师自己作大量的直观演示,仅让学生观察理解。而是在老师提出具有开放性的问题之后,不同的学生根据自己的理解,用不同的材料,"做"出了不同的 $\frac{1}{\square}$ 和 $\frac{\square}{\square}$,在交流和表达中,每个人都要说明,"我把什么当成一个整体,平均分成多少份,这里的一份或若干份,就是这个整体的几分之一或几分之几"。就这样,学生真正在"做分数"的过程中,建立了分数的概念。]

(本节课由著名特级教师邱学华点评)

八、数学原理寓于数学活动之中

——"分数的基本性质"教学实录与点评

[知识点分析]

"分数的基本性质"是以分数大小相等这一概念为基础的。因为分数与整数不同,两个分数的大小相等,并不意味着两个分数的分子、分母分别相同。教学时,可引导学生观察一组相等分数的分子分母是按什么规律变化的,再结合分数的意义归纳出分数的基本性质。由于分数和整数除法存在着内在联系,所以分数的基本性质也可以利用整数除法中商不变的性质来说明。

(1994年4月,黄老师代表深圳市参加由中国教育学会小学数学教学专业委员会在青岛举行的全国计划单列城市小学数学课堂教学观摩会,执教"分数的基本性质"荣获一等奖第一名。专业委员会理事长李润泉老师认为这节课的成功可以用"设计巧,效率高,气氛活"九个字来概括。作为借班上课的教师,把教材中普普通通的一节课,上得有声有色,课堂气氛活跃,感染力强,在上千人的会场中,使师生之间、上课与听课教师之间产生强烈的情感共鸣，这是很难得的。2002年12月，在"学习新课标，走进新课程"的背景下，黄老师又与同人们一起探索并实施了新的教法。）

[实录与点评]

实录一：1994年4月于青岛

（一）故事引入，揭示课题

师：同学们，喜欢听故事吗？

生：喜欢！

师：黄老师给大家讲一个"猴王分饼"的故事。猴山上的猴子最喜欢吃猴王做的饼了。有一天，猴王做了三块大小一样的饼分给小猴们吃，它先把第一块饼平均切成四块，分给猴1一块。猴2见到说："太小了，我要两块。"猴王就把第二块饼平均切成八块，分给猴2两块。猴3更贪，它抢着说："我要三块，我要三块。"于是，猴王又把第三块饼平均切成十二块，分给猴3三块。小朋友，你知道哪只猴子分得的多吗？

生1：我认为猴1分得的多。

生2：我认为猴3分得的多。

生3：我认为三只猴子分得的一样多。

师：到底哪只猴子分得的多呢？我们一起来分一分好吗？

　　（教师出示三块大小一样的饼，通过师生分饼、观察和验证，得出结论：三只猴子分得的饼一样多）

师：聪明的猴王是用什么办法来满足小猴子们的要求，又分得那么公平的呢？同学们想知道吗？学习了"分数的基本性质"就清楚了。（板书课题）

　　[点评：一上课，先听一段故事，学生非常乐意，并会立即被吸引。思考故事当中提出的问题，学生自然兴趣浓厚。通过故事设疑，激起了学生探求新知的欲望。]

师：既然三只猴子分得的饼同样多，那么表示它们分得饼的分数是什么关系呢？这三个分数什么变了，什么没有变？

生：这三个分数是相等关系，$\frac{1}{4}=\frac{2}{8}=\frac{3}{12}$，它们平均分的份数和表示的份数也就是分数的分子和分母变化了，但分数的大小不变。

师：猴王把三块大小一样的饼分给小猴子一部分后，剩下的部分大小相等吗？你还能说出一组相等的分数吗？

生：我找到一组相等的分数：$\frac{3}{4}=\frac{6}{8}=\frac{9}{12}$。

师：我们班有 40 名同学，分成了四组，每组 10 人。那么第一、第二组学生的人数占全班学生人数的几分之几？

（引导学生用不同的分数表示，然后得出：$\frac{1}{2}=\frac{2}{4}=\frac{20}{40}$）

师：黑板上三组相等的分数有什么共同的特点？

学生回答后板书：

分数的分子和分母变化了，　分数的大小不变。

师：它们各是按照什么规律变化的呢？我们今天就来共同研究这个变化规律。

（二）比较归纳，揭示规律

1. 出示思考题

比较每组分数的分子和分母：

（1）从左往右看，是按照什么规律变化的？

（2）从右往左看，又是按照什么规律变化的？

师：请学生带着思考题，看一看，想一想，议一议，再翻开教科书看看书上是怎么说的。

2. 集体讨论，归纳性质

师：从左往右看，由 $\frac{3}{4}$ 到 $\frac{6}{8}$，分子、分母是怎么变化的？

生：把 $\frac{3}{4}$ 的分子、分母都乘以 2，就得到 $\frac{6}{8}$。原来把单位"1"平均分成 4 份，表示这样的 3 份，现在把分的份数和表示份数都扩大 2 倍，就得到 $\frac{6}{8}$。

板书：$\dfrac{3}{4} = \dfrac{3\times2}{4\times2} = \dfrac{6}{8}$

师：$\dfrac{3}{4}$ 是怎样变成 $\dfrac{9}{12}$ 的呢？$\dfrac{3}{4} = \dfrac{3\bigcirc\square}{4\bigcirc\square} = \dfrac{9}{12}$ 怎么填？

（学生回答后填空）

师：像这样的变化过程，我们可以说：$\dfrac{3}{4}$ 的分子、分母都乘以 2，得到 $\dfrac{6}{8}$，分数的大小不变。

师：在其他几组分数中，分子、分母的变化规律怎样？

（几名学生回答后，教师要求学生试着归纳变化规律：分数的分子和分母都乘以相同的数，分数的大小不变）

板书：都乘以　相同的数

师：从右往左看，分数的分子和分母又是按照什么规律变化的？

（通过分析比较每组分数的分子和分母，得出：分数的分子和分母都除以相同的数，分数的大小不变）

板书：都除以

师：都乘以、都除以两个"都"字，去掉一个怎么改？

生：去掉第二个"都"字，换成"或者"。

师：请同学们再对照教科书中的分数基本性质。

生：我发现少了"零除外"。

师：为什么性质中要规定"零除外"？

生：因为除数和分数的分母都不能为零。

板书：零除外

[点评：新知识力求让学生主动探索，逐步获取知识。"猴王分饼"和分析班级学生人数得出的三组相等的分数为学生探索新知提供了材料，出示的思考题是学生探求新知、独立思考的指南，教师环环紧扣地提问以及引导学生逐步展开充分讨论，帮助学生一步步得出结论。]

师：请同学们找出性质中哪些字或词是比较关键的，为什么？

生：我认为"都"字比较关键。因为……

生：我认为"相同的数"比较关键。因为……

生：我认为"乘以"、"除以"比较关键。因为……

生：我认为"零除外"比较关键。因为……

生：我认为"大小不变"比较关键。因为……

师：请同学们读出分数的基本性质，要求关键的字词要重读，其他的轻读，开始。

（师生共同读出黑板上板书的分数基本性质）

教师出示例题：把 $\frac{1}{2}$ 和 $\frac{10}{24}$ 化成分母是 12 而大小不变的分数。

师：要把 $\frac{1}{2}$ 和 $\frac{10}{24}$ 化成分母是 12 而大小不变的分数，分子怎么变？变化的依据是什么？请小组合作学习。

师：猴王是运用什么规律来分饼的？如果小猴子要四块，猴王怎么分才公平呢？如果要五块呢？

[点评：得出性质后，再让学生说出猴王的想法，并回答如果小猴子要四块，猴王怎么办？既前后照应，又让学生在帮猴王想办法的过程中，运用新知解决了实际问题。]

师：请同学们看看教科书和黑板上的板书，回顾刚才学习的过程，提出疑问和见解。

（师生答疑）

师：分数的基本性质与商不变性质之间有什么联系，你能举例说明吗？

（引导学生运用分数与除数的关系，以及整数除法中商不变的性质，说明分数的基本性质。如：$\frac{3}{4}=3÷4=（3×3）÷（4×3）=9÷12=\frac{9}{12}$）

[点评：学生运用分数与除法的关系，以及整数除法中商不变性质说明分数的基本性质，实现了新知化归旧知。]

（三）多层练习，巩固深化

1. 口答（学生口答后，要求说出是怎样想的）

$$\frac{3}{4}=\frac{3×3}{4×（\ \ ）}$$

$$\frac{12}{15}=\frac{12÷（\ \ ）}{15÷3}$$

$$\frac{8}{24}=\frac{8\div(\ \ )}{24\div(\ \ )}=\frac{1}{(\ \ )}$$

$$\frac{7}{25}=\frac{7\times(\ \ )}{25\times(\ \ )}=\frac{(\ \ )}{100}$$

师： 你们填的第 3 小题除数和第 4 小题的因数，答案是唯一的吗？

生： 根据分数的基本性质，还应该有很多种填法。

2. 判断对错，并说明理由

(1) $\dfrac{2}{9}=\dfrac{2\times4}{9\times4}=\dfrac{8}{36}$

(2) $\dfrac{4}{9}=\dfrac{4\div2}{9\div3}=\dfrac{2}{3}$

(3) $\dfrac{4}{5}=\dfrac{4\div2}{5\times3}=\dfrac{2}{10}$

(4) $\dfrac{9}{18}=\dfrac{1}{9}$

(5) $\dfrac{3}{4}=\dfrac{3\times a}{4\times a}$

(6) $\dfrac{5}{10}=\dfrac{3}{6}$

（运用反馈判断，对于错的判断，要求说明与分数的基本性质中哪几个字不相符）

3. 在下面（　　）内填上合适的数

$$\frac{1}{3}=\frac{(\ \ )}{6}$$

$$\frac{10}{26}=\frac{5}{(\ \ )}$$

$$\frac{9}{21}=\frac{(\ \ )}{7}$$

$$\frac{12}{24}=\frac{(\ \ )}{(\ \ )}$$

（第 4 小题，采取师生对出数的游戏形式进行，如先由教师出分子，让学生对出分母，再让学生出分母，由教师对出分子）

4. 连续写出多个相等的分数。比一比，在 1 分钟内看谁写得多

（教师让写出相等分数最多的学生报出来，师生予以表扬鼓励）

（四）解决问题

1. $\dfrac{1}{a} = \dfrac{7}{b}$ （a、b 是自然数），当 a＝1，2，3，4…时，b 分别等于几？

师：a 与 b 之间的关系是怎样的？为什么会存在这样的关系？依据是什么？

2. 把 $\dfrac{6}{20}$、$\dfrac{70}{100}$、$\dfrac{45}{50}$、$\dfrac{1}{2}$ 和 $\dfrac{4}{5}$ 化成分母相同而大小不变的分数。

师：分数的分母相同了，有什么作用？

（揭示学习分数的基本性质的重要性，鼓励学生学好、用好）

［点评：练习设计由易到难，由浅入深，既巩固新知，又发展思维，其间还自然地渗透思想品德教育。师生相互出数做题，能够创设民主和谐的学习气氛。揭示 $\dfrac{1}{a} = \dfrac{7}{b}$ （a、b 自然数）中 a 与 b 的倍数关系，巩固了新知。通过举例，还渗透了函数思想。］

（五）课堂小结

（六）课堂作业

教科书练习二十三第 4、5 题。

（七）动脑筋出会场

教师让学生拿出课前发的分数纸，要求学生看清手中的分数。与 $\dfrac{1}{2}$ 相等的，报出自己的分数后先离场，与 $\dfrac{2}{3}$ 相等的再离场，与 $\dfrac{3}{4}$ 相等的最后离场。

［点评：这是黄老师参加全国计划单列城市小学数学课堂教学观摩会荣获一等奖第一名的获奖课例，这节课的成功可以用"设计巧，效率高，气氛活"九个字来概括。作为借班上课的教师，把教材中普普通通的一节课，上得有声有色，课堂气氛活跃，感染性强，在上千人的会场中，使师生之间、上课与听课教师之间产生强烈的情感共鸣，这是很难得的。

先说巧和活，教材中讲分数的基本性质是从比较 $\frac{3}{4}$、$\frac{6}{8}$、$\frac{9}{12}$ 的大小引入，教师巧妙地改为"猴王分饼"，分给猴 1 一块（$\frac{1}{4}$），猴 2 要两块（$\frac{2}{8}$），猴 3 要三块（$\frac{3}{12}$），使分剩的饼分别成为 $\frac{3}{4}$、$\frac{6}{8}$、$\frac{9}{12}$；并结合上课学生数的实际，求第一、第二组学生的总人数占全班学生人数的几分之几，使一道例题变为三道例题。在教师的引导启发下，学生通过观察、分析、比较找规律，逐步抽象概括出分数的基本性质，既不多占时间，又比只举一例就归纳更有说服力。又如，下课时的动脑筋出会场，既巩固了知识，又检查了效果，还进行了纠正错误和个别指导，一举多得，灵活巧妙。

再说效率高，高就高在教师在教学设计中努力体现"趣"、"实"、"活"三个字。课上得有趣、有吸引力，课堂气氛活跃，学生学习的积极性强，学习效率必然高；课上得扎实，重点突出，讲求实效，更是教学效率高的关键和核心问题。例如，教师引导学生比较归纳，揭示规律，从"分数的分子和分母变化了"，"分数的大小不变"，它们是按照什么规律变化的？到"都乘以""相同的数"，"都除以""相同的数"。"都"字用得好，为什么？把第二个"都"字换成"或者"为什么好？再到"零除外"，重点突出，步步深入。又如，沟通分数基本性质和商不变性质的联系，练习有层次、有坡度，从乘以或除以具体的数到用字母表示的数，从唯一答案到有多个答案，逐步深化。既巩固和加深了学生对知识的理解，学会了运用，同时也发展了学生的思维，使学生学起来有味道。听课的教师听起来更有味道。上课结束时，上千名教师自发地热烈鼓掌，体现大家对这节课的评价。

美中不足的，一是聪明的猴王"骗"贪吃的小猴子，改成本文中"既满足小猴子的要求，又分得公平"更符合思想品德教育的目的；二是练习的内容有些多了，全课多用 3 分钟。]

（本节课由中国教育学会小学数学教学专业委员会理事长李润泉先生点评）

实录二：2002 年 12 月于深圳

（一）猜想前的准备

师：老师手上的信封里有一个数，这个数不是整数也不是小数，你们猜它是一个什么数？

生：分数。

出示：$\dfrac{2}{3}$

师：老师的信封里还有一道算式，这道算式和这个分数很有关系。你们猜这是一道什么样的算式？

生：是除法算式。因为，分数与除法有密切的关系，所以我猜它是一道除法算式。

师：除法与分数有什么样的关系？

生：分子相当于除法中的被除数，分母相当于除法中的除数。

媒体演示：分数与除法的关系

$$被除数÷除数=\dfrac{被除数→分子}{除数→分母}$$

师：谁能把这道除法算式说出来？

齐：2÷3

出示：2÷3

师：看着 2÷3 这道除法算式，每人都试着说一道与 2÷3 的商一样的除法算式。

生 1：4÷6

生 2：6÷9

生 3：20÷30

生 4：8÷12

生 5：200÷300

师：为什么你认为 200÷300 与 2÷3 的商是一样的？

生 5：因为把 2 和 3 同时乘 100 商是不变的，这是根据商不变的性质。

师：什么是商不变的性质？

生：被除数和除数同时乘以或除以相同的数（零除外），商不变。

媒体出示：商不变的性质

被除数和除数同时乘以或除以相同的数（零除外），商不变。

（二）迁移猜想

师：分数与除法有这样的关系，除法中有商不变的性质，那么看到这个分数你们能联想到什么？

生1：我联想到每道除法算式都能写成一个分数。

生2：我联想到除法中有一个商不变的性质，分数中会不会也有个什么不变的性质呢？

师：你们认为分数中有可能存在某种性质吗？

齐：有可能。

师：把"我的猜想"这张纸拿出来，把你们猜到的性质写出来，然后到讲台前来进行交流，要求能说出猜想的根据。

生1：我根据分数与除法的关系和商不变的性质猜出：分子和分母同时乘以或除以相同的数（零除外），分数的结果不变。

生2：我也和上一位同学的根据一样，我的猜想是：分子和分母同时乘以或除以相同的数（零除外），分数的得数不变。

生3：我的猜想是：分子和分母同时乘以或除以相同的数（零除外），分数值不变。

生4：我的猜想是：分子和分母同时乘以或除以相同的数（零除外），分子和分母的关系不变。

生5：我的猜想是：分子和分母乘以或除以相同的数（零除外），分数的大小不变。

（三）验证猜想

师：（指第5位学生的猜想）你们认为这位同学的猜想成立吗？

生：不一定成立。

师：那么下面我们应该做什么呢？

生：做实验证明猜想是否成立。

师：要证明这个猜想是否成立，首先要确定一个研究对象，你们认为应该确立什么为研究对象？

生： 我们认为应该确定一个分数为研究对象。

师： 各小组讨论你们组准备用一个什么分数作为研究对象？

学生汇报：第一小组：$\frac{1}{2}$，第二小组：$\frac{3}{4}$，第三小组：$\frac{7}{8}$，第四小组：$\frac{3}{8}$，第五小组：$\frac{5}{8}$，第六小组：$\frac{1}{4}$。

师： 我们确定了一个分数为研究对象，接下来的实验应该怎样做？

生： 我们应该把这个分数的分子和分母同时乘以或除以相同的数，这样就可以得到很多个分数，然后再比较这些分数的大小。

师： 各小组成员看一看材料栏，然后讨论准备用什么方法证明研究对象与得到的分数相等。

学生汇报：第一小组：用折纸表示分数的方法；第二小组：用线段表示分数的方法；第三小组：用计算的方法；第四小组：用计算的方法；第五小组：用线段表示分数的方法；第六小组：用手表来证明。（在教师的建议下）

师： 各组拿出实验报告，开始做实验。

学生汇报实验结果：

第一小组：出示实验报告并汇报。

实验报告

确定的研究对象	分子和分母同时乘以或除以一个相同的数	得到的分数
$\frac{1}{2}$	$\frac{1\times2}{2\times2}$ $\frac{1\times3}{2\times3}$	$\frac{2}{4}$ $\frac{3}{6}$
$\frac{3}{6}$	$\frac{3\div3}{6\div3}$	$\frac{1}{2}$
研究对象与得到分数相等吗？	相等（√）不相等（　　　）	
猜想是否成立？	成立（√）不成立（　　　）	

生： 我们先把 $\frac{1}{2}$ 作为研究对象，把它的分子、分母分别同时乘以 2 和 3，得到分数 $\frac{2}{4}$ 和 $\frac{3}{6}$，然后又把 $\frac{3}{6}$ 作为研究对象，把它的分子和分母同时除以 3，得到分数

$\frac{1}{2}$。我们用折纸画阴影的方法表示这些分数，发现阴影部分面积相等，所以阴影部分所表示的分数大小也相等。我们的结论是：研究对象与得到的分数相等，猜想成立。

出示：折纸表示的分数。

第二小组：出示实验报告并汇报。

实验报告

确定的研究对象	分子和分母同时乘以或除以一个相同的数		得到的分数	
$\frac{3}{4}$	$\frac{3\times3}{4\times3}$	$\frac{3\times2}{4\times2}$	$\frac{9}{12}$	$\frac{6}{8}$
$\frac{9}{12}$	$\frac{9\div3}{12\div3}$		$\frac{3}{4}$	
研究对象与得到分数相等吗？	相等（√） 不相等（　　）			
猜想是否成立？	成立（√） 不成立（　　）			

生：我们先把$\frac{3}{4}$作为研究对象，把它的分子、分母分别同时乘以2和3，分别得到分数$\frac{6}{8}$和$\frac{9}{12}$，然后又把$\frac{9}{12}$作为研究对象，把它的分子和分母同时除以3，得到分数$\frac{3}{4}$。我们画线段图来表示分数，发现表示这些分数的线段长短相等，说明用线段表示的分数的大小也相等。我们的结论是：研究对象与得到的分数相等，猜想成立。

（出示：用线段表示的分数）

第五小组：出示实验报告并汇报。

实验报告

确立的研究对象	分子和分母同时乘以或除以一个相同的数		得到的分数	
$\frac{5}{8}$	$\frac{5\times 2}{8\times 2}$	$\frac{5\times 3}{8\times 3}$	$\frac{10}{16}$	$\frac{15}{24}$
$\frac{15}{24}$	$\frac{15\div 3}{24\div 3}$		$\frac{5}{8}$	
研究对象与得到分数相等吗?	相等（√）不相等（　　　）			
猜想是否成立?	成立（√）不成立（　　　）			

生：我们先把 $\frac{5}{8}$ 当作研究对象，把它的分子、分母分别同时乘以 2 和 3，得到分数 $\frac{10}{16}$ 和 $\frac{15}{24}$，然后又把 $\frac{15}{24}$ 的分子、分母同时除以 3 得到分数 $\frac{5}{8}$。我们再计算它们的分数值，发现这些分数的分数值是一样的。我们的结论也是：研究对象与得到的分数相等，猜想成立。

出示算式：

$$\frac{5}{8}=5\div 8=0.625$$

$$\frac{10}{16}=10\div 16=0.625$$

$$\frac{15}{24}=15\div 24=0.625$$

第六小组：出示实验报告并汇报。

实验报告

确立的研究对象	分子和分母同时乘以或除以一个相同的数		得到的分数	
$\frac{1}{4}$	$\frac{1\times 15}{4\times 15}$	$\frac{1\times 3}{4\times 3}$	$\frac{15}{60}$	$\frac{3}{12}$
$\frac{3}{12}$	$\frac{3\div 3}{12\div 3}$		$\frac{1}{4}$	
研究对象与得到分数相等吗?	相等（√）不相等（　　　）			
猜想是否成立?	成立（√）不成立（　　　）			

生：我们先把 $\frac{1}{4}$ 当作研究对象，把它的分子、分母分别同时乘以 3 和 15，得到分数 $\frac{3}{12}$ 和 $\frac{15}{60}$，然后又把 $\frac{3}{12}$ 作为研究对象，把它的分子、分母同时除以 3 得到分数 $\frac{1}{4}$。我们用钟面上的格，证明 $\frac{1}{4}$、$\frac{3}{12}$、$\frac{15}{60}$ 的大小是一样的。（出示手表：分针指向 3）手表一圈是 60 格，60 格的 $\frac{1}{4}$ 是 15 格，60 格的 $\frac{15}{60}$ 是 15 格，60 格的 $\frac{3}{12}$ 也是 15 格，说明 $\frac{1}{4}$、$\frac{3}{12}$ 和 $\frac{15}{60}$ 的大小是一样的。我们的结论也是：研究对象与得到的分数相等，猜想成立。

师：你们都认为猜想是成立的，但是你们的猜想涉及"零除外"，证明的时候没有涉及到"零除外"，那么"零除外"有必要保留吗？请各组讨论。

生：要保留，因为分子和分母同时乘以 0，分母就是 0，0 为分母没有意义，如果除以 0，0 不能为除数，所以"零除外"要保留。

（四）揭示性质

出示：分子和分母同时乘以或除以相同的数（零除外），分数的大小不变。

师：今天你们猜想并被证明的这个性质就是我们要学习的新内容：分数的基本性质（板书）。

师：同学们，你们有什么想说的吗？

生 1：我可以自己猜想并证明了分数的基本性质，我很自豪。

生 2：我们以后要敢于大胆地猜想，并认真做实验去证明。

生 3：我觉得我又学会了一种新的学习方法。

......

（五）质疑释疑

生 1：分数的基本性质是不是任意一个分数都适用？

师：这个问题怎样解决？

生： 每个同学都用一个分数来做实验。

    ……

生2： 分数既然有个基本性质，那么分数有没有其他的性质呢？

生3： 分数的分子和分母如果同时除以一个数，得到的分子和分母都是小数的分数，那么这两个分数的大小一样吗？

生4： 分数的分子和分母如果不同时乘以或除以不同的数，分数的大小会变吗？

生5： 分数的基本性质能用字母来表示吗？

    （上述问题，教师引导学生逐一讨论解决）

（六）实践与反思

师： 你们能说出与 $\frac{2}{3}$ 相等的分数吗？

生1： $\frac{4}{6}$，**生2：** $\frac{6}{9}$，**生3：** $\frac{8}{12}$，**生4：** $\frac{20}{30}$，**生5：** $\frac{200}{600}$……

师： 与一个分数相等的分数有多少个？

生齐： 无数个。

师： 一个自然数能写出与它相等的各数位上的数字又不同的自然数吗？

生： 不能。

师： 分数与自然数就有这样的区别，这就是分数独有的一个特点。

    （媒体出示）课外思考：分数的基本性质的作用？

师： 请同学们在课后上网或查阅资料，研究"分数的基本性质"在生活中、在数学中有什么样的作用？

    ［点评：除法与分数之间存在着内在的联系，除法中的被除数相当于分数中的分子，除数相当于分母，而除法的商不变性质又是学生已经了解的知识。学习分数基本性质时，如何利用这种内在联系呢？教材安排在导出了分数的基本性质后，引导学生运用分数与除法的关系，以及整数除法中商不变的性质说明分数的基本性质，实现了新知化归旧知。这就是我们在"实录一"里看到的。"实录一"的课是黄老师在全国获奖的课例，这节课已经得到同行、专家的极大肯定，在这种情况下，黄老师想的不是守着这种成功不改变，而是又作了一次大胆的尝试。表现

出一个特级教师不断挑战自我，对课堂教学艺术精益求精、孜孜不倦追求的进取精神。

这节课引导学生利用分数与除法之间的关系，和除法中商不变的性质大胆做出"在分数中，分子和分母同时乘以或者除以相同的数，分数的大小不变"的猜想。猜想是否成立？在老师鼓励和指导下，不同的学生选择不同的分数为研究对象，用各种不同的方法试着验证自己的猜想。在此过程中，学生必须想方设法调动已有的知识来进行验证，在表达自己的想法时，还要考虑怎样才能让别人听明白，并随时接受质疑，做出解释。这时课堂就成了促进学生发展的平台。

学生在这节课中初步经历了一次猜想——验证——得出结论的过程。这也是科学家们的工作方法之一。许多数学家一直呼吁，要在数学教学中留给猜想一席之地。这是一次成功的尝试。]

（本节课由广东省教育研究院曾令鹏老师点评）

九、让学生体会科学研究的方法

——"哪些分数能化成有限小数"教学实录与点评

[知识点分析]

"一个最简分数，如果分母中除了 2 和 5 以外，不含有其他的质因数，这个分数就能化成有限小数；如果分母中含有 2 和 5 以外的质因数，这个分数就不能化成有限小数。"这并非一个实用性很强的知识，但却是小学数学中培养学生科学精神的不可多得的机会。教学这个知识，可能出现三种不同的做法：一是"知道"，就是直接把结论和规律告诉给学生，让他们知道；二是可以既让学生知道，又让他们明白，也就是引导学生分析能化成有限小数的分数的分母，让学生看到这个规律；三是提出问题，让学生自己解决问题。

[实录与点评]

（一）提出问题

1. 教师出示一些分数并提出活动要求。

$$\frac{3}{4} \quad \frac{2}{5} \quad \frac{7}{20} \quad \frac{5}{9} \quad \frac{11}{25} \quad \frac{5}{6} \quad \frac{8}{21} \cdots\cdots$$

活动要求：小组成员分工合作，先用计算器计算，把上述分数化成小数，再把这些分数进行分类，并说出分类的理由。

2. 小组代表汇报本组把哪些分数归为一类，为什么？

生：我们组把分子能被分母除尽的归为一类：$\frac{3}{4}$ $\frac{2}{5}$ $\frac{7}{20}$ $\frac{11}{25}$……分子不能被分母

除尽的归为一类：$\frac{5}{9}$ $\frac{5}{6}$ $\frac{8}{21}$……

师：通过分类，你想到什么？

生：我想到一些分数的分子除以分母能除尽，另一些分数的分子除以分母不能除尽。

生：有些分数可以化成有限小数。还有一些分数不能化成有限小数。

师：哪些分数可以化成有限小数？哪些分数不能化成有限小数？

生：那些分子除以分母，能除尽的分数能化成有限小数；分子除以分母，不能除尽的分数不能化成有限小数。

（二）引导探究

1. 进行猜想

师：我们来猜想一下，一个分数能否化成有限小数，可能与什么有关系？

学生回答后综合板书：

可能：

（1）与分子有关系；

（2）与分母有关系；

（3）与分子分母都有关系。

师：我们这节课就来研究一个课题：哪些分数能化成有限小数？

2. 讨论研究方法

师：设计怎样的实验，才能知道一个分数能否化成有限小数，是由分子还是由分母决定的。请各小组讨论一下。

生：有人认为由分子决定，有人认为由分母决定，不如分两种情况都进行实验好了。

师：如果猜想一个分数能否化成有限小数是由分子决定的，怎样证明呢？

生：我想从刚才能化成有限小数的分数里，先拿出一个分数来，变换这个分数的分母，如果怎么换，得到的分数都能化成有限小数，那就是那个分子在起作用了。

师：你的思路是，如果真是由分子决定一个分数能否化成有限小数，就与分母无关，无论我们怎样换分母，得到的分数应该都能化成有限小数。是吗？

生：是的。

师：这思路好。如果换某个分母后，得到的分数不能化成有限小数了，怎么办呢？

生：说明不是由分子决定的。

师：科学实验中，排除一种假设，也是一种成果。

师：如果猜想一个分数能否化成有限小数，与分母有关，又怎样实验呢？

生：也可以用类似刚才讨论的方法。

师：根据刚才的讨论，我们可以明确一下步骤：

步骤一：先确定一个假设（由分子或由分母决定一个分数能否化成有限小数）。

步骤二：选择一个分数作为研究对象。

步骤三：让猜想的因子（分子或分母）不变，改变另一个因子。比如猜想分子决定一个分数能否化成有限小数的分数，就让分子不变，分母变化。如果猜想分母决定一个分数能否化成有限小数的分数，就让分母不变，分子变化。

步骤四：分析实验结果，得出结论。

3. 学生活动，检验猜想

出示实验方法：

（1）每人先做出猜想，并把自己的猜想填在实验表的第一栏里。

（2）确定一个能化成有限小数的分数作为实验对象。（可以在刚才的分数中选取，也可以另定一个）明确根据猜想，实验时应让什么不变，什么变化，并填到实验表的第二栏里。

（3）实施实验，并写出结论。

什么样的分数能化成有限小数实验记录单：

我的猜想是：一个分数能否化成有限小数，是由分（　　）决定的。
我确定作为研究对象的分数是（　　）。根据猜想，要让分（　　）不变，分（　　）变化。

分数							……
小数							……

我的结论是：一个分数能否化成有限小数，（A. 是　B. 不是）由分（　　）决定的。

4. 形成结论

（1）汇报：请同学到讲台前，边展示实验表边汇报自己的实验及结论。

（2）达成共识：一个分数能否化成有限小数，是由分母决定的。

（三）深入研究

师：下面我们要研究的是当分母是哪些数时，这个分数一定能化成有限小数？

1. 分类

为便于观察，把各人实验中能化成有限小数的分数都写出来，归为一类；不能化成有限小数的也写出来，归为另一类。

2. 分解质因数

师：研究一个数特征的办法，通常是把这个数分解质因数。全班同学分工合作，把这些分数（包括能和不能化成有限小数的）的分母都分解质因数。分解过程写在小纸条上，然后把这些小纸条贴在这些分数的下面。

$\dfrac{(\quad)}{(\quad)}$（A. 能 B. 不能）化成有限小数，把分母分解质因数是：__＝_____

3. 观察

师：观察这些质因数，你有什么发现？

生：能化成有限小数的分数的分母，质因数全是 2 或全是 5。

生：也有既有 2，又有 5 的。

师：除了上述三种情况，还有没有别的情况？

生：没有了。

师：那就是说，能化成有限小数的分数的分母的质因数中，只含有 2 和 5。

生：不能化成有限小数的分数的分母，质因数里也可能含有 2 和 5。

生：但不是"只含有"，有些含有 2，又含有其他质因数，或者含有 5 也含有其他质因数。

生：像分母是 9 的分数，9 的质因数里没有 2 也没有 5。

……

（四）巩固练习，完善结论

师：判断一个分数能否化成有限小数的方法是什么？

生：把它的分母分解质因数，如果只含有 2 和 5，就能化成有限小数。

（练习略）

师：我们来研究一下 $\frac{5}{36}$ 和 $\frac{9}{36}$ 这两个分数。36 的质因数里有 3，为什么 $\frac{5}{36}$ 不能化成有限小数，而 $\frac{9}{36}$ 却能化成有限小数？

生：老师，我知道了，$\frac{9}{36}$ 其实是 $\frac{1}{4}$，4 的质因数全是 2。

师：看来，运用我们刚才得到的结论时，有个前提，谁能说说。

生：这个前提就是先把要判断的分数化成最简分数。

师：有兴趣的同学课后可以思考讨论：为什么一个分数能否化成有限小数，由分母决定？

生：我想到 $\frac{1}{8}=0.125$，是有限小数，$\frac{3}{8}$ 是 3 个 $\frac{1}{8}$，是一个有限小数的 3 倍，因此，它的积还是一个有限小数；

生：我也想到，$\frac{1}{9}=0.1111\cdots\cdots$ 是无限小数，$\frac{5}{9}$ 是 5 个 $\frac{1}{9}$，是一个无限小数的 5 倍，因此，它的积还是一个无限小数。

……

［点评：本课以"突出学生的主体地位，关注学生的发展"为出发点，在开放的氛围中，让众多的信息相互交织，不同的思路相互促进，自育与他育相互补充，为

学生的发展提供了良好的契机和广阔的空间，使学生充分感受与体验了知识的发生与发展过程。

"一个最简分数，如果分母中除了2和5以外，不含有其他的质因数，这个分数就能化成有限小数；如果分母中含有2和5以外的质因数，这个分数就不能化成有限小数。"这个规律如果学生没有思考过，就直接告诉他，一个让学生自主发现的环节就被跳过去了。而"泄漏一个可以由学生自己发现的秘密，那是'坏的'教学法，甚至是罪恶"。（弗赖登塔尔：《作为教育任务的数学》）这节课，不但没有把"秘密"泄漏给学生，最难能可贵的是发现秘密的过程。这个过程不是由老师设计活动，学生执行操作，然后发现"秘密"，而是让学生先发现问题，然后把问题作为课题，连解决问题的方法，也是由学生讨论制定出来的。许多时候学生会有这样的疑问：这样做能发现规律，可是这个做法是怎么想出来的？倘若没有老师的指导，或执行老师事先设计好的活动，这个规律就不会被发现。

这节课是研究性学习在学科教学中的一个尝试。整节课，全班把"哪些分数能化成有限小数"作为一个共同的研究课题，让学生初步经历了一次课题研究过程，学生按"问题的提出"、"研究假设"、确定"研究方法和步骤"、"实施研究"（小组进行分工合作）、"得出结论"的程序完成研究，初步体会了"做出研究假设—制定研究方案—实施研究方案—观察实验结果—得出结论并应用"的科学研究方法。这个经历，比单纯地知道一个数学的知识点更有意义。这既符合新课程标准的理念，又有利于学生的综合发展，是一节很有创意的示范课。]

（本节课由罗忱红老师点评）

十、在知识生长点处设计数学活动

——"倒数的认识"教学实录与点评

[知识点分析]

学习"倒数"的知识，主要是为学习分数除法做准备。这节课的知识目标是建立"倒数"、"互为倒数"的概念，使学生知道乘积是 1 的两个数叫做互为倒数。掌握求一个数，尤其是一个分数或整数的倒数的方法。教学时要强调倒数是对两个数来说的，它们是相互依存的，必须说一个数是另一个数的倒数，不能孤立地说某一个数是倒数。要结合实例引导学生掌握求真分数、假分数、带分数和整数的倒数的方法。

（2001 年 9 月，黄老师应邀在浙江省富阳市讲学，借班上了这节"倒数的认识"观摩课。黄老师联系在北京举行的第二十一届世界大学生运动会这一学生非常关注又十分鲜活的实际创设问题情境。在课前谈话时，渗透"互为"这个倒数概念中的关键词语，为新授作铺垫。探究的过程中，针对学生的举例组织一连串的问题，帮助学生逐步理解倒数的意义，突出教学的重点。课堂上，教师精巧的提问引导，既分散教学难点，又让学生享受到了思维的快乐。2004 年 10 月，黄老师在深圳做观摩课时，又有了新的尝试，把学习的内容变成学生乐于思考、分析和观察的对象，让学生在探索和发现的过程中掌握方法。）

[**实录与点评**]

实录一：2001 年 9 月于浙江富阳

（一）课前谈话提问，渗透"互为"

师：同学们，第二十一届世界大学生运动会在我国哪里举行？

生：北京。

师：中国队共获得了多少块金牌？

生：54 块。

师：名列第几？

生：名列第一。

师：我们要向中国的运动健儿们学习，为国争光。

师：在紧张激烈的比赛过程中，各国的运动健儿之间增进了——（友谊），相互成为——（朋友）你是怎样理解"相互成为朋友"这句话的？

生：互相是朋友。

生：互为朋友。

[点评：教师的课前谈话提问，取学生最感兴趣的材料，吸引学生的注意。对学生进行思想品德教育的同时，渗透"互为"这个倒数概念中的关键词语，为新授作了铺垫。]

（二）练习口算设疑，导入新课

组织学生练习一组口算题后提问，同时板书如下：

乘积是 1

$$\frac{3}{8} \times \frac{8}{3} = 1$$

$$\frac{7}{15} \times \frac{15}{7} = 1$$

$$3 \times \frac{1}{3} = 1$$

$$\frac{1}{80} \times 80 = 1$$

互为倒数

师： 你发现这几道口算题有什么相同点？（板书：乘积都是 1）

师： 乘积是 1 的两个数是什么关系呢？这就是我们今天要学习的内容。（板书课题：倒数）

（三）针对举例提问，理解意义

师： 同学们知道什么样的数互为倒数了，你能说出黑板上口算题中，谁和谁互为倒数吗？你还能举出例子来吗？

学生举例，教师板书：

$\frac{4}{7}$ 和 $\frac{7}{4}$ 互为倒数。

6 和 $\frac{1}{6}$ 互为倒数。

师：

(1) 还有吗？把你想的说给同桌同学听。

(2) 你的同桌说的对吗？你怎么知道是对的呢？（因为同桌说的两个数的乘积是1）

(3) 你是怎么理解"互为"这两个字的？你能像书上那样说清楚吗？（引导学生看书后口述 $\frac{3}{8}$ 和 $\frac{8}{3}$ 互为倒数，即 $\frac{3}{8}$ 的倒数是 $\frac{8}{3}$，$\frac{8}{3}$ 的倒数是 $\frac{3}{8}$）

[点评：针对学生的举例组织一连串的问题，帮助学生逐步理解倒数的意义，突出重点。让学生用书上的话描述知识内容，培养了学生口头表达能力。]

（四）创设情境提问，激励求知

教师用投影仪显示 $\frac{4}{7}$、$\frac{9}{13}$、$\frac{4}{3}$、$\frac{1}{7}$、7、$\frac{3}{4}$、$\frac{13}{9}$ 这七个数，要求学生把互为倒数的数移成一组。

（屏幕上只剩下 $\frac{4}{7}$，因没有找到倒数，没有被移动，放在一边）

师：$\frac{4}{7}$ 为什么孤零零地"站"在一边呢？

生：因为这组数中没有 $\frac{4}{7}$ 的倒数。

师：$\frac{4}{7}$ 究竟有没有倒数呢？你们想学习求倒数的方法吗？

生：想。

[点评：教师精心设计，创设 $\frac{4}{7}$ 没有倒数的情境，激发学生求知的欲望，调动了学生学习的积极性。]

（五）自学尝试提问，掌握方法

教师出示尝试题："写出 $\frac{3}{4}$、$\frac{5}{12}$、$\frac{1}{9}$ 的倒数"。引导学生自学教科书后思考：

(1) 怎样求倒数？

(2) 互为倒数的两个数相等吗？用什么符号连接？

学生看书自学过程中，教师提问：

（1）$\frac{3}{5}$ 的倒数是怎样求出来的？书写格式怎样？书上用了一个什么符号连接？ $\frac{7}{2}$ 呢？

（2）怎样求一个数的倒数，看懂了说给同桌同学听。

学生尝试练习初步学会求倒数的方法后，引导学生讨论 4 和 $1\frac{7}{8}$ 倒数的求法，并作板书。

师：（1）要求 4 的倒数，就是把 4 的分子、分母调换位置，4 不是分数怎么办？（引导学生先"变形"成 $\frac{4}{1}$）$\frac{4}{1}$ 是 4 的倒数吗？还要怎样？（把分子、分母调换位置）

（2）$1\frac{7}{8}$ 的倒数怎么求呢？

（3）4 和 $\frac{4}{1}$、$1\frac{7}{8}$ 和 $\frac{8}{15}$ 是不是互为倒数，怎样检验？（看它们的乘积是不是 1）

板书：

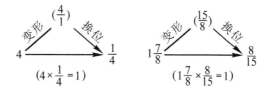

［点评：学生自学时，教师提问，给学生指明了思维的路线，便于学生分清主次，看得仔细。对于整数、带分数倒数的求法，作重点提问与板书，直观地介绍解法，突破难点。第（3）题的设计，要求学生既要掌握求倒数的方法，又能用意义去检验知识。从这一点可以看出教师处理教材的功力。］

（六）鉴别比较提问，弄清特例

学生学会求真、假、带分数及自然数倒数的方法并作小结之后，教师出示第二次尝试练习题"写出下列各数的倒数：$1\frac{5}{6}$、27、1、0、$\frac{2}{5}$"。教师不急于让学生练习，而是让学生观察后，提出下列问题：

师：（1）这组数中，你最喜欢求哪个数的倒数？为什么？

生 1：我最喜欢求 $\frac{2}{5}$ 的倒数，只要把 $\frac{2}{5}$ 的分子、分母位置调换一下，就是 $\frac{2}{5}$ 的倒

数 $\frac{5}{2}$。

生 2：我最喜欢求 1 的倒数。因为 $1 \times 1 = 1$，1 的倒数是 1。

（教师小结板书：1 的倒数是 1）

〔点评：这个问题的设计，让学生在情感的参与下，鉴别比较，快乐地思维，很快解决"1"的倒数是"1"的问题。〕

师：（2）这组数中，你最不喜欢求哪个数的倒数？

生 1：我最不喜欢求 0 的倒数，因为 0 变形后是 $\frac{0}{1}$，要是再换位就成了 $\frac{1}{0}$，0 是不能做除数（分母）的，0 好像没有倒数。

生 2：再说 0 乘以任何数也不可能是 1 呀，我认为 0 没有倒数。

（教师小结板书：0 没有倒数）

〔点评：教师设计伴随学生情感参与的尝试练习，调动了学生学习的积极性和主动性。在学生注意力高度集中、思维活跃的判断及说理的过程中，既帮助学生巩固知识，又轻松、顺利地完成了求"1"和"0"这两个特殊数的倒数的教学。教师精巧的提问引导，既分散了教学难点，又让学生享受到了思维的快乐。〕

（本节课由著名特级教师邱学华点评）

实录二：2004 年 10 月于深圳

（一）创设情境

师：同学们，"朋友"这个词对我们来说已经非常熟悉了。比如：你是我的朋友，我也是你的朋友。我们可以体会得到朋友是相互的。在数学里，数也有朋友，比如相乘积等于 1 的两个数就互为"朋友"。出示：□×□＝1

（二）研究探索

1. 小组学习——填表"找朋友"

师：每位同学先独立思考，看能找到几对这样的"朋友"。然后，把你找到的"朋友"填到本组的表格内。

2. 学生活动

3. 展示汇报

师：经过同学们的合作与努力，各小组已经完成了表格的填写。下面我们就请各小组派一名代表运用展示台给全班同学汇报一下你们组的情况。

小组 1：

0.2		5
0.4		2.5
0.8	×	1.25
0.16		0.625
0.1		10
0.01		100

= 1

小组 2：

3		1/3
4		1/4
5	×	1/5
6		1/6
1234		1/1234
1		1

= 1

小组 3：

12
1/2
3/4
199/200
1
315

×

1/12
2
4/3
200/199
1
1/315

=

1

（其他小组的汇报略）

师：从表格中我们可以看出：自然数、小数、分数都可以找到各自的朋友，使得互为朋友的两个数乘积为 1。在数学上我们称乘积为 1 的两个数互为倒数。

（板书课题）

4. 深入探索

师：是不是所有的自然数、小数和分数都有倒数？如果有，怎样很快找到一个数的倒数？请进一步研究，看看有什么发现？

（全体学生开始议论，探索）

生 1：我发现自然数 a 的倒数可以用 $\dfrac{1}{a}$ 来表示。

板书：$a \times \dfrac{1}{a} = 1$

师：这真是"一式千金"呀！应用代数知识巧妙地进行了归纳。不过这个式子对 a 有什么要求？

生 2：我认为只要 a 不为 0 就行了。因为 0 不能作除数。也就是说 0 找不到和它相乘积为 1 的朋友。

生 3：我们组发现这样的朋友有无数对。

生 4：我们组发现要找一个分数的倒数，只要把它的分子、分母互换位置就行了。

如：$\dfrac{2}{3}$ 的倒数是 $\dfrac{3}{2}$，等等。

师：这真是一个"惊天动地"的发现啊！

板书：$\dfrac{b}{a} \times \dfrac{a}{b} = 1$

师：你们能解释一下"互为"的意思吗？

生1：就是"相互"的意思。

生2：因为这两个数是朋友，所以是相互的。

师：说得真好。因为 $\frac{2}{3} \times \frac{3}{2} = 1$，所以 $\frac{2}{3}$ 和 $\frac{3}{2}$ 互为倒数，也就是 $\frac{2}{3}$ 的倒数是 $\frac{3}{2}$，$\frac{3}{2}$ 的倒数是 $\frac{2}{3}$（我是你的朋友，你也是我的朋友）。不能说成 $\frac{2}{3}$ 是倒数，必须指明它是谁的倒数，这样才能体现"互为"的含义。

师：通过刚才的学习，我们已经知道了：整数 a 的倒数是 $\frac{1}{a}$，分数 $\frac{b}{a}$ 的倒数是 $\frac{a}{b}$，那么，小数有没有倒数？求小数倒数有没有窍门？

生1：受到刚才算式的启发，我想到，如果把小数改写成分数的形式，就可以了。如：$0.5 = \frac{1}{2}$，0.5 的倒数就是 $\frac{2}{1} = 2$。

生2：整数、小数都能写成分数的形式，那么所有数的倒数，就是把这个数的分子、分母位置调换，十分有趣。

生3：我们发现要求一个数的倒数，只要把这个数改写成分数的形式，然后把分子、分母调换位置就行了。

生4：我们有一个问题，如果说只要调换分子、分母的位置就行了，那么像 $2\frac{2}{3}$ 的整数部分怎么办呢？

师：对呀，怎么办呢？

（各小组在下面纷纷议论起来）

生1：我们组计算过了。$2\frac{2}{3} \times (\quad) = 1$ 呢？可以这样想：$2\frac{2}{3} = \frac{8}{3}$，$\frac{8}{3} \times \frac{3}{8} = 1$，所以 $2\frac{2}{3}$ 的倒数是 $\frac{3}{8}$。

师：说得好。还有疑问吗？

生2：没有了。

师：哪一个小组来概括一下找一个数的倒数的方法呢？

小组4：所有的数都按分数形式表示，是真分数的直接调换分子、分母的位置就行了；是带分数的要先化成假分数，再调换分子、分母的位置。

小组 6：我们这样想：所有的数都表示成 $\frac{b}{a}$ 的形式，然后调换分子、分母的位

置成 $\frac{a}{b}$ 就行了。

师：好！这样概括更精练！

师：前面我们进行了广泛的研究，下面我们来检验一下研究的效果。

（三）练习与反思

（练习过程略）

（四）课堂小结

师：同学们通过自己的努力以及与别人的合作，认识了倒数，学会了找倒数的方法。
同学们的表现很精彩，老师由衷地祝贺你们！

［点评：苏霍姆林斯基曾建议："把现在学习和即将学习的东西，变成学生乐于
思考、分析和观察的对象吧！"对于这个观察对象，通常的做法多是以例题的方式呈
现给学生，但在这节课上，老师一上课就让学生做游戏，找出□×□＝1。这是个十
分巧妙的活动设计：

1."倒数"这个概念的出发点就是乘积等于 1 的两个数。现在把数学活动设计
在了数学知识的出发点处，有利于学生理解和掌握概念。围绕"找朋友"，安排了个
人思考、小组综合和全班讨论三个层次的活动。首先使每个人都有独立思考的机会，
然后在小组里综合，这样得到的实例也就是接下来的观察分析的对象也就多，充分
体现了小组合作学习的优越性。比老师出示例题讲解，更容易为学生所接受。最后
的全班讨论，集思广益。

2.建立概念和发现方法都融在了"找朋友"的活动当中。"倒数"概念的建
立，不是用由老师告诉的方法来完成，而是学生自己在活动的过程中逐步建立起
来的。求一个数的倒数的方法，也不是老师"教"会的，而是由学生"再发
现"的。

3.给了学生一个适当的空间。对学习有困难的学生而言，是可以参与的，他们

总能找到一两对"朋友"；对一般学生而言，在展示和讨论等环节中，也可以找到参与和发挥的机会；对好的学生而言，在发现和总结方法，表述"倒数"概念等较多的环节中，有较大的发挥空间。而成绩中下学生和成绩一般的学生，在经历这个过程以后，接受由同伴发现的结论和方法，比接受老师"教"的结论和方法，心理上更轻松，更容易理解。

值得一提的是，这节课，老师只在关键的地方做了引导，成为一个真正的组织者和引导者。]

（本节课由罗忱红老师点评）

十一、引导学生用多种感官参与知识的形成过程
——"圆的认识"教学实录与点评

[知识点分析]

圆是一种常见的平面图形，也是最简单的曲线图形。学生已经对圆有了初步的感性知识。教学时，可以让学生回答日常生活中圆形的物体，并通过观察使学生认识圆的形状。再指导学生独立完成画圆的操作过程，掌握圆的画法。经过讨论使学生认识圆的各部分名称，掌握圆的特征。

实录一：1995 年 4 月于海口

[实录与点评]

（一）揭示课题

师：（出示硬纸圆）同学们，这是什么图形？

生（齐答）：圆。

师：（把硬纸圆反贴在黑板上，出现课题）今天这节课我们一起来认识"圆"。

（二）实验探究圆的形成和画法

1. 探究圆的形成

师：同学们想想，体育老师在操场上是怎样画圆的？

生1：有一次，体育老师拿一根竹竿，在地面上扫一圈，画了一个圆。

生2：我帮体育老师在操场上画过圆。体育老师让我拉着皮尺的一端站着不动，他放了一段尺子后，抓住皮尺的一点，拉直皮尺绕着我这一点用白灰画一圈，就在地上画出一个圆。

师：如果你移动了位置，或者皮尺没有拉直，还能画出圆吗？

生：不能！

师：这是一根细绳，绳子的一端系着一个小球，如果把绳子的另一端用图钉固定在黑板面上，用力甩动小球，小球靠着黑板面会形成什么图形？

（学生实验后，屏幕显示并引导学生仔细观察小球被甩动形成圆的过程，直观、动态地渗透圆是"在平面内到一定点的距离等于定长的点的轨迹"的含义）

师：小球被甩动时，为什么不跑到别的地方去，而是形成一个首尾相接的曲线，也就是圆呢？

生：因为小球被细绳拉着，细绳的另一端被固定着。

师：对！正是因为小球的一端固定在一点上，拉直的绳子长度也没有改变，这样甩动小球，也就形成了圆。圆的形成需要"定点"（板书），还需要"定长"（板书）。

［点评：教师把教学的新知识和生产、生活实际紧密结合起来，从而培养了学生观察和认识周围事物的兴趣和意识。］

2. 学习用圆规画圆

师：生活中，我们通常用画圆的工具圆规来画圆。（出示圆规）根据刚才我们发现的道理，怎样用圆规定点和定长，画出圆来呢？试试看。

（学生尝试画圆）

生：我们可以先确定圆规的两脚距离，然后，把其中的一脚固定，另一脚旋转，这样就可以画出一个圆来。

（屏幕显示圆规画圆的过程，引导学生观察是不是圆规的一脚固定，一脚旋转）

师：谁能说一说画圆步骤和体会。

生：我认为，画圆分三步：定长、定点和旋转。

生：画圆时要注意定点不能移动，定长不能改变。

师：我发现有一位同学画圆时，没有旋转圆规，而是把纸旋转了一圈，这样能画出圆吗？

生：可以！不过，要是把这个圆画在黑板上，黑板就没那么容易转了。

师：对！尽管这样做不是最科学，我还是欣赏那位同学的"与众不同"。

（教师用圆规画出黑板上小球被甩动时，形成的圆）

（三）探究圆的特征

1. 认识圆的各部分名称

师：老师画圆时，圆规两脚间的距离有没有改变？

生：没有！

师：也就是画圆时，定长始终不变。如果要在圆内画出一条线段来表示定长，应从哪一点画到哪一点呢？

生：从画圆时固定的一点，画到圆边上的一点。

师：画圆时固定的一点叫做圆的"圆心"，用字母"o"来表示。圆边上，就可以说成"圆上"，是从圆心画到圆上的哪一点？

生：圆上的任何一点都可以。

生：圆上任意一点。

师：谁来指一指圆上的任意一点。

（一学生在圆上不同的位置指了几个点后，教师引导学生比较）

师：这位同学指的都是"圆上一点"，（在圆内点一点）这一点还是圆上的一点吗？

生：这一点不是圆上的一点。

师：那叫什么呢？

生：就叫"圆内一点"吧！

师：有"圆内一点"，有没有"圆外一点"呢？谁来指一指。

（学生指出圆外的一点）

师：（画出一条表示定长的线段）圆内像这样的一条线段叫做圆的半径。什么是圆的半径呢？

生：从圆心到圆上任意一点之间的线段叫做圆的半径。半径用字母"r"来表示。

师：圆内还有一条重要的线段，谁知道？

生：是直径。

师：什么叫圆的直径呢？请同学们看课本。如果要在黑板上的这个圆里，画出一条直径，尺子应该怎么摆？

（一位学生做出一种摆法）

师：只能这样摆吗？

（学生又做出另一种摆法）

师：有两种摆法了，还有第三种吗？这样吧，你摆，我数。

（师生合作完成 8 种摆法）

师：这些同学的 8 种摆法，有什么特点？

生：都没有离开圆心。

（教师选其中一种，画出直径）

师：谁能概括什么叫圆的直径？

生：通过圆心并且两端都在圆上的线段叫做圆的直径。直径用字母"d"表示。

师：刚才我们认识了圆的各部分名称。出示卡片 圆心（o） 、 半径（r） 、 直径（d） ，如果把这三张卡片贴在黑板上，你认为在定点、定长的后面应该放什么？

生：定点的后面是圆心，定长的后面是半径。

师：请同学们在你画的圆上标出圆心，并画出半径和直径。

师：为什么有的同学画的圆大些，有的同学画的圆小些，有的位置高些，有的位置低些？圆的大小和位置跟什么有关？请小组讨论。

生：圆半径的长短决定了圆的大小，圆心的位置决定了圆的位置。

教师板书如下：

定点→ 圆心（o） →位置

定长→ 半径（r） →大小

直径（d）

2. 探究圆的特征

师：请同学们在自己画的圆内画出三条半径和三条直径。想一想：还能画吗？再量一量画出的半径和直径的长度，你能得出什么结论？

（学生独立实践和思考后，小组讨论）

生：我认为，圆内有无数条半径，无数条直径。

（教师板书：无数条）

生：我发现，在同一个圆里，所有半径长度都相等，所有直径长度都相等，直径是半径的 2 倍。

（师生讨论时，完成下面的板书）

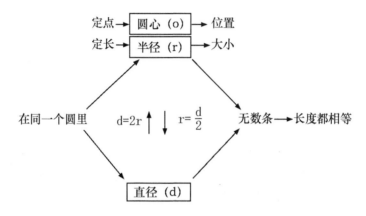

[点评：引导学生通过指一指、比一比、画一画、量一量等活动，发现、探索、获取有关圆的知识，悟出圆的特征，使学生积极主动地参与教学的过程。课堂板书简洁扼要，条理分明，布局合理，体现板书的形式美和简洁美，把本节课所学的知识重点，鲜明地展现在学生眼前，起到画龙点睛的作用。]

3. 小结所学知识，引导学生质疑

（四）解决问题

1. 在圆内的线段中，分别找出各圆的半径和直径

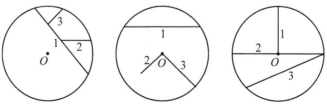

2. 判断题 (对的划 "√"，错的划 "×")

(1) 画圆时，圆规两脚间的距离是半径的长度。(　　)

(2) 两端都在圆上的线段，叫做直径。(　　)

(3) 圆心到圆上任意一点的距离都相等。(　　)

(4) 半径 2 厘米的圆比直径 3 厘米的圆大。(　　)

3. 在下图中 (依次逐一出现)，看到了什么条件，你能想到什么?

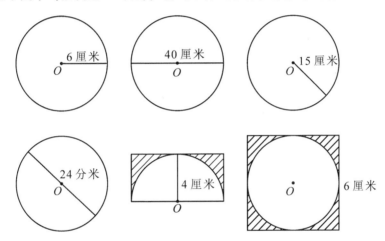

(五) 发展性练习

师：这节课，我们认识了圆。在日常生活中，有哪些物体是圆形的?

生：汽车的方向盘是圆形。

生：碗口是圆形。

生：有的餐桌桌面是圆形。

生：钟面是圆形。

生：车轮是圆形。

生：交通标志是圆形。

生：呼啦圈是圆形。

生：球是圆形。

师：球是不是圆形?

（屏幕显示球被破开，旋转球体，出现并闪烁横截面的过程。教师说明：球是圆球体，不是圆形，要是把球破开，它的横截面就是圆形）

师： 有位同学说，汽车的车轮是圆形。你能用今天所学的知识说明为什么车轮要做成圆的吗？

生： 因为在同一个圆里，所有半径长度都相等。圆形的车轮在滚动时，车轴到地面的距离始终保持不变。这样，汽车在前进过程中，就会保持平稳。所以车轮要做成圆的。

师： 如果车轮做成方的，坐在车上的感觉会怎样呢？

生： 会感觉很颠簸。

（电脑演示小猴坐在方形车轮车上前进时，颠离座位的动画画面）

师： 小猴子感受颠簸的原因是什么？

生： 因为方形车轮有棱有角。

师： 如果车轮制成椭圆的，就没棱没角。坐在车上的感觉又会怎样呢？请看。

（电脑演示小猴坐在椭圆形车轮车上前进时，小猴一上一下的动画画面。并讨论颠簸的原因）

师： 请同学们继续看屏幕。汽车的车轮做成圆形时，车轴到地面的距离是不是保持不变？

（电脑演示动画：小猴坐在圆形车轮车上，车轴到地面的距离保持不变，车子平稳前进）

师：我们学的数学知识，在生产和生活中的应用是很广泛的。我们要学会运用学到的知识去观察周围的事物，想身边的问题。这样我们的学习才有价值，才能享受到学习成功的乐趣。

［点评：学习新知识后，安排一组选择、判断和看条件想问题的不同形式、多个层次的巩固练习，既巩固新知识，又发展学生的数学思维。让学生运用所学知识说明为什么车轮要制成圆的，有趣的问题，直观形象的三维动画演示，使学生在愉快的学习气氛中，积极思维，享受学习成功的乐趣。］

（六）课外实践

在一个正方形里，画出一个最大的圆。

［点评：这是黄老师代表广东省参加由中国教育学会小学数学教学专业委员会在海口举行的全国第二届小学数学优化课堂教学观摩交流会荣获一等奖的课例。黄老师的这节课，给我留下深刻的印象和美好的回忆。他对教材钻研得深，理解得透彻，对教学内容有较高的处理能力。能根据儿童的认知规律，科学地、创造性地设计教学程序。教学过程中，能巧妙地创设情境，激发学生的学习兴趣和强烈的求知欲望，在引导学生积极思维，主动获取知识，总结规律方面，表现出卓越的才华。他很注重有机地采取多种教学方法、多种练习形式进行教学，使学生在愉悦的气氛中学会数学知识，会学和乐于学习数学。"圆的认识"这一节课，他上得很成功，充分地体现了上述教学特色。我认为他以下几方面处理得很好。

1. 从生活实际引入，在上新课的过程中能密切联系生产，生活实际

课的开始，通过屏幕显示生活中经常见到的圆，如钟面、车轮……后来又让学生举例说出几个圆形的物体。课的结尾部分又演示了小猴坐车的几个形象画面，使学生具体地感知数学应用的广泛性，潜移默化地向学生进行了学习目的教育。

2. 重视引导学生用多种感官参与知识的形成过程

心理学实验证明，思维往往是从动作开始的。切断活动与思维的联系，思维就不能得到发展。要解决数学知识的抽象性与学生思维形象性之间的矛盾，关键是依靠动手操作。基于上面的认识，黄老师在引导学生认识圆的各部分名称，理解圆的特征，以及教学圆的画法时，有目的、有意识地安排了让学生画一画、指一指、比一比、量一量等动手实践活动，启发学生用眼观察，动脑思考，动口参加讨论，用

耳去辨析同学们的答案，收到了很好的教学效果。教育家乌申斯基说："接受知识的感官越多，知识就掌握得越牢固，越全面。"

3. 重视培养学习兴趣，激发求知欲望

"好奇"是少年儿童的心理特征之一，他们对新鲜的事物特别感兴趣。黄老师在教学方法上，特别注重新颖性。能用不同的方法设置疑点，让学生在探求知识的思维实践中，使思维能力受到培养和训练。他的提问巧，能根据学生的认识水平，创设深浅适度，学生似懂非懂、易混易错的问题，也就是将问题提在学生的知识和潜力的最近发展区以内，激发学生思维积极性。黄老师给学生创设思维的空间，注意诱发学生积极体验，自己产生问题意识，自己探究、尝试，修正错误，总结规律，从而主动获取知识。

4. 充分发挥计算机辅助教学的功能

利用多媒体计算机辅助课堂教学是大家比较关心的课题。目前使用教具、各类学具、投影幻灯进行教学，老师们已取得一定的经验。像黄老师那样，发挥计算机直观形象、声像结合、动静结合、节省教学时间等多种功能，展现知识发生、发展过程，使学生饶有兴趣地投入学习，从而加深对知识的理解与掌握，优化课堂教学结构的先进做法，在一些师资、教学设备较好的学校，应创造条件积极开发。

这节课的不足之处，是用计算机显示的用圆规画圆跟后面教师的演示有些重复，多占用了一些教学时间。]

（本节课由中国教育学会小学数学教学专业委员会
常务理事兼秘书长陈起新点评）

实录二：2012 年 12 月于苏州

（一）课前谈话

师：好，同学们坐正！五年级三班，对吗？（生齐说对）咱们五年级有多少个班？生齐答：四个！（师惊讶！）4 个？（师掰手指数）五（1）、五（2）、五（3）、五（4），（停顿）五年级有 4 个班，为什么偏偏叫五（3）班来上？

生 1：我们上课发言积极。

师（坚定语气）：上课发言积极！

生 2：举手的人很多。

师：她说发言积极，他说举手的人很多，还有呢？（生沉默片刻）

　　师（调侃）：反正你们就适合上公开课！（生笑）

师：你说！

生 3：我们思维很活跃。

生 4：我们上课特别专心。

师：这就是你们一帮同学往这儿一坐，我脑子里呈现的一个大问号，同学们帮我解开了。怪不得咱们校长安排咱们五（3）班来上课，这个时候，难道你们见到我，就没有这样一个问题吗？

生 1：为什么是你来上课？

师：嗯！他说为什么是你来上课？数学老师那么多，为什么是你来上课，你怎么想？（生沉默）

师：不知道吧？你们猜猜看！

生 1：可能黄老师是来这里实习的。

　　（大家笑声一片）

　　师（指欢迎标语）：如果是实习老师，会把我的名字写在上面？（师笑）你琢磨！

生 2：你可能是一个比较好的老师。

师：嗯，我可能是个比较好的老师。

生 3：因为黄老师教得比较好。

生 4：因为上面写着深圳市教育科学研究院，所以黄老师肯定是一个很好的老师。

师：谢谢！因为你们优秀所以学校安排你们来，因为黄老师也不错所以黄老师来了。但是你们要清楚哦！像你们这样优秀的班级远不止一个，像我这种还可以的老师也不止我一个，而偏偏就是我跟同学们一起上数学课（深情），此时此刻，我就感觉黄爱华老师跟我们五（3）班同学之间有什么？（生说缘）有缘分，对啦！我也是这么认为的。就是因为我们之间这个缘分，我们可以在一起共同度过生命当中的接下来的几十分钟时间。我是一个非常珍惜缘分的人，你们呢？（生说我们也是）你们也是？太棒了。上课！

　　[点评：学生的情感不是被知识本身所揽起，更重要的是要被教师的点化所揽

起。"五年级四个班，为什么偏偏叫你们班来上？"，"我们班思维活跃"，"我们上课特别专心"。对话时间虽然不长，但悄然中学生的生命能力、生命智力和生命肽已被激活。]

（二）联系生活，提出大问题

师： 这节课，我们一起来认识"圆"。其实圆形在生活中是非常普遍的，好多物体的面都是圆形。请同学们看屏幕，同学们知道为什么人们总习惯把下水道盖子做成圆形吗？

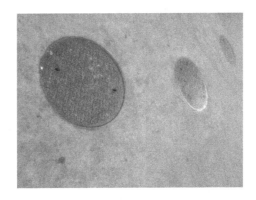

生： 因为圆形不容易掉到下面去。

师： 那要掉下去还得了，要砸到人的，是吧？方的会不会掉下去？

生： 方的有可能会。

师： 确定？

生： 确定。

师： 这位同学好厉害，他坚定地认为，圆的是掉不下去的。我查过一个资料：人们为什么总喜欢把下水道的盖子做成圆的呢，有这么几个原因：

　　一是它不会掉下去，工人在下水道下面工作时，特别地安全；第二，它方便运输。它可以滚着走嘛。第三，美观。还有受力均匀、节省材料。

（1）不会掉下去；
（2）方便运输；
（3）美观；
（4）受力均匀；
（5）节省材料。

后面的几个特点，以后再讨论。今天这节课，我想和同学们重点讨论第一个问题：圆形的井盖为什么不会掉下去？

[大问题，首先是一种大局观。人们之所以喜欢把下水道的盖子做成圆形，正如案例中呈现的，原因有些复杂。但如果放手让学生探讨，课堂会失之于偏颇。有鉴于此，黄老师在与学生简单交流后，直接解释缘由，使课堂详略得当、重点突出，展示了黄老师对课堂的宏观调控能力。]

（三）尝试操作，解决大问题

师： 有同学举手了？不要急。我希望同学们能在小组里先做一些研究。老师这里有一些教具，（师展示，有罐子，圆形、椭圆形盖子）如果同学们需要，可以跟我申请，我可以借给你们玩。不过，玩归玩，玩的同时，要把你们的想法，用你们的方式，或者在本上写，或者画图记录下来，等一会跟大家交流交流。

◆圆中心的一点，叫做圆心。（用字母 O 表示）

◆连接圆心和圆上任意一点的线段叫做半径。（用字母 r 表示）

◆通过圆心并且两端都在圆上的线段叫做直径。（用字母 d 表示）

（生分小组研究，在研究的过程中，黄老师出示如下内容，并提示学生）

师： 屏幕上有些跟今天有关联的词语，不知道同学们会不会用到？可以用自己的词语汇报自己的想法，要是愿意用这种标准的数学概念来表达就更好了。

[点评：大问题，放得开，更关键的是要收得拢。当大多数学生没有想好时，按住急于发言的学生；学生整理自己的发现时，教师适时投影"跟今天学习有关联的词语"，并提醒学生"用这种标准的数学概念来表达也可以"。如何将教学引向深入？如何将学生的生活语言规范为数学语言？黄老师为我们作了示范。]

生1： 因为无论怎样转，还是一个圆。

师： 什么叫无论怎样转还是一个圆？

生2： 因为圆是由曲线所弯成的，圆形的盖子怎么放都会有一条最长的线段，都会被卡住。

师指圆片：看一看，这样放，是哪一条？你能指出来吗？

（生指圆片横着的直径）

师继续旋转：如果要是这样转一下！再转一下！

生齐说：还是那一条！

师：什么叫还是这一条？保证不是这一条。我都转了几次了，我再转回去你看看。

师演示：这是第一条吧！（生答：恩）再转一下，这是第二条喽！（生答：恩）我要再转一下，第三条啊！

师：什么叫还是那一条？你想表达的是什么，你说！

生1：这个圆的中间的那条线段的长度无论怎么转，都是一样的。

师：像中间那条线段无论怎么转它都有，无论怎么转它都是？

生齐说：一样的。

师：我要这样转一下。（师指水平的那条直径）这一条！我再转一下（又指水平的直径），我再转一下，再转一下……是不是有很多很多条这样的线段呀？（生齐说：是）

师（指着问）：怎么样呢？

生：有无数条。

师：在圆里有无数条这样的线段是不是？并且这样的线段它怎样？

生：长度都相同。

师：长度都是一样长，总是那么长，所以总是卡住，所以它总是掉不下去，是不是这个道理！

生笑：是。

1. 动手操作，形成概念

师：其实你们手中都有一个纸做的圆，如果用我们手中这个纸圆来说明刚刚那个道理的话，我想同学们就能在这个纸圆中画出很多条很多条刚刚我们说的那样的线段，有人说那叫直径，是不是？

生：是。

师：我想问你，有没有办法在这个纸圆上画出它的直径来？我很担心你画的是不是最长的那条直径，有什么好办法？

生1：对折一下。

师：现在我的问题来了，在这个纸圆里我想画出无数条直径，请问要对折几次？（生回答：无数次）无数次，哦，你们不怕辛苦哦！我要画 10 条直径你们就折 10 次……折 1 次画 1 条，折 2 次画 2 条，折 3 次画 3 条，折无数次画无数条，累！！！你说！

生 2：折两次就够了。

师：为什么折两次就够了？

生 2（学生上台投影演示）：先这样折，再这样折一次，然后用尺在这边转一下，（生演示用直尺沿中心点转）转一下就可以画出无数条直径。

师问：尺子转动有什么要求？

生 2：对着中间这个点转（指圆点）。

师：哦，他说对着中间这个点转着画，就可画出很多很多条来。你们听懂没有？（生答：听懂了）讲得蛮好的！他刚刚第一步动作是什么？（生齐说：对折）

师：对折一次。（生齐说：再对折）再对折一次就出现了谁？（生齐说：中心点）没错！那个点就叫圆心。然后呢？

生 2：然后直尺对准圆心转就可以了。

师：好，就按照他的思路，每位同学在你的圆上画 5 条直径，开始。

（学生动手画 5 条直径）

2. 分享认识，丰富概念

师：如果让你接着画下去，还难不难画？

生：不难。

师：当我们画了这么多条后，我们要回到刚刚那个问题。是不是圆里面总有类似于这样一条线段。（指黑板上图）好，看黑板。老师这里有个圆，假如它是下水道井盖，是因为哪一条？同学们可能会说是这一条。（老师比划一条直径）

生：任何一条。

师：假如我们井盖这样去放，可以理解，我们可以这样画一条。（师画一条水平方向直径）我们把圆心找到。（用笔加重圆心痕迹）如果我把这个井盖稍微转一下，可能就不是因为这一条了，可能就是因为这一条（师画一条倾斜的直径）。要是再转一下，可能就会因为这一条（师再画一条倾斜的直径）。正是因为我们的圆里总有这样的线段存在，使得我们圆形的盖子总也掉不下去。在我们刚刚屏幕里面的数学知识里面，同学们应该能看到圆里面把这样的线段叫做什么？

生： 直径。

师： 直径用什么字母来表示？（生齐答 d）用 d 来表示。我以为我们认识了小学阶段非常非常特殊的平面图形，这样一个由弯曲的线围成的图形，有必要深入研究和思考它。通过刚才讨论、画图，关于直径你能得出什么样的研究结论呢？在直径后面你要写一句什么样的话呢？

（沉默）

师： 我写一个：它是无数条的。（板书：无数条）你能像我这样写出一句或者几句吗？四人一组讨论，我看哪个小组关于直径的研究写出来的结论最多。

（学生讨论）

师： 哪位同学愿意写上第二句话，哪位同学愿意写上第三句话。你确认和她不一样你就上去写。（师提醒：不要重复哦！不一样就去写，不用举手！）

生 1 板书：数不完。

生 2 板书：最长的宽。

生 3 板书：一样长。

生 4 板书：必须是直的。

（越来越多的学生来到黑板前）

生 5 板书：每一条都与圆心对折。

生 6 板书：必须通过圆心。

生 7 板书：一个直径是两个半径。

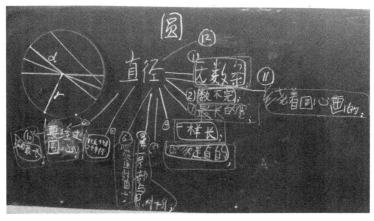

生 8 板书：直径要经过圆心。

生 9 板书：没有最长。

生 10 板书：绕着圆心画。

师：同学们写了这么多的研究结论，真的厉害！我们一个个来，每个人都把自己的发现讲给别人听。

生 1：我写的是第 2 句话"数不完"。因为圆里面可以画无数条直径，你永远数不完。

师：无数条就是数不完，你的数不完就是为了跟我的无数条相对应是吧！（调侃）无数条就是数不完，数不完就是无数条。（生笑）好的，3 号！

生 2："最长的宽"，就是在圆里面，比其他的小一点的"直径"都要长。

师：还有小一点的直径吗？（生说没有）

师：我明白你的意思。这有个尺子，你到黑板上去比划一下。

生：（上台比划）直径比圆内其他的地方的都要长一点。

师：什么叫其他的地方。你这个"地方"让人感觉是一大片。应该是，圆里面其他的……（生答线段）但又不是圆里面随随便便的其他线段……

生：没有通过圆心。

师：没有通过圆心，还有呢？比起其他的没有通过圆心，并且……看看直径（指屏幕概念）。

学生齐读：通过圆心并且两端都在圆上的线段。

师：他的意思是不是跟没有通过圆心，两端也在圆上的线段去比？（生答是）画一条给我们看看。（生画）是不是跟这个比呀？（生答是）像这一条没有通过圆心，两端也在圆上的这样的线段，你想说明什么？

生：就是，直径要比这个长。

师：直径要比这种长。同意吗？（生齐答同意）像这样的两端也在圆上的线段我们以后的数学课一定会研究到它。圆里面有很多这样的线段，他认为直径跟它们比，是最长的。难怪！其实你们刚刚在玩这个的时候（拿圆片）为什么不这样放（放圆筒直径外）？却要放中间，对于这个圆来说（指圆筒的圆面），直径也是……（生说：最长的）是这个道理吗？好。这就是他写的最长的宽，这几个字要不要改一改？什么最长的宽？

生：圆内最长的线段。

师：他说是圆内最长的线段（线段重读），就是你说的最长的宽。可以，通过，鼓掌！（全班鼓掌）4号，4号是谁？

生3：因为圆内直径每条线段都要通过圆心。

师：在圆里面所有的直径都是通过圆心两端都在圆上，（教师比划）这样画也好，这样画也好，他们的长度都是……（生说不变的）一样的，所以你认为是一样长。非常棒！鼓掌！（集体鼓掌）5号，请说！

生4：不能是弯弯曲曲的，必须是直的。

师：在圆里弯弯曲曲的线一定也有，但是直径必须是直的。没错。5号和6号之间，5.5号是谁？（生笑）说吧！

生5：每个圆，它的直径是沿着圆心才有直径的。

师：每一条都是与圆心对折，什么意思？

生5：意思就是每一条直径都是通过圆心画出来的。

师：对！与其这样说，不如说每一条直径都是通过圆心对折出来的。第6条！

生6：直径必须通过圆心。

师：直径必须通过圆心，说得好！第7条！

生7：一个直径等于两个半径。

师：你别看着字小，可是很有价值！看看一个直径是不是2个半径？（生答：是）看看概念里面半径怎么说（指屏幕）？生齐读：连接圆心和圆上任意一点的线段叫做半径。

　　[点评："倾听—呈现—追问—提炼—延伸—过渡"。大问题背景下，黄老师为我们展示了一种不同以往的、非线性的、自然生成的课堂教学结构。]

　　师（指黑板的圆）：比如说，老师要在这个圆里画一条半径怎么画？

生：从圆心开始。

师：画到哪儿？

生：任意一点。

　　师指圆外：画到这？

　　生急说：圆内。

　　师指圆内：圆内，是这？

生急说：也不是，是边，圆周上。

师： 圆周上，好，圆周上。那，这一点叫什么（指圆外一点）？

生： 圆外。

师： 好，圆外一点。那，这叫什么（指圆内一点）？

生： 圆内。

师： 好，圆内一点。那这一点呢（指圆上）？

生： 圆周。

师： 圆周，好，不要圆内这一点，也不要圆外这一点，这一点在圆周上，圆周是不是就是圆上？

生： 是！

师： 这一点在圆上，这一点也可以，这一点呢？也可以。那，我们画哪一个？

生： 随便！

师画一条半径：（指半径）这个就是半径吧？

生： 是。

师： 这个半径用字母表示是？

生： r。

师： 他说1个直径是2个半径，对不对？

生： 对。

师： 那我们看看直径，比如这个直径！是不是2个半径？（生答：是）这个结论很有意思哦！第8条！

生： 要画直径就要经过圆心。

师： 要经过圆心。画直径的时候一定要经过圆心。我们概念里说的是要通过圆心，意思是一样的。非常好！第9个没有，第10个！

生9： 直径没有最长，因为直径都一样长。

师： 哦，直径都一样长。这里要强调一下，必须是在一个圆。（师拿学生的圆片）你看你这个圆跟我那个比（指黑板的圆）我这个直径多长，你这个直径太短，是吧！我们强调，在同一个圆里，直径没有最长，都是一样长！非常好，请坐！

师： 还有一个人，（重读）绕着圆心画。谁呀？

生 10：圆都是绕着圆心嘛，绕着圆心才能画出直径。

师： 当你要画很多条直径时，你这样画一条，然后呢，你再转一下又画一条。感觉着一条条直径就像要绕着圆心一样啊！是这个意思，对，请坐！

师： 好，一起来看看。我们有 11 个人，得出了 11 个结论，你最认同的是哪几条？

师： 有人说是数不完的，有人说是最长的，有人说是一样长的⋯⋯来吧，你们相互之间交流一下。

（小组交流）

师： 好了，你最认同的是哪几条？来，大声的说！我最认同的是⋯⋯

生 1： 我最认同"一样长"和"经过圆心"。

生 2： 我最认同是"无数条"、"一样长"和"经过圆心"。

生 3： 我最认同是"无数条"、"一样长"和"经过圆心"，"一个直径是 2 个半径"。

生 4： 我最认同是字写得最小的。

师： 哪组字是最小的？

　　生齐答："一个直径是 2 个半径"。

师： 他是坐得最远的，注意的字却是最小的。（生笑）

生 5： 我最认同是"无数条"、"必须是直的"。

生 6： 我觉得都成立。

生 7： "无数条"、"一样长"。

生 8： 除了第 11 条，其他我都认同。

师： 我们真的有必要用一支红色粉笔，把你们觉得最能反映出圆中直径特性的那句圈出来？

　　生抢答："无数条"。

师： 真给我面子，我写的"无数条"。

　　生抢答："一样长"、"必须是直的"、"要经过圆心"、"一个直径等于 2 个半径"、"没有最长"⋯⋯

　　（师全部圈起来了，生笑）

师： 11 位同学，包括黄老师都应该赢得大家的掌声！（生鼓掌）

　　［点评：课堂的丰富是思想的丰富、探索的丰富、情趣的丰富。大问题教学为学生自主探索和个性发展带来了足够的空间，进而使得各种微妙的差异得以交响。从

对直径和半径两个知识点的处理中，我们似乎咂摸到黄老师课堂之所以"灵动"、"高雅"、"美丽"的奥妙。]

3. 问题延伸，关联概念

（1）认识半径

师：哇！我们就是这样学数学的，从一个圆形井盖为什么掉不下去，为什么总是卡住，谈到了直径，我们在纸上折了直径，我们研究了直径，把直径研究完了。半径容易吗？如果要研究半径，你会写些什么？不写了，没时间了，我们说说吧！好不好？（生说好）

师（是指黑板）：那，我们能不能把跟直径相同的地方打勾？你觉得关于半径，半径可以研究什么？讨论一下。

（生讨论半径）

（师让一名学生用黄色粉笔圈与直径相同特点的表述）

师：她认为半径也是无数条，同意她的意见就请鼓掌。（生鼓掌）

数不完！（鼓掌）

一样长！（鼓掌）

必须是直的！（鼓掌）

另一生上去补充：

一个直径等于2个半径！（鼓掌）

师：太棒了！那半径跟圆心有关联吗？（生答有）其实半径也是从圆心这里连过去的。

（2）认识圆心

师：还有个圆心。这里有句话啊！这句话怎么读（看屏幕圆心概念）？

生齐读：圆中心的一点，叫做圆心。

师：如果你是老师，你重点强调哪几个字？

生：圆中心的一点。

师：看来不是圆里随随便便的一点，不是黄老师在这里点的一点（指黑板圆内一点），也肯定不是外面这些点。圆中心，你为什么说它是中心？

生1：最中间。

师：最中间的就是圆中心。

生 2：我补充一下，最中心的点只有一个。

生 3：把一个圆对折 2 次，对折两次这两条直线相交的点就是圆心。

师：所谓圆中心，其实我们可以用距离这个概念来探讨。（指黑板图）比如说在这个圆里面，所谓的圆中心的点是指这个点（指黑板圆的圆心），对不对？（生答：对）你看这个点，和圆周上的这些点，每个点跟圆中心之间的距离，都是……（生答：一样的！）反过来，从圆中心这个点到圆边上、到圆周上的每一个点的距离都是一样的，所以半径长度也都是相等的。这个也是非常重要的。

（3）体会圆形车轮的稳定性

师：我们经常会坐在车上，车轮子是圆的吧？（生答：是圆的）方的行吗？（生答：不行）椭圆的行吗？（生答：不行）谁来表演一下。假如你坐在方形车轮的车上是种什么感觉？

（生上台）师：是你爸爸开还是你开呀？

生：我爸爸开。

师：我就是你爸爸，（生大笑）开的车车轮是圆的还是方的？

生：方的。

师：准备，我一踩油门你就走啊！踩了，走吧！

（生一上一下，然后趴到地上）

师：方的车轮的车子给人感觉最显著的驾乘特点是什么？

生：颠！

师手势一上一下：它可能会一会儿上，一会儿下。假如椭圆呢？

生：还是会颠。

师：可能……（师演示一高一低）生：一会高，一会低。

师：给我们做一做如果是圆形车轮的车。走吧！（生作平稳状前行）

师：很平稳嘛，谢谢！来，我们一起来看一下老师课件里的内容。

师：我们来看看圆形车轮在滚动的过程中，A 点所留下的痕迹！

师：我们来看看如果是方的。A 点所留下是这样的痕迹！（生大笑）

师：我们来看看椭圆形车轮的。

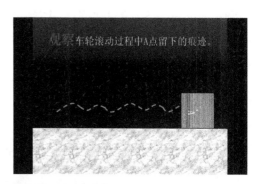

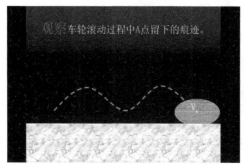

师：研究圆啊，一般都会研究车轮子，车轮子为什么要做成圆的？为什么坐在圆形车轮的车上走起来就那么平稳？

生：因为圆平稳些，方的高矮不一样，椭圆也是的。

师：对，因为车轴离地面老是那么高，所以就平稳。

[点评：学生的智慧在他们的指尖上。让学生模仿圆形、正方形、椭圆形车轮行走的轨迹，配之以逼真的 PPT 文稿的演示。形神兼备中，圆"到定点的距离等于定长"这一核心知识点形象而深刻镌刻在学生的脑海中。]

（4）半径与圆的大小的关系

师：大家还探讨了这样一个话题：像这样一个圆，圆心是O，半径是 r，（课件出示）

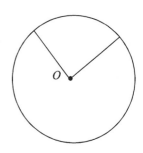

师：看到这个图，你想到什么？

生 1：披萨。（生笑）披萨切了一块是吧！

生 2：蛋糕。

师：有人会想到扇子吗？其实一个扇子就是一个圆心，画出两条半径，再加上上面那条弧线。以后我们会研究到它。

师：这条 AB？

生：不是直径，是线段。

师：看到这条线段能不能想起刚才讲到这样的线段。

生："最长的宽"。

师：对，讲到"最长的宽"，有个同学画过这样的线段，是不是？这条线段两端都在圆上，但没经过圆心。

（出示线段 CD）

师：这个，这也是一条线段，过圆心而已！

师：来看一下这个。你感受到什么？

生：哇！无数条。

师：无数条，长度都相等！

师：（出示环形）看到这个图，你受到什么启发？

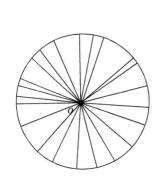 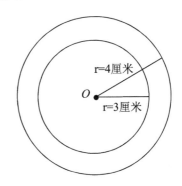

生：一个圆大，一个圆小。

师：半径画这么长，圆就这么大，半径画这么长，圆就这么大，圆的大小和什么有关系？

生：半径。

师：半径越长，圆就越大。就这个意思。我们一起说说这句话。把手拿出来。

（学生看图跟着课件演示比划：半径这么长，圆就这么大）

［点评：好的教学不是消除掉学生心中所有的疑问，而是应将学生引到通向未知世界的路口。图中哪些是线段？哪些是直径？看似寻常的一道练习题，却因为黄老师对"扇形"、"弦"等知识点含而不露、点而不化的处理，充满了韵味。］

（四）深化认识

课件出示判断题。

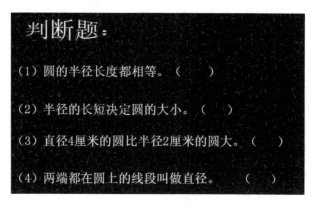

判断题：

(1) 圆的半径长度都相等。（　　）

(2) 半径的长短决定圆的大小。（　　）

(3) 直径4厘米的圆比半径2厘米的圆大。（　　）

(4) 两端都在圆上的线段叫做直径。（　　）

师： 每个同学在自己的本子上不用抄题，写上序号，写1、2、3、4，你认为对的就打√，错的就打×。

师： 写完的同学分析一下，这4道题，哪道题出得最好？你的理由是什么？你认为哪道题最容易出错？

生1： 我觉得第3道，因为直径是半径的2倍。

师： 你反复强调直径是半径的2倍。那如果直径是4厘米，半径是几厘米？（生答：2厘米）那半径是2厘米直径就是4厘米。这题乍一看，是对的，其实是错的。其实它们是一样大的圆。

生2： 第4道只说了圆上的两端，没说穿过圆心。

师： 我现在听到了三个"过"。电脑上是"通过"，有人说叫"经过"，你把它说成"穿过"，到底怎么过？（生笑答：通过）其实意思都差不多！好，他认为第4题很容易出错的。两端都在圆上的线段，不能认为它一定是直径，一定要通过圆心。好，还有哪一个？

生3：第1道，应该说同一个圆，半径长度都相等。

师：同一个圆内半径才相等。怪不得判断题老容易扣分！好多地方容易错。你看第2道题是对还是错？

师：我们来看第1道题，是错的，因为没有强调同一圆内。我们看第2道是对的。第3道，错的，因为直径4厘米半径就是2厘米。第4道是错的。

[点评：明明是判断对错并让学生解释错误的理由，在黄老师的课上却变成了"你觉得这四道题里头，哪道题出得比较有水平？你欣赏的理由是什么"。学生由一个"操练工"变成了一个"鉴赏者"，可想而知，带给学生的是怎样的心灵满足和精神愉悦！]

（五）全课总结

师：来，我们小结一下这节课，哪一段感觉比较特别一点？

生：上黑板写的那个。

师：其实上课什么叫好还是不好，让我们写的最多的这个老师就是好老师。（生笑）喜不喜欢上去写呀？（生说：喜欢）是不是很有成就感？（生说：是）心说：哇！原来是我发现的。原来是我的发现，得到全班同学的认同，全班同学还给我鼓掌！黄老师还一个不漏地给我们框了一遍。黄老师不是随便框的，每个人都说的是有道理的。太棒了！我相信这11位同学加上我，这12位都有属于自己的思考。要想把数学学好，要多去观察，多去思考，多去表达，多去写，你就变得厉害！跟数学老师商量，多给一点这样的机会，好不好！（生齐说：好）

师：老师最后送两句话给大家。

师：见过这个吗？黄老师前几天看了一个图片，铜钱告诉我们很多做人的道理。铜钱的特征是外圆内方。告诉我们：一个人做人要方，要正气，具有优秀的品质。我读前面，你们就读后面。

师：要方。

生齐读：正气，具备优秀品质。

师：要圆。

生齐读：圆通，学会与人交往。

师：不知道对你有没有启发！好，下课。

[点评：身处黄老师教育科研专家工作室，耳濡目染黄老师和工作室成员的一些课，常常发现一些有趣的现象。最突出的莫过于，同样是课堂上老师布置的任务，在黄老师或其他老师课上却产生了大相径庭的两种效果：在其他老师课上，这叫任务，学生去完成了，完成了也就完成了，任务多了学生还不耐烦呢；但黄老师课堂上却不同，那叫使命，被点到名的学生激动得不得了，完成了会像一个得胜的将军。

这似乎不可思议，但细细咀嚼，却又觉得能够理解。黄老师本身已融入课堂，化作教学的一部分——他的手势、他的眼神、他的语言、他的幽默都是为了学生，都具有潜在的教育意义！这里仅举一例，正如很多教师已经注意到的，如果学生在黄老师的前面，黄老师很少直着站，身体都是前倾的。他在课堂上经常是前倾着站的，随时准备跟学生交流，时刻在倾听，整个过程都在观察，所以黄老师在课堂上总是前倾。他眼睛是这样的，有时像猫一样神秘。前倾与其说是一种习惯，毋宁说是一种意识，更多地彰显了黄老师的一种文化自觉：我是教师，我要跟所有人说话，我希望所有的人都看见我，所有人都因为我看到他而感受到被关注，被激励：你的思考、你的困惑、你的发展、你的变化黄老师一定会敏锐地捕捉到。

"你们手举高一点，老师是近视眼，看不见。"这个不是黄老师的语言，黄老师在课堂上一定会这样说："大家手举得高一点，这样老师马上就能看到你。"如果说，黄老师的手势、黄老师的语言、黄老师的眼神、黄老师的幽默唤醒的还只是学生的心智，点燃的还只是学生的激情，激发的还只是学生的潜能。那么，黄老师关注大问题，崇尚大开放带给学生的必然是一种境界的熏陶和智慧的濡染：潜移默化中，学生自然会生成一种大格局，萌生一种大智慧，开阔一种大视野，陶冶一种大境界。而这，无疑是一件功德无量的事情！

课堂的丰富是思想的丰富、探索的丰富、情趣的丰富。从这个层面讲，生命化教育，大问题教学，绝对值得期待！]

（本节课由深圳市数学名师刘全祥点评）

十二、细节体现理念和智慧
——"百分数的意义"教学实录与点评

[知识点分析]

百分数在日常生活中运用非常广泛，它源于分数，又有别于一般的分数。在教学百分数意义时，要从实例出发，创设情境，把学生带入生活中去学习百分数。通过比较得出百分数的概念，即"表示一个数是另一个数的百分之几的数叫做百分数"。要特别注意的是百分数只表示两个数相比的一种关系，不表示一个数值，百分数的后面不能带单位表示一个具体的量。这就是百分数与分数之间的区别，所以百分数也叫做百分比或百分率。教学中，要注意蕴含百分数应用题的基本思想，可通过让学生分析一些百分数表示谁与谁比，为进一步学习打好基础。并抓住一些有说服力的数据和统计资料，对学生进行爱祖国、爱社会主义的思想教育。

（1994 年 10 月，黄老师参加中国教育学会小学数学专业委员会在重庆市举行的第六届学术年会，并为大会作了一节"百分数的意义"观摩课。课上先用一条体育新闻，联系生活实际，巧妙地导入新课，给与会代表留下深刻印象。2002 年 12 月，黄爱华老师参加在上海市汇师小学举办的"上海徐汇区、深圳福田区课堂教学交流活动"，给汇师小学六（2）班学生作了一堂"百分数的意义"的观摩课。新的理念、新的教法，较好地体现了从学科本位、知识本位向关注每一个学生发展这一历史性转变的课改研究成果，受到与会的市区教研员和数学教师的好评。2004 年 10 月，也就是在全国年会上展示的十年后，黄老师在浙江大学理学院举办的全国"不同风格、不同流派"小学数学教学观摩会上，再上这节课，课上得自然流畅，互动生成，每一个细节都体现着黄老师的理念和智慧。）

[实录与点评]

实录一：1994 年 10 月于重庆

（一）创设情境，导入新课

师：同学们，昨天看新闻了吗？谁能给大家发布播报体育新闻。

生：第十二届亚运会于昨天在日本广岛结束，中国队共获得 137 枚金牌，名列第一。

（注：上课当天为第十二届亚运会结束的第二天，1994 年 10 月 17 日）

师：对，中国的体育健儿在赛场上顽强拼搏，为祖国赢得了荣誉。

师：亚运会结束后，通常要对各国获得金牌的情况进行统计分析，有的制成统计表，有的绘成统计图，请同学们看这样一张图。

第十二届亚运会金牌分布情况统计图（1994 年 10 月）

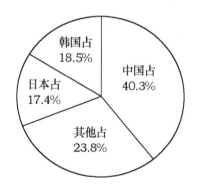

师：像这样的图，同学们见过吗？

生：见过。

师：图中的数叫做百分数，你们见过百分数吗？在哪里见过？

生：我在报纸上看见过。

生：我在包装盒上看见过。

生：我在爸爸单位的办公室里看见过。

生：我在老师给我们看的这种图上见过。

......

师：在生产、工作和生活中，进行调查统计、分析比较时，经常要用到百分数。为

什么经常要用到百分数，用百分数有什么好处？什么叫做百分数呢？今天我们学习百分数。（板书课题）

　　[点评：针对学生对体育比赛很感兴趣的特点，课上先让学生发布一条体育新闻，立即吸引了学生。再出示第十二届亚运会金牌分布情况统计图，让学生观察图中的百分数，引导说出在哪里看过百分数，并提出共同探求什么叫做百分数，学生非常乐意，并且兴趣盎然。联系生活实际，巧妙地导入新课。]

（二）引导探索，揭示特征

1. 教学百分数的意义

师：请同学们带着下面的思考题，自学教科书上的例题，然后同桌同学讨论。

　　思考题：

　　（1）例题中什么事物通常用百分数进行比较？

　　（2）用百分数比较有什么好处？

　　（3）什么叫百分数？

　　[点评：唤起学生探求新知的欲望后，提出问题，引导学生去探索百分数的意义。]

师：例题中什么事物用百分数进行比较？

生：比较三好学生所占比率的大小。

师：在这里，"比率"这两个字怎样理解？

生：三好学生人数占学生人数的百分之几。

师：六年级三好学生人数所占的比率是多少呢？是怎么得到的？五年级呢？

　　（学生回答的同时，板书成下表）

师：用百分数表示三好学生所占比率的大小有什么好处？

年级	三好学生人数	学生人数	
六年级	17	100	$\frac{17}{100}$
五年级	30	200	$\frac{30}{200}=\frac{15}{100}$

生：分母相同，便于比较。

师：哪个年级三好学生所占的比率大？

生：六年级三好学生所占的比率大。

师：用百分数进行比较，写成分母是100的分数后，能约分的要不要约分？（揭示：百分数是分母为100的分数）

师：表格中，两个百分数的上面一格应填写什么？

生：三好学生人数占学生人数的百分之几。

师：谁能概括什么叫百分数？

生：表示一个数是另一个数的百分之几的数，叫做百分数。

师：例题中应把什么人数看成"一个数"，什么人数看成"另一个数"？谁能说一说表格中的百分之十七和百分之十五表示的意义？

师：百分数的概念中提到了几个数？

生：两个数。

师：百分数表示它们之间的一种什么关系？

生：我认为是一种倍数关系。

师：下面三个句子中各有一个分母是100的分数，哪个是百分数？为什么？（投影出示）

（1）鸡的只数是鸭的 $\frac{75}{100}$；

（2）绳长是铁丝长的 $\frac{51}{100}$；

（3）一堆煤重 $\frac{87}{100}$ 吨。

（学生思考讨论后回答）

生：第一句，"鸡的只数是鸭的 $\frac{75}{100}$"，表示把鸭的只数看成100份，鸡的只数是这样的75份。这里的" $\frac{75}{100}$ "可以看成一个百分数。第二句，"绳长是铁丝长的 $\frac{51}{100}$"表示把铁丝的长度看成100份，绳的长度是这样的51份，这里的

"$\frac{51}{100}$"也可以看成一个百分数。而第三句话的"$\frac{87}{100}$吨"表示一个具体的数量，相当于 0.87 吨，不表示一个数是另一个数的百分之几，所以，它不是百分数。

	分数	百分数
意义	表示两个数量之间的倍数关系，也可以表示某个具体数量。	只表示两个数量之间的倍数关系。

师： 这三个数都是分数，而前两个才是百分数。可见，百分数是一种特殊的分数，它只表示两个数量之间的倍数关系，百分数后面通常不带单位名称。百分数又叫百分率或百分比。

［点评：师生讨论，初步建立概念后，再通过分数和百分数的辨析比较，进一步加深对百分数意义的认识——百分数只表示两个数量之间的倍数关系，帮助学生理清新旧知识间的联系和区别。］

2. 教学百分数的写法和读法

师： 为了区别于分数和便于书写，百分数通常不写成分数形式，而是采用百分号"％"来表示。

（教师示范百分号的写法后，让学生板演，进行书写练习，并让学生比较哪一个写得更好看）

（教师示范书写百分数，引导学生写黑板上和上例中的百分数）

（教师指出百分数只读作"百分之几"，而不读成"一百分之几"，师生齐读百分数）

3. 揭示百分数的特征

师： 百分数是特殊的分数，它特殊在哪里呢？

生： 百分数的分母都是 100。

生： 百分数只表示两个数量之间的倍数关系。

生： 百分数采用百分号"％"表示，通常不写成分数形式。

（三）多层练习，巩固深化

1. （教师投影出示下图）

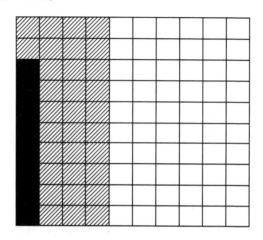

（1）用百分数表示图中的阴影部分。

（教师先用红色画上 8 格，让学生用百分数表示出来，并说出 8％ 的含义。然后用蓝色画出 32 格，让学生用百分数表示。）

师： 你还能看出一个百分数吗？

生： 图中阴影部分的面积是正方形面积的 40％。

生： 图中空白部分的面积是正方形面积的 60％。

生： 图中空白部分比阴影部分多的面积是正方形面积的 20％。

（2）用阴影表示百分数。

让学生用阴影部分表示上图的 65％ 和 100％。

［点评：学生根据老师画出阴影部分的大小，写出百分数后，并没有因此而满足，老师启发学生紧扣百分数意义说出含义，将百分数概念变得形象具体。启发学生回答：在图中，还能看出一个百分数吗？打开了学生的思路，也渗透了百分数相加减的思路，为学习百分数应用题提供感性材料。］

2. 选择练习

出示一组百分数：6％   3.9％   120％   98％   100％

师： 在这一组百分数中，哪个最大？哪个最小？哪两个最接近？

生：（略）

师： 请同学们选择合适的百分数填空。

（1）今天的课，由于学生们认真听讲，学会同学的人数占全班人数的（　　　）。（100%）

（2）大同小学学生每月的零花钱占学校买图书钱数的 50%。开展节约活动后，只占（　　　）。（3.9% 或 6%）

（3）小汽车的速度是卡车速度的（　　　）。（120%）

（4）由于全班同学互相帮助，共同进步，这个单元考试的及格率一定能达到（　　　）。（100%）

3. 读出下面的句子，并回答老师提出的问题

（1）我国的耕地面积约占世界的 7%。

（2）我国的人口约占世界的 22%。

（3）人脑的重量约是人体重量的 2%～3%。

（4）一本书已看了 40%。

（5）自行车厂上半年完成生产计划的 60%。

师： 第一、二句话中的百分数表示谁与谁比？

生： 把这两句话联系起来看，我国用只占世界 5% 的耕地，却解决了占世界 20% 人口的温饱问题，这是一件很了不起的大事。如果我国人口数量得到控制，只占世界的 15%，甚至更少，那么，人民的生活水平将会怎样？（提高）我国的经济发展的速度将会怎样？（更快）

师： 一本书已看了 40%，说明还剩百分之几没有看？（60%）已看了 40%，是不是一定看了 40 页？如果是看了 40 页，这本书有多少页？如果这本书有 200 页，已看了多少页？如果有 300 页呢？如果有 1000 页呢？

师： 自行车厂上半年完成生产计划的 60%，如果下半年也完成计划的 60%，这样，全年的计划完成了吗？是正好完成，还是超额完成？超额了百分之几？（20%）你是怎么算出来的？（60%＋60%－100%＝20%）

[点评：学生读出含有百分数的句子后，教师提出一组问题，引导思考，帮助学生加深理解，拓宽学生思维的空间，为学习新知识打好基础。]

4. 再出示第十二届亚运会金牌分布情况统计图

师：我们一起再来看这张图，现在你理解图中的数据吗？你能说出这些数据表示的意义吗？看到这些数据，你有什么新想法？

[点评：通过亚运会金牌统计图的再次出现，让学生说出图中百分数的意义，巩固深化了新知识的学习。在一节课中，由设疑到答疑，前后照应，便于学生领悟其所以然。]

（四）课堂作业

教科书练习三十第 4、5 题。

（五）课堂小结

（略）

（六）游戏

师：请这节课学会百分数的同学举手（全班 36 人都举起了手）。谁能用百分数说一说，说明现在同学们举手的情况。

生：这节课学会百分数的人数占全班人数的 100％。

师：现在四个组的人数同样多，如果其中一组同学举手，举手的人数可用什么百分数表示？它表示的意义是什么？

生：用 25％表示。它表示的意义是一组同学的人数占全班人数的 25％。

师：两组同学举手呢？三组呢？

生：……

（教师在黑板上写一个大大的百分数"25％"）

师：这个百分数表示第一次离场的同学人数占全班人数的百分之几，第一次可以走多少人？

生：第一次可以走一个组同学的人数 9（人）。

（老师让第一组同学先离场，接着又板书一个"25％"）

师：这个百分数表示第二次离场的同学人数占全班人数的百分之几，又可以走多少人？（学生回答后，又让第二组同学离场，这时还剩下两组同学）

师：老师再写一个什么百分数，剩下的两组同学都可以离场？

生：老师，你写 50％，大家都可以离场。

师：这个 50％ 表示谁是谁的 50％？

生：这个 50％ 表示剩下的两组同学的人数占全班人数的 50％。

（学生回答后，一起离场）

[点评：课尾的设计，通过举手和离场的游戏，让学生在积极思维的状态中，结束新课，同时，享受到思维的乐趣。整个教学过程设计新颖，特色鲜明。在重视基本概念的形成过程，不断激活学生思维，精心设计课堂练习，重视对学生进行思想教育等方面可圈可点。课中，抓住有说服力的数据和统计资料，对学生进行思想教育，成为一大特色。如，引导学生说出我国亚运会金牌数获第一，观察金牌分布图中中国队占的百分比，激励学生向体育健儿学习，为国争光。通过讨论我国人口、耕地面积占世界的百分比，以及若人口有所控制所引起的变化，说明我国社会主义现代化建设的伟大成就，还揭示了控制人口的必要性。选择百分数的练习过程中，提倡节约零花钱，激励全体学生积极向上，共同进步，争取单元考试的及格率达100％，等等，这些都渗透了思想品德教育，值得提倡。]

（本节课由北京师范大学教授周玉仁点评）

实录二：2002 年 12 月于上海

（一）创设情境，激发学生探究的欲望

（上课的前一天黄老师布置学生在生活中找一个实际应用的百分数，并带入课堂）

师：请同学们拿出在生活中找到的实际应用的百分数，说一说是在哪儿找到的。

生 1：我是在报纸上找到的。

"在摩纳哥举行的国展局第 132 次大会举行了 4 轮投票，中国上海在第四轮投票中赢得了 54 票，以 88％ 的得票率胜出，成为 2010 年世博会的主办城市。"

（注：上课的当天是上海成功申办 2010 年世博会的第三天，2002 年 12 月 6 日）

生 2：我是在网上查到的。

"盈科护眼灯新产品比旧产品省电 80％。"

生 3：我是在衣服的标签上找到的。

　　"一件上衣的布料，棉的含量是 65％，涤纶的含量是 35％。"

生 4：我是在酒瓶上贴的标签上找到的。

　　"泸州老窖的酒精度是 52％。"

生 5：我是在牛奶盒上找到的。

　　"100％纯牛奶。"

生 6：我是在药品的说明书上找到的。

　　……

师：听到同学们的回答，你想到了什么？

生：百分数在生活中的应用很广泛。

师：在生产、工作和生活中，人们为什么经常要用到百分数，用百分数有什么好处？什么叫做百分数呢？今天我们一起来研究百分数。（板书课题：百分数）

（二）引导探索，揭示百分数的特征

1. 探究百分数的意义

师：请同学们研究你找到的生活中的百分数，并填写在下面的表格里。

《百分数的意义和读写法》调查记录单：生活中的百分数

摘录	
这个句子中，单位"1"的量是（　　）。	
这个百分数是（　　）和（　　）比较的结果。	
这个百分数表示的意义是（　　）。	
看到这个句子，你想到了什么？	

（学生独立探究，教师巡视）

师：哪位同学愿意把你研究的成果拿出来给大家欣赏？

　　（赵萌同学展示并汇报如下）

摘录	泸州老窖的酒精度是 52%。
这个句子中，单位"1"的量是（这瓶泸州老窖的总量）	
这个百分数是（泸州老窖中纯酒精的含量）和（这瓶泸州老窖的总量）比较的结果。	
这个百分数表示的意义是：（泸州老窖中纯酒精的含量占这瓶泸州老窖总量的百分之几）	
看到这个句子，你能想到什么？ 看到这个百分数，我想到： (1) 泸州老窖中纯酒精的含量比较高，在各种酒中是比较厉害的。 (2) 这种酒喝多了容易醉，对身体不好。 (3) 我要建议我爸爸喝纯酒精含量比较低的酒，比如红酒或啤酒。	

师：刚才这位同学说泸州老窖中纯酒精的含量比较高，在各种酒中是比较厉害的。大家同意吗？

生：同意。

师：你们是怎样比较出来的呢？

（师生收集相关的数据如下）

泸州老窖的酒精度 52%

洋河大曲的酒精度 38%

王子啤酒的酒精度 3.1%

生：从这些百分数中很容易比较出泸州老窖中纯酒精的含量比较高。因为百分数的分母都是 100，只要比较这三个百分数的分子就可以了。

生：我认为百分数最大的好处就是，它们的分母都是 100，便于比较。

师：这个 52% 的分母 100 表示什么，分子 52 又表示什么呢？

生：分母 100 表示 100 毫升。

生：不对！一瓶酒通常是 500 毫升。分母 100 表示把泸州老窖酒的总数量看成 100 份，分子 52 表示其中的纯酒精占 52 份，这样更容易理解。

师：我赞成这位同学的看法。我们把不同的三种酒都看成 100 份，来比较每种酒中纯酒精占多少份，就很容易比较哪种酒比较厉害。同学们注意观察，在生活中，每种酒的标签上都标有表示这种酒的酒精度的百分数。

师：请同学们小组学习，每位同学在小组内汇报你的研究情况。

（学生活动，教师参与）

师： 什么叫做百分数？我们学过分数，分数既可以表示一个数是另一个数的几分之几，也可以表示一个具体的数量。那百分数呢？

生： 我认为百分数表示一个数是另一个数的百分之几。

师： 表示一个数是另一个数的百分之几的数，叫做百分数。这句话中提到了几个数？（两个数）百分数表示它们之间的一种什么关系？

生： 这句话中提到两个数，百分数表示它们之间的一种倍数关系。

师： 对！百分数又叫百分率或百分比。（板书）

2. 小组合作学习，比较百分数与分数的不同

师： 接下来我们就比较一下百分数和分数，到底有哪些不同。请小组合作讨论，并填写下表：

《百分数的意义和读写法》小组学习记录单

想一想，议一议：百分数和分数有什么不同？
(1)
(2)
(3)
(4)
(5)

师： 请各小组派代表到讲台前汇报。

生： 我们小组认为，百分数和分数的意义不同，百分数的后面不带单位。

生： 百分数和分数的写法不同。为了区别于分数和便于书写，百分数通常不写成分数形式，而是采用百分号"％"来表示。

（教师示范百分号的写法后，让学生板演，进行书写练习，并让学生比较黑板上老师和学生写的两个百分号，哪一个写得最好看。并引导学生写黑板上和上例中的百分数）

生： 百分数和分数的读法不同。百分数只读作"百分之几"，而不读成"一百分之几"。（师生齐读黑板上的百分数）

生： 百分数可以不是最简分数，如52％、38％，分子和分母不用约分，而分数就不一样。

生：百分数的分子可以是小数，如 3.1％，也可能比分母大，如 120％，和分数不同。

……

（三）学生反思学习的过程

师：请同学们回顾一下刚才的学习过程，同桌的同学相互说一说，你有什么收获。

（四）多层练习，巩固深化

1. 读出百分数，然后回答老师提出的问题

1％	18％	50％
89％	100％	125％
7.5％	0.05％	300％

师：1％是最小的百分数吗？这组百分数中还有比 1％小的百分数吗？（0.05％）最大的呢？（300％）

师：请读出跟一半的意思一样的那一个百分数。（50％）

师：100％是什么意思，能举例说明吗？

生：比如，我们全班的 36 位同学都戴上了红领巾，我们班戴红领巾的学生人数就占全班人数的 100％。

师：300％呢？

生：一个数是另一个数的 300％，就表示一个数是另一个数的 3 倍。

师：在这组百分数中，我们可以看到，百分数的分子有的是小数，有的是整数，有的大于分母，有的小于分母，这是为什么呢？（指出：百分数固定分母是 100，也就是把比较的标准平均分成了 100 份，相比较的量就可能是 0.05 份、1 份、7.5 份、125 份、300 份等）

2. 读出下面的句子，并回答老师提出的问题

(1) 我国的耕地面积约占世界的 7％。

(2) 我国的人口约占世界的 22％。

师：第一、二句话中的百分数表示谁与谁比？

师：看到这两句话，你想到什么？

师：把这两句话联系起来看，我国用只占世界 7% 的耕地，解决了占世界 22% 人口的温饱问题，这是一件很了不起的大事。如果我国人口有所控制，如果我国的人口只占世界的 15%，甚至更少，那么，人民的生活水平将会怎样？（提高）我国的经济建设的速度将会怎样？（更快）

3. 游戏（先让学生写出 10 个百分号，学生动笔书写的过程中，教师突然叫停笔）

师：同学们，请默默地数一数你写了几个。如果让你直接告诉我，你写了几个，这是一件很容易的事。现在要求你不说出是几个，又让我们听出你完成的情况，你能做到吗？

生：我已经写好的个数占要写个数的 70%。

师：这句话能否再精练些？

生：我完成任务的 70%。

师：好！谁能猜出他写了几个？

生：他写了 7 个。因为我们的任务是写 10 个，写 1 个就占总数的 10%，只有写了 7 个，才会完成任务的 70%。

师：这句话还可以怎么说？

生：还差任务的 30% 没有完成。

师：说得非常棒。我们继续进行游戏。

……

（五）小结与质疑

师：通过这节课的学习你有什么收获？有什么不懂的问题请提出来。

生：我明白了在生产、工作和生活中，人们为什么经常要用到百分数，用百分数有什么好处，什么叫做百分数。

生：我们还懂得了百分数和分数有哪些不同。

生：老师，写百分号的那道题，能不能说成"我完成任务的 70% 个"？

师：谁能帮助这位同学解决这个问题？

生：百分数是表示一个数是另一个数的百分之几的数，只表示两个数之间的一种倍数关系，它的后面不能带单位。所以不能说成"我完成任务的 70% 个"。

师：学了新知识后有什么新想法？

生：老师，今天我们学习了百分数，生活中有没有"十分数"或"千分数"。

生 1：我认为生活中的"打折"就是"十分数"的应用。

生 2：生活中有"千分数"，我好像见过。

师：既然生活中有"千分数"，千分号又"长"的什么样呢？请同学们发挥想像，设计出千分号。

师：请同学们把你的设计方案，写在黑板上。能说出你为什么这样设计吗？

生：（略）

学生的设计方案如下：

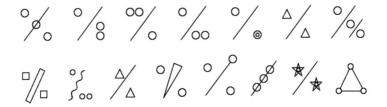

师：同学们的设计都很成功，在学习的过程中，表现出了很好的创造性。那么，人们通常使用的千分号是怎样的呢？请看。（投影显示）

上海市的人口增长幅度逐年下降，人口的自然增长率为 5.23‰。

师：这就是生活中"千分数"的应用。有一个问题请同学们课后思考：在什么情况下，人们会用"千分数"呢？

师：这节课，同学们积极思考，大胆创造，实在是太棒了！同学们在这 40 分钟的表现，给我留下一个美好的回忆！下课！

〔点评：百分数是在日常生产和生活中使用频率很高的概念，学生虽未正式认识百分数，但对百分数却并非一无所知。因此，黄老师上课前让学生调查生活中的百分数的做法是完全可行的。更为可贵的是，黄老师在这节课中，直接把学生调查到的数据和问题作为学习和研究的对象，学生是在理解和解释自己及同学调查得来的百分数的过程中认识百分数的。而在实录一的课例中我们看到，学生是在老师的帮助下通过课本例题认识百分数的。这绝不仅仅是简单的教学方案的区别，在这期间，老师完成了一次教学理念上的飞跃。

由于每个人调查的数据不同，每个学生都必须思考并回答自己调查的这个百分数的单位"1"是什么，是表示谁和谁比？在整个过程中，既需要每个人独立思考，也可以合作交流，有困难的学生，可以随时向老师或同伴请教。大量的实例，有助于学生真正理解百分数的意义，体会它的作用和好处。

有一种延续了半个世纪的教学方式，有专家称之为"集体作业的教学方式"。这就是先出现一个问题，然后请同学站起来应答，当几个人解决了，就相信全班都会了。这种教学方式教师之所以喜欢，是因为它既能活跃课堂气氛，又便于控制教学节奏和进度。苏霍姆林斯基认为："这种方式容易造成表面的积极性和一切顺利的假相。在这样的方式下，那些中等学生是否也有独立思考、独立解决问题的体验，我们仍不得而知。"课堂上，黄老师采取的这种一人一表，一人一例的方法，使每一个学生都在独立思考，探索解决各自的问题，既有助于深刻地理解概念，又启迪了学生的智慧，体现了新课标提倡的"关注每一个孩子的发展"的理念。]

（本节课由北京师范大学教授周玉仁点评）

实录三：2004年10月于杭州

（板书：百分数）

师：黄老师让每位同学到生活中找百分数，找到的请拿出来。

（众学生开始翻开自己的本子）

师：好找吗？

生：好找。

师：怎么会那么好找？（面带疑惑）

生：有很多。

师：这说明什么？（走向生活）

生：百分数在我们生活中很常见。

师：很常见？同意吗？

生：同意。

师：来，（做举手状）说说在哪里见到过？

生：它在衣服上就有的。

生：在新闻联播上有播出。

生：在书里有。

生：在旅游景点有。

师：旅游景点怎么写的?

生：就是，假如说今年比去年游客多了50%。

师：有这样的数据显示的，很好!（请旁边一生回答）

生：在牛奶盒上面有。

师：上面怎么写来着?

生：上面写着牛奶的浓度是95%。

师：哦，95%的牛奶啊! 可能更多的同学喝的是100%的牛奶。

生：在地图册上有。

生：在旁边的座位和老师座位上有。

师：（侧身看老师座位）老师座位上有?

生：老师的人数占座位的80%。

师：哇! 你都能看出来啦? 今天的上座率，是吧? 或者今天的老师占整个座位的80%，这个好像没有啊?（右手放在腰上，做疑问状）

生：在上面。

师：上面很多空的（右手指向"上面"方向），你就能做这样的判断，是不是? 这个同学的百分数啊，没有写明，就能很具体地看出，完全是通过自己的一种思考、自己的一种计算来判断出来的（边说边用手做思考状）。这不是一般的水平了! 厉害，厉害! 还想说，（走向另一组后座一生）你说。

生：我的铅笔盒里面也有。

师：铅笔盒里——

生：铅笔盒里的东西，占我的铅笔盒的90%左右。

师："90%"，还"左右"，好。（返回讲台，面向众生）同学们，看来啊，有的是在生活当中找到，有的是对生活当中一些现象做了一些分析、计算得到的。总之说明一个问题，生活当中百分数的应用非常地广泛。我也找了，愿不愿意看看我找的?

生：愿意。

师：好。这是我找到的第一个百分数。（大屏幕显示：青岛啤酒的酒精度 3.4%）认识这个酒吗？

生：认识。

（大屏幕显示：茅台酒的酒精度 38%，酒鬼酒的酒精度 52%）

生：哈哈。（众生笑）

师：知道我在哪里找到的吗？（众生猜测）

生：酒瓶的标签上。

师：没错。酒瓶的标签上也找得到。我在想，人们为什么那么喜欢用百分数呢？用百分数到底有什么好处？我觉得这个问题很有必要研究。想不想研究？

生：想。

师：为什么人们这么喜欢用百分数？用百分数到底有什么好处？除了这两个问题外，你们还想弄清楚什么问题啊？（做举手状）

（众生思考）

生：百分数后面为什么要加一横两个圆圈？

生：百分数怎么长得跟分数不一样呢？

生：百分数为什么不在分数里面？

师：为什么和分数不一样？和分数有哪些不一样？好，两个问题了，还有吗？

生：百分数后面那个两个圈一撇，那叫什么？

师：什么符号？对吧，百分数到底是怎么写的，我觉得可以把你这个问题放在他那个"和分数有哪些不同"里面，好不好？（返身请一举手女生发言）

生：百分数代表什么意思？

师：这个问题问得有水平，这句话可换成，什么叫百分数？或者是百分数的意义是什么？

生：说是 52%，为什么上面写是 52，后面一个百分号？

师：这就是长得为什么不一样呢？

生：为什么那个数字在%号前面而不在它的后面？

师：这是一个什么样的习惯？我们可以讨论的，等一下。（话筒递给后座一生）

生：为什么许多商品后面的标签上都用百分数，而不用分数？

师：对啊，为什么？这还是我那个问题啊，为什么人们那么喜欢用百分数而有的时

候不用分数呢？（返回讲台，让一举手女生发言）

生： 为什么百分数说起来都说 90％，从来没有说超过 100 的？比如说 101％ 这样。

师： 有啊，谁说没有呢？除了有 90％，也有 101％，你想问什么？

生： 90％ 人们常用，为什么 101％、102％ 都不太用？就是超过 100 的。

师： 不太用是吧？（众生轻声答是）在生活当中为什么 101％、102％ 这么少见？见得比较多的却是小于 100％ 的，是这个意思吧。这个问题问得蛮有水平的，值得思考。刚刚那个同学就问这个问题，说这个"人们在生活当中为什么那么喜欢用百分数，却不用分数呢"，反过来想，是不是生活当中都用了百分数，就不用分数了呢？

生：（齐声）不是。

师： 那说明百分数是有的时候用，有的时候不用。这里有个问题就可以讨论了，百分数在——

生： 在什么时候？（一生在原位回答）

师： 对啊，在什么情况下，人们会用百分数？这又是问题啊？太棒了，一点点时间，我们问出了这么多的问题，我们把这许多问题稍微整理一下，写在黑板上，作为我们今天研究的问题，好不好？

生：（整齐、大声）好！

师： 那你们认为，第一个问题应该写什么？

生： 为什么要用百分数？

生： 用处。

师： 也就是到底用它有什么好处？（板书：1. 百分数有什么用处？）好，第二个问题？

生： 百分数的意义？（众生断断续续说）

师： 百分数的意义是什么？（板书：2. 百分数的意义是什么？）第三个问题？（众生各自表达意思）在什么情况下用？好的，在什么情况下？（板书：3. 在什么情况下用？）第四个问题？

生： 为什么百分数和分数不一样？（一生发言）

师： 不一样，好，和分数比较。（板书：4. 和分数比较有什么不同？）刚刚这位同学说的，为什么生活当中 6％、90％ 用得多，101％ 那些就少呢？这个问题也可以思考的，但不作为今天的重点，有时间我们也讨论讨论，好不好？

生：（齐声）好。

师：你们看，这几个问题，是黄老师一个一个地讲给你们听呢，还是你们自己研究？

生：（异口同声）自己研究。

师：自己研究，你们手头有素材？

生：有。（一生附和）

师：自己找了一些百分数，是不是？（返回讲台）黄老师又提供了几个，这些都可以，那这四个问题，你可以选择自己最感兴趣的问题来研究，也可以一个问题一个问题来研究，好吗？

生：好。

师：必要的时候，抓个笔，把关键的地方记在自己的本子上，给你们两分钟的时间，如果不够就再长一点，好，开始。（众生陆续拿笔写字，师走向学生中间巡视，不时走近学生，看其在本子上回答的问题，还对一生进行肯定和对一生进行指正）

师：非常好，同学们写出了很好的想法，且非常有自己的见解，继续。想不想把你的想法跟别人交流交流？

生：想。

师：好，我的意思是我们还没写完的先不写，留在脑子里头（做双手抱头动作），我们来讨论！谁最想先说的，就说吧。

生：我想解释第四个问题。百分数是在比较精确的情况下用的，而分数是比较大概的内容。

师：比较大概，没有了精确。（看黑板）第四个问题，"和分数比较有什么不同？"，是吧？他的观点是百分数更精确一些，分数就没有那么精确了。这个问题啊，再思考，还有呢？（几生举手，请一生发言）

生：我想解释第二个问题，百分数的意义跟分数相同，比如 50%，可以写成 50/100。（师作认真听状）

师：同学们，分数的意义我们可以怎么去描述它呢？（返回讲台，面向大家）咱们班同学三好学生的人数占全班人数的几分之几？它表示的是什么？一个数是另一个数的几分之几？（众生附和）那么我们的百分数是表示一个数是另一个数的几分之几吗？

生： 不是。（一生原位作答）

师： 应该怎么说？它表示的一个数是另一个数的百分之几，它不是几分之几，它是百分之几，同意吗？

生：（齐声）同意。

师： 是不是每一个百分数都是表示一个数是另一个数的百分之几？

生： 是。（大声）

师： 比如说，我们的青岛啤酒，它的酒精度是 3.4%，把什么看做 100 份？

生： 3.4。（一生答）

师： 3.4 看做 100 份？这个我们是不是可以把它写成 3.4/100？（板书：3.4/100）那这个 3.4/100 是表示把什么看做 100 份？

生： 把青岛啤酒看成 100 份。

师： 这句话再说得具体一点，多少青岛啤酒啊？

生： 一瓶青岛啤酒看成 100 份。

师： 把一瓶青岛啤酒看成 100 份，可不可以？

生： 可以。

师： 那这里头什么占 3.4 份呢？（返回讲台）

生： 酒精度。（几生举手，但都齐声说）

生： 酒精在一瓶青岛啤酒里面有多少含量。

师：（点头肯定）把整个这一瓶酒看成 100 份，这里面的 3.4 份是纯酒精。再看第二题。（指向大屏幕）

师： 茅台酒把什么看做 100 份？（众生回答嘈杂）把整个这一瓶茅台酒，但不一定是一瓶，有时候一杯也是可以的啦！一杯就谈一杯嘛，一箱就谈一箱嘛，总之你把这个酒要看做多少份？

生： 100 份（众生齐声答）。

师： 那里面这 38 份就是——

生：（大声）纯酒精。

师： 没错，纯酒精。再看酒鬼酒。把什么看做 100 份？

生：（齐声）酒鬼酒。

师：把整个这个酒鬼酒看做 100 份，这个里面的 52 份是什么啊？

生：酒精。

师：对了。同学们手头还有很多的百分数，是不是总是把一个整体看做 100 份？看看。（用手指向大家桌面）

生：是的。

师：那我们就刚才那个同学说的第二个问题："百分数的意义，"我们可以初步得出结论，它表示什么？一个数，（板书：一个数/另一个数→百分之几→百分数）是另一个数的——

生：几分之几。

师：到底怎么写？

生：百分之几。

师：几分之几还是百分之几？

生：百分之几。（大声）

师：没错，百分之几的数。（板书：百分之几）表示一个数是另一个数的百分之几的数，它就叫做百分数。这意义的问题是不是解决了？

生：是。

师：这三种酒咱们比比看？（指向大屏幕）哪种酒最厉害啊？

生：酒鬼酒。

师：能不能一眼就看出来？

生：能。

师：怎么看的呢？

生：看谁数字大。

师：都是 100 份，是不是？大家都是 100 份，就很容易比较出，是吧？是这个意思？同意吗？

生：同意。

师：那么正是因为它，大家都是 100 份，我们就很容易比较出哪种酒的酒精含量更高一些，是吗？

生：是。

师：那么谈到这里，好像第一个问题就出来了。（指向板书）百分数有什么用处啊？

因为大家总是把总数的含量作为 100 份，所以特别的便于——

生： 比较。

师： 都表示一个数是另一个数的百分之几，同意吗？

生： 同意。

师： 第三个问题："在什么情况下用？"人们干什么的时候会用百分数？（走向一生）你说。

生： 一般在很复杂的事情里，可以用百分数。

师： 什么叫很复杂的事情？

生： 很难弄的一件事情。（几生举手）

师： 什么叫很难弄？（几生发出笑声）很难弄好像很难比。

生： 很难比的。

师： 就是用分数去比，就没办法比较的情况下，我会用百分数，是不是？比如说，你到商场里面去给你爸爸买一种酒精含量较低的酒，结果到了商店里面一看，那酒瓶的标签上写的不是百分数，而是写了很多分数。

生： 太麻烦了！（一生附和）

师： 难不难？

生： 难。

师： 主要是很难比较酒的酒精含量低还是高？是不是？所以说，人们在这个时候，用上百分数就很好比了。

师： 人们的生活当中要进行调查、统计、分析、比较的时候，也会用百分数。黄老师给你们带来了一个图，（指向大屏幕）你们看看。

（大屏幕显示：第十二届亚运会金牌分布情况统计图，中国占 40.3%，韩国占 18.5%，日本占 17.4%，其他占 23.8%）

师： 这是一次亚运会的金牌分布统计图。看到中国没有？

生： 看到了。

师： 还看到谁？

生： 韩国、日本、其他。

师： 还有其他。中国厉害吧？

生： 厉害！

师： 怎么一眼就看出那么厉害的呢？

生： 因为中国百分数高。（一生回答）

师： 你看，（指向大屏幕）中国占 40.3％，中国获得金牌数占金牌总数的 40.3％，你看韩国才多少？

生： 18.5％。

师： 日本呢？

生： 17.4％。

师： 参加亚运会其余国家合在一起才——

生： 23.8％。

师： 中国厉害不？（竖起大拇指）

生： 厉害！

师： 那么从这个图本身（再次指向大屏幕），我们可以用数学的眼光去看，百分数好不好？

生： 好！

师： 便于人们去分析、比较。当然这是调查统计出来的一个结果。往图上这么一画，我们就一眼能看出来。其实这个时候，虽看不到我们到底获了多少枚金牌，但是我们看到的是什么？咱们金牌数占金牌总数的百分之几，一眼就能看出。好，我想第三个问题我们又解决了。第四个问题，那么"和分数比较到底有什么不同？"在意义上跟分数比较，有没有什么不同？这个问题，我们来讨论讨论。（一生举手，师走向该生）

生： 就是如果把百分比，那个百分之几化成分数的话，那个百分之几，它的分母是永远不能变的，而分数的分母是可以变动的。

师： 同意吗？（转向旁边学生）

生： 同意。（齐声）

师： 这个同学说的是，百分数的分母始终是多少？（转身指向黑板）

生： 100。

师： 但是分数的分母就？

生： 可以变。

师： 就不一定是 100。这样说可以吗？

生：可以。

师：（伸出一手指高举）第二个不同是什么？（高举两只手指表示，并请旁边一生）

生：分数是几分之几的，百分数是百分之几的。

师：这个同学说得跟那个同学说得有相同的地方，我们分数怎么读？

生：几分之几。

师：百分数我们就把它读成？

生：百分之几。

师：从这个同学的回答中，我们能悟出这个道理。咱们百分数的读法跟分数还是有点不一样的。（走向大屏幕，并指向数字）会读吗？

生：会。

师：中国占多少？（再次指向）

生：40.3%。

师：非常好！读为百分之四十点三，不要读成一百分之四十点三，这跟分数是不一样的，同意吗？

生：同意。

师：第三个不同呢？（一生举手，走向该生）这个同学没回答过，好，你来说吧！

生：就是百分数用得多，而分数不太常用。因为有时候我们比较起来，分数难比较，百分数容易比较。

师：他从这个百分数的一些特征上来说明，百分数便于比较，分数就没那么好比较，是吧？但是分数可不可以比呢？

生：（大声）可以。

师：好，第三个不同。第四个呢？

生：（看大屏幕）百分数后面有个百分号，分数不是，分数中间有个一横，跟它这个地方不相同。

师：就是说，刚刚大家开始提问题的时候就说了，长得不一样嘛！其实就是写法不一样，百分数大家都发现后面有个什么符号，是吧？（返回讲台，望向大屏幕）那个叫百分号，百分号怎么写，大家看黑板。（板书：%）写百分号的时候，先画个圈，然后画一条斜线，这个斜线跟水平线大约成45度，然后下面对应的再画个圈，这就叫百分号，会写吗？

生：会。

师：（高举一手）拿出手指来，我们写写看。画个圈，画条斜线，再画个圈。（众生高举一手在空中书写）好！我们写百分数的时候，先写 40.3，再加上百分号，这就是百分数的写法。会不会写？

生：会。

师：OK。第四个不一样，叫写法不同。还有啊？（几生举手，走向一生）好，来，站起来！

生：一个是分率，另外一个是百分率。分数是分率。

师：很好啊，请坐！咱们百分数，它又叫做百分比，或者叫做百分率，那么分数又叫做分率，也是表示一个数是另一个数的几分之几，这个同学的回答实际上是在告诉我们一个道理，我们学的分数，既可以表示一个数是另一个数的几分之几，就是他说的分率，同时也可以表示一个具体的数量。有没有？

生：有。

师：生活当中很多这样的应用，（指着板书）但是百分数只表示一个数是另一个数的百分之几，所以又叫做百分率。所以说百分数，生活当中看到的百分数后面通常加不加单位啊？

生：不加。

师：不加单位，它只表示一个数是另一个数的百分之几。（指向刚才那生）这个同学的回答很好，给我们很多的启发，这又是一点不同，还有什么不同？

生：我觉得，如果把百分数换算成分数，分数下面这个分母永远就是一百，分数下面分母是可以变动的。

师：就不一定是 100 喽，是吗？什么都可以，这个同学说得也有道理，他实际上在告诉我们，某些百分比，你看（手指向板书），还有 3.4％，看到没有？分子上写的是什么数？小数，是吧？我们刚刚还看到 38％，一百分之三十八，分子分母可以怎么样？可不可以约分？

生：可以。

师：是可以约分。分数里头一般要约分，但是百分数里头约不约分？

生：不约分。

师：一约就变成什么了？分母就不是 100 了，是吧？正是因为百分数的分母规定是

100，分子就有可能出现 3.4（指着板书 3.4），就有可能出现 38，还可能出现 52，还可能出现像这个图上那么多的小数这种情况（指向大屏幕）。这个不同我觉得找得也好，6 个不同了。

生：分数和百分数的单位不一定相同。

师：单位，分数单位不一定相同？具体一点说。

生：比如说，50％在分数里可以写成五十分之二十五。

师：它的分数单位就不是二分之一了，对吧？而百分之一总是一百分之一，它的分数单位，很好，（回讲台，指了一下板书）哇！我们刚刚找了多少个不同啊？

生：7 个。

师：7 个不同。同学们有没有发现，其实我们平时脑子啊，把它想开去，可以想出非常非常丰富多彩的各种想法。

师：想想，还有没有什么问题？（回头看了一下板书）

生：为什么百分数那个一百不写出来，（看一下大屏幕，师也跟着回头看了一下）而分数写出来一百，假如一百分之四十，会写出来，而百分数不写出来一百啊？

师：他的意思你们听明白没有？

生：听明白了。

师：就是，百分数为什么要用一个百分号这样来写？你们说用百分号的目的是什么？（把话筒递给一生）你说。

生：百分号就代替了一百。

师：为什么要代替一下？

生：方便。（一生附和）

师：方便什么？

生：方便书写。（继续答）

师：这倒也有道理。方便书写，还方便什么？

生：方便统计。（一生发言）

师：方便统计。那么我统计，正是因为它跟很多分数——

生：不一样。

师：我觉得它更重要的目的是，为了把百分数跟分数怎么样？

生：做比较。（有人答）

师：区别开来，让我们一眼就能看出这是一个什么数啊？

生：百分数。

师：所以我们把它写成％的形式，这样就区别开来了，同意吗？

生：同意。

师：我们来看一两道题目。（望着大屏幕，指了一下，众生开始看）这里有三个分母是 100 的分数，它们是不是都是百分数呢？（大屏幕显示：$\frac{75}{100}$、$\frac{51}{100}$、$\frac{87}{100}$）

生：是。

师：不一定，我们来看看。（大屏幕显示：鸡的只数是鸭的 $\frac{75}{100}$）第一句话，鸡的只数是鸭的 $\frac{75}{100}$。这个 $\frac{75}{100}$ 可不可以看成是百分数？

生：可以。

师：可不可以？

生：可以。（大声）

师：把谁看做 100 份啊？（望着大屏幕）

生：把鸡。

师：到底把什么看做 100 份？鸭的只数看做 100 份，鸡的只数就是这样的 75 份。我们再来看，（大屏幕显示：绳长是铁丝长的 $\frac{51}{100}$）绳长是铁丝长的 $\frac{51}{100}$。

生：是的。

师：有没有表示一个数是另一个数的百分之几？

生：有。

师：好，谁看做 100 份？

生：铁丝。

师：没错。第三句话，（大屏幕显示：一堆煤重 $\frac{87}{100}$ 吨）一堆煤。

生：不是。

师：这就不可以了，为什么？

生：单位。

师：因为单位表示一个具体的？

生：数。

师：是吧，它已经表示了一堆煤的实际的重量，所以我们认为它不是。所以我们看到，三个分母是 100 的分数，它不一定都是百分数，说明大家对意义有所了解。好，这里是一些百分数，（大屏幕显示：1％、18％、50％、89％、100％、125％、7.5％、0.05％、300％）认得吗？

生：认得。

师：你想读哪一个你就读哪一个，开始，自己读。

（众生相继读开了）

师：停！（众生相继停下）都读完啦？那么，在这一组百分数当中，你最喜欢哪一个？然后告诉我们，你为什么喜欢它，好吗？谁先来？

生：我最喜欢 100％。

师：为什么啊？

生：因为说明有一样东西非常多，占 100％。

师：多到什么程度？

生：多到一样东西全部是。

师：（环顾众生）咱们班今天来了多少人？

生：42。

师：42 个人穿校服了没有？

生：穿了。

师：今天穿校服的人数占今天来上课的人数的多少？

生：100％。

师：假如把黄老师也算进去。

生：不是了，99％。

师：就剩 99％了，黄老师就是 1％了？这个就要精确地计算了，咱们班 42 个人，加我 1 个变成 43 个人，那黄老师就占一份，一百份当中的一份，不止的，应该两份多一点，好，假如咱们班 42 个人，今天来了 40 个人，这 40 个人也全部都穿校服了，是多少？

（众生各自说开了，什么答案都有）

师： 不不不，我讲的是，来的人数跟穿校服的人数比？

生： 100％。

师： 也是 100％，那么这个 100％ 不一定是 100 个人，是吧？

生： 是。

师： 那是 100 个什么？

生： 份，100 份。

师： 说得好！没错，这是 100 份。把我们全班人数看做 100 份，穿校服的人数就占这样的——

生： 100％。

师： 没错，还喜欢什么？

生： 我最喜欢 1％。

师： 说说为什么只喜欢 1％ 呢？

生： 因为我是中国的一分子。

师： 哇！他是中国的一分子啊！他是一个人，那么他一个人占全国那么多人的——

生： 1％。

师： 好像不是 1％ 了。但是这个同学的想法很好，我是一个中国人。那么，我是咱们 13 亿多人当中的一个重要的一分子。

师： 还喜欢别的吗？（举手示意）来一个吧，说！

生： 我喜欢百分之百。（看着大屏幕）

师： 等一下，这个叫百分之百还是百分之一百？

    众生：百分之一百。

生： 我喜欢百分之一百。因为有些东西，就像牛奶一样，它含的牛奶成分是 100％ 就比较好喝，质量也很好。

师： 100％ 的纯牛奶多好喝啊！这个好像有很多东西达不到 100％ 的，就不是很好哦？

生： 那不一定。（一生否认，举手）

师： 不一定？说！

生： 那老师，万一是酒精度是 100％ 的话。（众生笑）

师： 没错，没错，这不一定！假如我们买酒，酒精度是 100％ 那就糟了！（师笑）

师： 我觉得那个 50％ 还是蛮可爱的。

生：为什么？（众生看向大屏幕）

师：为什么？对啊，为什么50％会认为很可爱呢？它什么意思啊？

生：一半。

师：一半，对啦！它表示一半的意思，其实表示一半的不光是50％，还有谁？

生：$\frac{1}{2}$。

师：$\frac{1}{2}$，还有谁？那就多了，分数可以用表示一半的意思，$\frac{1}{2}$，小数呢？

生：0.5。

师：0.5跟这个50％的意思都是一样的，是吧？（指了一下大屏幕）而那个300％呢？300％是什么意思啊？

生：超载。（一生发言）

师：哦，300％就是超载，对了。（众生笑）你这个车子本来只能运5吨的，结果你运了多少吨？15吨，那么超载成了300％，就不行了。当然有的时候就不一定是超载，比如说老师叫你回家做数学题，今天回家要求做10道题，你做了多少道？

生：30道。

师：30道。像这种超载呢，（一生答"有好处的"）好像有的时候感觉对自己是有好处的，表现出同学们很勤奋好学，对不对啊？像这样的超载也是可以的，当然我们选些有效的题目去做，不要做些简单、机械、重复的，否则就没意思了。

师：这节课再玩一个游戏，好不好？

生：好。

师：准备，抓笔。（众生各自拿出笔来）黄老师请每位同学在自己的本子上，写10个百分号，要一个比一个写得好看，能做到吗？

生：能。

师：好，开始。只写百分号，不用写百分数。停（高举一只手），不写了，可以了，写一半那个就不算了，每个人用手挡着不要给别人看见，不要给旁边的人看见。悄悄地从手缝里头数数你写了几个？不要告诉别人。好，数完了吧？

生：数完了。

师：老师叫你写几个？

生：10 个。

师：老师布置的任务是写 10 个，不要讲，你写了几个呢？站起来，举个手，肯定能说得清楚。老师，我写了 6 个，那这个说法，幼儿园的小朋友都会啦，是不是？咱们今天，（一生举手）那个同学非常踊跃啊，他说我要用百分数来说，不说出几个，我也能让你听出我是几个，这就厉害了！（相继又有几生举手，气氛活跃起来）你想说，来！

生：我写了 60％。

师：我写了 60％。这句话有没有问题？

生：没有。

师：能理解吗？猜猜他写了几个？

生：（齐声、大声）6 个。

师：好，都猜出来了，怎么会是 6 个呢？（邀请一生）

生：因为 60％ 代表 100 里面，你给他 100 个任务，给他一份任务，把它分成 100 份，然后他只完成了 60 份，如果把它的单位化小一点的话，就等于是他完成了 6/10。（众生小声笑）

师：这个同学显得有点着急，但是他是理解的，表达的意思是正确的。他说 60％ 怎么想？实际上他写一个，就是十分之几啊？

生：$\frac{1}{10}$。

师：那么要是写 6 个就是——

生：$\frac{6}{10}$。

师：用百分数来想，不就是 60％？所以你猜他是 6 个，对不对？

生：对。

师：你写了多少？

生：我写了 70％。

师：猜猜他写了几个？

生：他写了 7 个。

师：好，那你也说一个给前面的人猜。

生：我写了 30％。（几生踊跃举手）

师：他写了 30％，他写几个？（返身给前面一生）你说。

生：他写了 3 个。

师：同意吗？

生：同意。

师：你也说一个给别人猜。（指了一下众生）

生：我写了 20％。（师看了一下他本子，表示怀疑）

师：他写了几个啊？

生：他写了两个。（旁边一生）

师：写了两个，你说一个给别人猜。

生：我写了 50％。

师：等一下，前面大概有四五个同学都说过了，全部都说，我写了百分之多少，你就不要总跟人家一个说法了，你得有变化。

生：$\frac{5}{10}$。

师：不能用分数，要用百分数。（几生举手踊跃）你们想帮他啊？说。

生：我写了 60.5％。

师：什么叫 60.5？（众生大笑）

生：就是 6 个，加上另外一个的一半没写完。（众生不同意，发出声音）

师：那是不是 60.5％呢？

生：65。

师：你别说啊，刚刚那个同学说，我完成了，我写了 50％，其实有没有别的说法？（几生举手，请一生）

生：有。我写的占 60％。

师：他 50％那个呢？实际上他还差多少任务没完成？

生：一半。

师：一半，实际上他可以怎么讲？

生：他没有完成 50％。

师：或者怎么讲？

生：我还有 50% 的任务没完成。

师：这样说可不可以？

生：可以。

师：这样说也是可以的，非常好！（返回讲台）同学们，你们今天非常踊跃，给我留下了非常深刻的印象，以后有机会，我们再来上课，好吗？

生：好。

师：下课。

　　[点评：读了黄爱华老师"生活中的百分数"课堂教学实录，很受启发，认为有以下三个突出的方面值得我们研究和学习。

　　1. 通过本节课教学与生活实际的紧密联系，让学生感受数学学习的价值，激发学生对数学探索的兴趣和求知欲望。我们看到黄老师在引导组织学生学习百分数时，已经跳出了教材、课堂这个狭小的空间，发动学生去寻找生活中的百分数（如商标中、新闻联播中介绍的百分数），还特别关注在课堂学习中新生成的百分数（如出席人数及写百分号过程中新产生的百分数）。现实中丰富鲜活的素材，使"单纯从书本中学数学"变为"密切联系生活做数学"，在数学学习中理解了百分数的意义及价值。

　　2. 学习方式的转变，促使学生更加积极主动地探索新知。黄老师在组织学生学习百分数时，设计了：课前调查寻找——调查寻找身边的百分数，为本节课学习的展开提供现实的有价值的素材；课中讨论——师生互动，生生互动，不仅交流讨论对百分数的认识和理解，还时常关注对不同观点和做法的评析。教师为学生创设了自主探索、合作学习、独立获取知识的机会，通过让学生调查寻找的丰富教材，组织学生之间有效的交流讨论，提升了对百分数意义的认识和理解，同时恰到好处地发挥了教师的作用。

　　3. 注意培养学生的问题意识，让学生在一个个问题生成中研究探索数学问题，这是本节课又一个明显的特点。"问题是数学的心脏"，黄老师用心去创设问题情境，使学生在学习中生成"为什么要学习百分数？""百分数的意义是什么？""百分数有什么用处？""在什么情况下用到百分数？"这样一系列问题。为学生的探索发现起到了推波助澜的作用。]

（本节课由著名特级教师吴正宪点评）

专家评说

一、教学也是创造

——《黄爱华小学数学课堂教学艺术》一书序言

北京师范大学教授　周玉仁

科学是创造，艺术也是创造。教学是科学，又是一门艺术。成功的教学必然倾注着教师的毕生心血，闪烁着教师非凡的创造才能。

现任深圳市福田区教育研究中心副主任的黄爱华，在他十余年的教学生涯中，几次在全国性的教学观摩课交流会上荣获一等奖，并发表了百余篇教学论文。他是我国颇有声望的青年特级教师。

回忆起我第一次认识他，是在1994年4月中国教育学会小学数学教学专业委员会召开的全国计划单列市小学数学教学观摩交流会上，他做了"分数的基本性质"观摩课。课中，他以其深厚的教学功底、灵活精湛的教学方法、强韧的教学组织能力，创设了充满情趣的课堂氛围，使学生们在愉快的气氛中得到发展，在发展中获得愉快，显示出他独特的教学风格。

黄爱华老师获得成功的主要原因在于他对现代教育理论的刻苦学习，对教学业务的潜心钻研。而他的课堂教学艺术又集中体现在对教育思想的更新、扎扎实实地提高学生的素质上，促使学生全面地、生动活泼地、主动地发展。

如果说得再具体一点，我认为有以下五个特色：

1. 从一点学到很多

教学中深入浅出，举一反三，例题用"活"，习题用"够"，每个40分钟都给学生提供足够的信息量，让他们在知识的海洋中自由地驰骋。

2. 充分发挥学生的主体作用

他设计的每一步教学活动，都从学生方面着想，顺着学生思路而又高于学生思路。不断地立障设疑，不断地创设"不平衡"的问题情境，激发学生内在的学习动机。凡学生能探索得出的，决不替代；凡学生能独立发现的，决不暗示。尽量给学生多一点思考时间，多一点活动余地，多一点表现自己的机会，多一点体尝成功的喜悦。

3. 教学方法灵活、高效

注意从学生喜闻乐见的故事、游戏、事例中引入概念，充分运用教具、学具，尤其是适当地采用现代化的多媒体计算机辅助教学，大大提高课堂教学效率，让学生在活动中学好数学。

4. 密切联系生活实际

讲来源，讲用途，使学生亲身感受到数学并不抽象、枯燥，而是一门看得见、用得上的科学。从"学会"到"会学"，从"会学"到"乐学"。

5. 创设民主、和谐、愉悦的课堂气氛

尊重学生，信任学生，对每一个学生都倾注着真挚的爱，让后进生"体面"地坐下去。课堂中做到知情交融、教学相长。

长江后浪推前浪。在当今素质教育向纵深发展的时代里，我坚信会有更多的"学者型"中青年教师脱颖而出，为探索 21 世纪新一代的教育、教学做出新的贡献。

二、创造"活"的数学课堂

著名小学数学教育专家　邱学华

黄爱华老师的课堂教学方式方法，我们将其浓缩成一句话：创造活的数学课堂。我们也无意给黄爱华老师的教学冠以"××模式"，无论是什么样的老师，你想要给他的教学有一个恰如其分的概括，那将是一件非常困难的事情。黄爱华老师"活"的数学课堂，具体体现在以下三个方面。

1. 引人入胜地创设问题情境

一长列游行队伍从大街上经过，人们最容易记住的是走在前面的人；青年男女相会，给人印象最深的是第一次见面，要不怎么会有"一见钟情"呢？这些人们司空见惯的事情，在心理学上被称为"首因效应"、"第一印象"的系列集团效应。常言说，良好的开头是成功的一半。教学实践也证明了这一点，问题情境创设得好，就能吸引住学生，唤起学生的求知欲望，燃起学生智慧的火花，使学生积极思维，勇于探索，主动地投入到对新知识的探究之中，获得一定的发展。

教学"百分数的意义和读写法"，黄爱华老师精心设置了"绍兴黄酒"与"足球比赛"的问题情境，让学生置身于现实生活之中，让知识发生于经验世界之内，营造了一种现实而富有吸引力的学习背景，有效地激发了学生参与认知活动的积极性。

教学"约数和倍数"，黄爱华老师带领学生动情地唱《世上只有妈妈好》这一首歌，引出生活中人与人之间的相互依存关系。以生活中的事例作铺垫，在"张阿姨是王小倩的妈妈，王小倩是张阿姨的女儿；王小倩是张阿姨的女儿，张阿姨就一定是王小倩的妈妈"胜似绕口令的欢笑声中，学生深刻地体会到了"相互依存关系"，使原本枯燥、抽象的概念变得生动有趣，易于理解。

教学"小数的性质"，黄爱华老师先在黑板上写了三个"1"，接着向学生提问：这三个1相等吗？学生回答相等后老师用等于号连接起来。接着，教师在第二个1后面写上一个0，成为10；在第三个1的后面写上两个0，成为100，再问学生：现在这三个数相等吗？（学生回答：不相等）你能想办法使它们相等吗？课进行到这里，我们是否已隐隐约约地感受到了一股强劲的学习热情即将"喷发"出来，一番积极探索、主动发展的场面就要在我们的眼前"上演"了呢？

2. 激情四射地开展探索研究

课堂教学是否卓有成效，关键要看学生是否在创设的学习情境里，通过动手实践、自主探索、合作交流的学习方式，获得一定程度的发展。由此看来，数学学习活动应当是一个生动活泼的、主动的和富有个性的充满生命力的过程。在此过程中，学生要有充分的从事数学活动的时间和空间，在自主探索、亲身实践、合作交流的氛围中，解除困惑，更清楚地明确自己的思路，并有机会分享自己和他人的想法。在合作交流、与人分享和独立思考的氛围中，倾听、质疑、说服、推广而直至感到豁然开朗，这是数学学习的一个新境界。数学学习变成学生的主体性、能动性、独立性不断生成、张扬、发展、提升的过程。让我们和着这样的"旋律"进入到黄爱华老师的课堂教学中去，感受一下活的课堂的点点滴滴。

（1）让学生动手操作。

听过黄爱华老师课的人都会发现，他的每节课中都有大量便于学生操作的内容。如"游深圳野生动物园"里设计了"价格计算单"，"三角形的高"里设计了"看谁先摘到花"，"给老师出谋划策"里设计了"装修方案"，在"长方形、正方形"里设计了"涂色、对折",在"一个数除以分数"里设计了"必须将手中的纸条对几折之后,才能用手中的尺子一次量出这张纸条的长度"等操作的内容来更好地促进学生对数学的理解。

（2）促使学生进行独立思考和自主探索。

给学生提供自主探索的机会,让学生在讨论的基础上发现问题,解决问题。如在"两位数与 11 相乘的速算法",一开始让学生给老师出题,学生发现老师竟然"对答如流"。这时学生不免产生疑问:要么就是老师把结果都背下来了,要么就是一定有什么秘密。学生通过讨论一致认为:老师不可能把那么多的结果都记下来,老师肯定有窍门,只不过我们暂时还不知道。在发现了"两位数与 11 相乘"一定有窍门的基础上,学生通过自主探索、师生的合作交流、动手实践,步步为营,最后觅得了"真经"——两头一拉,中间相加,满十进一。

（3）鼓励学生合作交流。

小组学习是一种内涵丰富、有利于学生主动参与的多样化的教学组织形式。学生在小组中从事学习活动,借助于学生之间的互动,可以有效地促进学生之间的共同进步。在"多位数加减法"一课里,黄爱华老师将学生按照"组内质异、组间质同"的原则,分成四人一组进行合作学习。教师发给每位同学一张研究报告,然后要求学生:先独立思考后再填写,之后组内的四个同学互相说一说自己的想法与做法,针对组内每位成员的情况进行评价,最后将在小组内形成的最能代表本组水平的结论与全班同学进行交流。

"一个人吃一个苹果,最后得到的也只能是一个苹果;但一个人说一种思考的方法,你将会得到更多的方法。"这大概就是合作交流的魅力所在吧!

（4）鼓励解决问题策略的多样化。

不同的学生有不同的思维方式、不同的兴趣爱好以及不同的发展潜能。教学中应关注学生的这些个性差异,允许学生思维方式的多样化和思维水平不同层次的存在。

在"长方体的表面积计算"一课里,学生从不同的角度通过个性化的思维活动,得出了无盖长方体表面积计算的五种解法:

解法一:（长×宽＋宽×高＋长×高）×2－长×宽。

解法二:长×宽＋宽×高×2＋长×高×2。

解法三：（高×2＋长）×宽＋长×高×2。

解法四：（高×2＋宽）×长＋宽×高×2。

解法五：（高×2＋长）×（高×2＋宽）－高×高×4。

每一种解法都有其合理的依据，只是思维的角度不同而已，我们很难就某一种解法得出个好与不好的结论来。我们要做的只是引导学生通过比较各种不同的解法，选择适合于自己的解法罢了。这也给我们一个重要的启示：数学学习活动要让所有学生都能积极参加讨论，给学生表达想法的机会，激发学生的思考，培养学生创造的意识，促进学生创新能力的发展。

3. 意犹未尽的实践延伸

当我们的课堂教学活动告一段落、行将结束之际，并非宣告学习活动"就此打住"，也并非预示着布置些习题练一练，安排些作业做一做而索然无味地"草草收场"。优秀的教师总是在此时此刻千方百计地为自己的课堂教学添上重重的一笔，激起学生思维的涟漪，让学生产生一种"欲罢不能"的持续探究的态势。

如在学习完"奇数和偶数"之后，向学生提出"x 是奇数还是偶数？"

在学习完"约数与倍数"后，黄爱华老师面对全班同学，从容地说："同学们，快要下课了，我们一起来做一个游戏，这个游戏的名字叫'动脑筋离课堂'，游戏的规则是这样的：老师出示一张卡片，如果你的学号数是卡片上的数的倍数，你就可以走出教室了。走的时候，必须先走到讲台前，大声说一句话，再走出教室。你说的这一句话，可以是'几是几的倍数'、'几是几的约数'或'几能被几整除'其中的任意一句。"新颖有趣的游戏，巩固了知识，检查了效果，还进行了纠正错误和个别指导，发挥了学生的创造性，一举多得。这比简单地布置一些习题或作业，效果不知要好上多少倍！

在学习完"统计图"后，让学生调查：

第一，个人喜好方面的问题。如喜爱的玩具、小动物、花草；爱吃的水果、蔬菜；最受喜欢的电视节目、卡通人物；喜爱的运动；爱喝的饮料；班上参加各类兴趣小组的人数。

第二，大家都关心的话题。如奥运会各国取得的金牌数；濒临灭绝的物种及数量；比较熟悉的一些动物的奔跑速度等。

第三，研究专题。如不同地段对商店营业额的影响等。

这样的课外作业，蕴含了鲜活的内容，学生带着浓厚的兴趣，踏上了"做数学"之途。

从上面的分析可以看出，黄爱华老师把数学课上活了。更可贵的是，他的教育理念和课堂教学操作方法同新数学课程标准是一致的。为什么他每到一处为教师上观摩课都会引起轰动，成为小学数学教育界的明星，道理就在于此。我是看着他成长起来的，对他的成就，我由衷地感到高兴。

三、关注学生的发展，追求教学的卓越

深圳市福田区教育局副局长　黄孔辰

黄爱华是一位勤于思考、善于实践的人，听黄爱华的课是一种享受，做黄爱华的学生是一种幸福。这是所有与黄爱华相处过的人共同的感受。这是揭示本质的评价。黄爱华在课堂教学中的设计之精妙、语言之精辟、指导之精巧……哪一个不是通过悉心思考与付诸实践之后的"结晶"呢？记得黄爱华曾对学生的学习做过一个非常贴切、浅显易懂的比喻："学生的学习如同人们走路一般，要有走路动作的实施（行动），必须以想要实现某种愿望、取得某种结果（心动）为前提，人的走路过程才能算圆满地完成，其结果直观地表现为人的地理位置发生了变化，而更重要的意义在于人实现了某种目的（发展）。学习也是如此，有了心动的感觉，加之行动的实施，必然导致个体某一方面或几方面的发展。这就是学习，也是我们课堂教学的主旋律，仅此而已。

我想黄爱华在教学上孜孜不倦地思考与实践的成果，主要体现在两个方面：

1. 以人为本的教学观念

（1）关注发展，为学生的发展而教

数学教学过程的基本目标是促进学生的发展。按照《数学课程标准》的基本理念，学生的发展包括知识与技能、数学思考、解决问题和情感态度四个方面。在数学教学过程中，这几个方面的发展是交织在一起的。从某种程度上说，今天的学习，是为了学生获得终身学习的愿望和能力。数学教学应该以发展为核心，学生要在学习数学的过程中学会做人。（《数学课程标准解读》语）从黄爱华老师的课堂教学中，相信每一个人都不难发现这一点。

（2）尊重学生，与学生"和"、"平"相处

学生是学习活动的主体，同时学生又是一个个存在个性差异的活动对象。由于学生在情感态度、兴趣爱好、发展程度等方面的差异，必然导致课堂教学中的"参差不齐"。但我们绝不能就凭此而人为地把学生分为好学生与差学生，只是发展的进程有快有慢罢了。我们经常会看到：课堂上有的学生回答问题"牛头不对马尾"，有的学生习惯于"随声附和"，缺乏自己的见解，有的学生总会提出"千奇百怪"的问题使教学活动暂时处于"断路"。每每遭遇如此的"尴尬"境界，作为教师，你是准备把这些学生狠狠地批评一通呢，还是视而不见地把大手一挥，来个军令如山倒式的"请你坐下"了事，显然这都不是"上策"。这会极大地伤害学生的自尊心，更严重的是可能有的学生就会从此"一蹶不振"，走上与发展相背离的"不归路"。这绝不是危言耸听，在这方面的教训实在是太多了。

黄爱华老师在尊重学生的问题上，把握好了两个字："和"与"平"。"和"指的是"和谐融洽的气氛"，"平"指的是"地位平等的交往"。教学的过程中教师不应该是一位"独裁者"与"特权者"，而应该是一位致力于帮助学生、设身处地为学生着想的拥有先进教育理念、善于合作的良师益友。在黄爱华老师的课堂教学中，我们经常看到他对学生发自内心的表扬与鼓励，走下讲台与学生交流合作；我们也经常听到"再想想看，老师和同学们都相信你一定行"、"你的想法真的太伟大了，坚持下去前程似锦"等许多沁人心脾的话语。所有这些无不反映出黄爱华老师高尚的师德、先进的教学理念与为人处事的原则。

2. 追求卓越的教学艺术

教学是一门科学，又是一门艺术，这已成为广大教师和教育理论工作者的共识。艺术是什么？艺术就是"无意于法则，而自合于法则"，"从心所欲不逾矩"的完美体现。

科学家爱因斯坦在谈到教师的修养时，提出三条基本要求：一是"德"，即崇高的思想品德；二是"才"，即知识渊博；三是"术"，即高超的教学艺术技巧。由于黄爱华老师在这三方面表现出了良好的修养，因此才有"没有最好，只有更好，追求卓越、给人享受"的教学艺术。

这里借用阎承利老师在他所著的《教学最优化》一书中的叙述，来阐述黄爱华

老师的教学艺术。

求"实"。遵循教学的基本规律，结合自己的特点、学生的实际来进行教学。"没有教学的合规律性和合个性，就没有教学艺术的创造性、表演性和审美性。只有教学的合规律性和合个性的统一，教学才成为引人注目、令人为之倾倒的艺术品，教师才能成为受人钦佩的教学艺术家。"

求"活"。运用各种教育教学手段、方法或技巧来丰富课堂教学，提高教育教学的质量与效益。教学艺术是在科学地再现的求"实"中，师生对特定的教学内容进行"活"化，以达到科学再现与艺术表现的完美统一。

求"美"。对学生进行审美教育，培养他们积极向上的审美意识与情趣，使他们全面、和谐、健康地发展。通过诱发和增强学生的审美感以提高教学效果的手段，这种手段的运用能使学生在有益身心健康的积极愉快的求知气氛中，获得知识的营养和美的享受。

求"趣"。设法激发学生的学习兴趣，让学生喜欢数学这门课，让学生自觉主动地学习。卢梭在《爱弥儿》一书中说："教育的艺术是使学生喜欢你所教的东西。""问题不在于教他各种学问，而在于培养他们爱好学问的兴趣，而且在这种兴趣充分增长起来的时候，教他们以研究学问的方法。"

求"新"。在学习别人教学艺术的基础上，发挥自己的聪明才智，进行创新与发展，显现自己鲜明的个性。创造是一切艺术的特质，没有创造也就无所谓艺术。这些创造，或表现为对常规的、传统的教学形式的突破而代之以各种革新；或表现为对课堂结构的新颖而独到的设计；或表现为对学生积极向上的心理塑造；或表现为对教学内容的科学选取与艺术的加工。

求"效"。学生在艺术的课堂教学中获得了不同程度的发展，取得了一般教师所不能取得的教学效益。

黄爱华老师的课堂教学艺术用"实、活、美、趣、新、效"来评价最为贴切不过。

我们似乎又有了一种更深层次的认识：与其说黄爱华老师是一位名师，倒不如说黄爱华老师是一本书，一本只有认真思考、认真实践后才能读懂的书。

四、教育的智者、学者、行者

——黄爱华老师印象

湖南省长沙市芙蓉区教育局副局长　刘　瑜

（2005 年 4 月 4 日上午，黄爱华老师应邀在湖南省长沙市芙蓉区大同小学讲学，芙蓉区教育局刘瑜副局长全程参与，并即席讲话。下面的文章是根据录像整理）

今天，黄爱华老师为我们芙蓉区全体数学教师义务讲学，他讲授的《百分数的意义》以及《课堂教学智慧境界》的讲座，因其灵活精湛的教学艺术、流畅得体的语言表达深深地吸引着在座的每一位师生。黄老师令"特级教师"这个普通的技术职称变得不平凡——它的专业含金量极高，让我们由衷地产生敬意。

黄老师把精深的专业知识与教学艺术进行了有机结合，所以他的教学及讲座有深度、有广度，又通俗易懂。课堂上，黄老师激情无限，收放有度，他尊重并让孩子拥有平等思考、平等交流的权利，师生之间达到自然和谐、水乳交融的境界；讲座中，黄老师阐述了教学应达到的智慧境界，文字激昂，才思泉涌。他提倡读书，读书虽然不能改变一个人的物象，但可以改变一个人的气象；它不能改变人生的宽度，却可以拓展人生的宽度。他提倡思考，应当像谈话类节目主持人一样，使我们的思维永远处于一种高度紧张和活跃的状态。我很赞同。今天，黄老师在浑然天成的课堂教学及讲座中，做到了教学和艺术的有机结合，理论和实践的完美互动。黄老师有许多生动的话题和语言涉及日常生活的各个层面：政治生活、时事新闻、故事趣闻……他的教学让课堂灵动，充满了人性的光辉，展示了人格的魅力。我想这样的一种灵动来源于他对生活的热爱，对工作的激情，对事业的痴迷，所以他才能让工作和生活融合如此得体，让我们如沐春风。

我要代表我本人以及在座各位，向黄老师这位教育的智者、学者和行者，表达我们的敬意，感谢他呈现的精彩课堂和讲座。他所倡导的理念、展示的教学艺术将让我们受用终生。如同一千位读者心中有一千个哈姆雷特一样，怎样理解、实践、传播黄老师的教学思想和理念，还需要我们每一位教育者在今后的工作实践当中不断地感悟和体认。

最后，我要代表芙蓉区两千教师和两万余名孩子向黄老师表达我们的感谢之情。因为他的到来，其影响绝不仅限于这个课堂以及在座的各位，它将通过我们作用于芙蓉区、长沙市，甚至更广阔的区域，使更多的人共同受益。

让我们再一次表示对黄爱华老师诚挚的谢意！

五、感动儿童学习数学

——黄爱华课堂教学艺术初探

著名特级教师　卢专文

而立之年，风华正茂的他，目前正参与国家数学课程标准实验教材的建设与研究。他已编写出版了近百万字的数学读物。他的课堂教学艺术受到全国小学数学界著名专家教授的一致赞誉。这就是两次获全国小学数学课堂观摩教学一等奖的全国优秀教师、全国著名特级教师黄爱华。

在青岛市的一次全国计划单列市教学观摩课中，黄爱华老师的一堂"分数的基本性质"，使上千名教师由衷地热烈鼓掌。著名小学数学专家李润泉教授是这样评析这节课的：这节课的成功可以用"设计巧、效率高、气氛活"九个字来概括。作为借班上课的教师，把教材中普普通通的一节课，上得有声有色，这是很难得的。是的，黄爱华老师课堂教学艺术的最大特色就是"感动儿童学习数学"。

这里仅就黄爱华老师在全国各地上的示范课的几个精彩片断，探讨一下他的课堂教学艺术的精华之处。

1. 巧妙创设感动儿童学习数学的情境

为感动儿童学习数学，黄老师善于巧妙创设密切联系儿童生活的情境。他以数学知识的魅力，为学生创造良好的学习精神环境，吸引学生进入积极思维的学习境地。

"分数的基本性质"的教学，他结合教学内容，编了一个生动有趣的"猴王分饼"的故事：猴山上小猴子喜欢吃猴王做的饼。有一天，猴王做了三块大小一样的饼分给小猴们吃。它先把第一块饼平均切成四块，分给猴1一块，猴2见到说："太少了，我要两块。"猴王就把第二块饼平均切成8块，分给猴2两块。猴3更贪，它抢着说："我要3块，我要3块。"于是，猴王又把第三块饼平均切成12块，分给它3块。教师提问："小朋友，你知道哪只猴子分得多吗？"通过师生分析、验证后得出结论：3只猴子分得的饼一样多。这时，教师说："聪明的猴王是用什么办法来满足小猴子们的要求，又分得那么公平呢？同学们想知道吗？学习了'分数的基本性质'就清楚了。"导入新课，揭示"分数的基本性质"后，教师又引导学生讨论：猴王是运用什么规律来分饼的？如果小猴子要4块，猴王怎么分饼呢？如果要5块呢？学生饶有兴趣，踊跃回答老师为他们设计的问题，在愉悦的气氛中，享受着学习数学知识的快乐。

在江苏教学"循环小数"，一上课，黄老师板书音乐课上的节奏练习符号"$\frac{2}{4} \times \times \times$"让学生拍出这个音乐课上学习过的节奏。学生一起拍手，老师提问：为什么拍得这样整齐？（按照先拍一下，后拍两下，这样相同的节奏拍的）如果让你们按照这样的节奏，不断重复地一直拍下去，不叫停，你们要拍多少次？（很多次，无数次）像这样拍的次数是"有限的"还是"无限的"？（是无限的）你们刚才拍的次数呢？（是有限的）教师分别板书："无限"、"有限"。

教师用游戏的形式导入新课，吸引学生立即进入积极思维的学习境地。全班学生一起拍节奏，渗透了依次重复的循环思想，让学生思考拍节奏的次数，自然地引入了"有限"、"无限"等循环小数教学中一些过去没有抽象认识的概念，分散了教学难点。新颖、有趣的"导入"设计，必然吸引学生的注意和集中学生的思维，有助于取得良好的教学效果。

2. 深入探寻感动儿童学习数学的问题

激发学生的学习动机，使学生享受进行数学思维的快乐，产生思考的欲望，体现了这位"南粤教坛新秀"课堂教学的功力。从黄老师设计的精湛的数学问题中，可以看出他的课堂教学始终都在激发儿童的求知欲望和感动儿童学习数学。

黄爱华老师在广西上了一堂观摩课"异分母分数加减法"。

首先复习同分母分数加减法的计算法则，要求计算$\frac{2}{4}+\frac{1}{4}$，$\frac{32}{40}-\frac{25}{40}$，$\frac{21}{60}-\frac{8}{60}$，并说出解题依据。分数单位相同，可以直接相加减。接着，教师设计了这样一组问题，引导学生讨论交流：

（1）这几道同分母分数加减题中，有的分数不是最简分数，你能把这几道算式改写成最简分数相加减吗？（学生改写）$\frac{1}{2}+\frac{1}{4}$，$\frac{4}{5}-\frac{5}{8}$，$\frac{7}{20}-\frac{2}{15}$，现在这几个算式还是同分母分数相加减吗？（不是）是什么呢？（异分母分数相加减）今天这节课我们学习"异分母分数加减法"好吗？（好）板书课题。在新旧知识的连接点处设问，巧引妙传，自然地导入新课，突出了旧知识向新知识的渗透与迁移。

（2）今天要学的异分母分数加减法和刚刚学过的同分母分数加减法有什么不同？在思考的转折点处设问，引起学生积极思考。

（3）你能把异分母分数变成同分母分数再相加减吗？引导学生依据旧知识，探求新知识，寻找知识间的内在联系，掌握计算法则。

（4）异分母分数能不能直接相加减？为什么？引导学生探究算理，做到既明算理，又明算法，牢固地掌握新知识。

黄老师认为，数学课堂中设计的问题要能调动儿童自己提出问题，解决问题，这样既有利于学生在教师的启发诱导下，通过积极思考，主动体验发展的过程，同时，还有利于培养学生的探索精神和思维能力。

在教学"倒数的认识"时，他又设计了善于交给学生思维的主动权的数学问题。

在学生初步掌握了求倒数的方法之后，出示"写出下列各数的倒数：$1\frac{5}{6}$、27、1、0、$\frac{2}{3}$"。学生看清题目后，教师不急于让学生动笔练习，而是先组织学生交流：

师：同学们，这组数中，你最喜欢求哪个数的倒数？为什么？

学生听到教师的问题，争着回答。

生1：我喜欢求$\frac{2}{3}$的倒数，因为$\frac{2}{3}$的分子、分母调换位置，就是$\frac{3}{2}$，$\frac{2}{3}\times\frac{3}{2}=1$，$\frac{2}{3}$的倒数是$\frac{3}{2}$，很容易，所以我喜欢求。

生2：我最喜欢求1的倒数，因为1这个数可以写成分数$\frac{1}{1}$，分子、分母换位还是$\frac{1}{1}$，1的倒数就是1。很有趣，所以我喜欢求1的倒数。

生3：我给×××补充，还可以这样想，因为$1\times1=1$，所以1的倒数是1，我也喜欢求 1 的倒数。

教师小结板书：1 的倒数是 1。

师： 这组数中，你最不喜欢求哪个数的倒数？

生 1： 我最不喜欢求 0 的倒数，因为 0 写成分数是 $\frac{0}{1}$，要是调换分子、分母的位置就写成了 $\frac{1}{0}$，0 又不能作分母（0 不能作除数）。0 好像没有倒数。

生 2： 再说，0 乘以任何数都等于 0，也不等于 1 呀，0 肯定没有倒数。

教师小结板书：0 没有倒数。

接着再让学生进行笔头练习，求出 $1\frac{5}{6}$、27、1、$\frac{2}{3}$ 的倒数。

黄老师以两个新颖的数学问题，把思维的主动权交给了学生，从而感动了学生。学生在集中注意力进行思维活动的过程中，既巩固了新知，又轻松、顺利地掌握了"0"没有倒数和求"1"的倒数这两个极其重要的知识点。

3. 精心设计感动儿童学习数学的练习

运用创造性的练习引导儿童进入创造性思维的境界是黄老师感动儿童学习数学的又一特点。全国小学数学专业委员会在重庆召开年会，邀请黄老师上了一节"百分数的意义"观摩课。在巩固练习时，他设计了这样一组生活中的数学问题。

读出下面的句子：

（1）我国的耕地面积约占世界的 7％。

（2）我国的人口约占世界的 22％。

（3）人脑的重量约是体重的 2％～3％。

（4）一本书已看了 40％。

（5）自行车厂上半年完成生产计划的 60％。

学生顺利地读出句子后，教师没有再出另一道题，而是提出新的问题，予以引申，帮助学生理解句子含义。过程如下：

（1）请同学们说出每句话中的百分数，表示谁与谁比。

（2）请同学们把第一、二句联系起来想，我国只用占世界 5％的耕地，解决了占世界 20％的人口温饱问题，这是一件很了不起的事。如果我国人口有所控制，如我国的人口下降到只占世界的 15％，甚至更少，那么，我国人民的生活水平将会怎

样？（提高）我国的经济建设的速度将会怎样？（更快）

（3）人脑的重量约是人体重的 2%～3%，那么，人体中，除了人脑以外的重量约是人体重量的百分之几呢？（97%～98%）

（4）一本书已看了 40%，说明还剩百分之几没有看？（60%），已看了 40%，是不是一定看了 40 页？（不一定）如果是看了 40 页，这本书有多少页？（100 页）如果这本书有 200 页，已看了多少页？如果有 300 页呢？如果有 1000 页呢？

（5）自行车厂上半年完成生产计划的 60%，如果下半年也完成计划的 60%，这样，全年的计划完成了吗？（完成了）是正好完成，还是超额完成？（超额完成）超额了百分之几？（20%）你是怎样算出来的？（60%＋60%－100%＝20%）

黄老师在处理练习题时，充分发挥了练习题的功效，力求把题目用"够"，实现精练。在这组题的练习过程中，不只巩固了百分数的读法，还特别强调百分数意义的理解，通过讨论句子中的百分数表示谁与谁比，把百分数概念中的"一个数、另一个数"赋予具体内容。帮助学生弄清什么是比较的量，谁是比较的标准。抓住意义进行教学是这节课成功的关键。教师还引导学生把第一二句话联系起来分析，讨论我国人口、耕地面积占世界的百分比，抓住有说服力的数据，说明我国社会主义现代化建设的伟大成就，渗透了爱国主义教育和国情教育，再一次感动了儿童想学数学。

4. 善于留下感动儿童学习数学的课堂

黄老师课堂教学艺术的第四个特点，是在课的尾声再一次激发学生达到思维的高潮，令儿童难舍学习数学的课堂。

在青岛参加全国计划单列市小学数学课堂教学观摩评比时，他执教"分数的基本性质"。下课时，设计了一个"动脑筋离课堂"的游戏，让每人拿出一张写有分数的纸，要求学生看清手里的分数，与 $\frac{1}{2}$ 相等的报出自己手上的分数后先离场，与 $\frac{2}{3}$ 相等的接下来离场，与 $\frac{3}{4}$ 相等的最后离场。这种让学生带着愉悦的心情迟迟不愿离开课堂的做法，使在场的一千多名听课教师为之叹服，为之感动。

再以"数的整除"的课堂教学为例。下课的铃声快要响了，老师没有给学生按部就班地布置作业，而是从容地对全班 40 多名学生，一边出示卡片 ②，一边说：

"请学号数是 2 的倍数的同学先走。"学生走了一些，接着老师出示卡片 0.5，让学号数是 0.5 倍数的同学走，有 3 名学生站起来欲走，后来又坐下了。这时，老师提问：为什么大家都不走呢？让学生结合整除应具备的条件，说明理由。老师再出示卡片③、⑤，让学号是 3、5 的倍数的学生走。最后还剩下学号是 1、7、11、13、17、19、23、29、31、37 的学生。此时，老师不再出示卡片，而是问学生，老师出示哪一个数，大家都可以走呢？学生略加思考，异口同声地说"1"。10 名学生在铃声中非常感动地离开课堂。

新颖有趣的"动脑筋离课堂"的设计，巩固了知识，检查了效果，发挥了学生的创造性，一举多得，灵活巧妙。此教学过程，学生已不仅仅停留于快乐思维的状态，而是进入真正思考的创造境界。

黄爱华老师课堂教学艺术还有很多特色，如：他在课堂教学中能创设和谐民主的教学氛围，他很讲究课堂板书的设计艺术，他能用"换位"的方法活跃学生的数学思维，等等。以上几例仅是黄老师数学课堂教学艺术的缩影。

美国著名教育家彼德斯说过，你如果想要儿童变成顺从并守教条的人，你就会采取压服的教学方法；而如果你让他能独立地、批判地思考并有想象力，你就应该采取能够加强这些智慧品质的方法。黄爱华老师课堂教学的实质就是让儿童能独立地、批判地思考并有想象力，真正主动学习数学。

六、博采众长　自成一格

——黄爱华课堂教学艺术探析

深圳教育学院副教授　管建福

黄爱华——深圳市最年轻的特级教师。他辛勤耕耘，勇于探索，在小学数学教学领域取得了丰硕成果。他先后多次代表深圳市和广东省参加全国小学数学优化课堂教学观摩大赛等活动。他精湛的教学艺术、高超的教学技巧、卓尔不凡的教学气质和挥洒自如的教学风格不仅征服了学生，也征服了听课的专家和学者。中国教育学会小学数学教学专业委员会理事长李润泉教授评价他的课"设计巧，效率高，气氛活"；全国尝试教学法理论研究部主任、中日小学数学教学研究部理事长邱学华教授评价他的课"趣、实、活";全国引探教学法研究部主任陈永林评价他的课"匠心独运，颇有特色"。

黄爱华的课堂教学获得了巨大成功，这成功的背后，有没有规律性的东西值得研究和探讨呢？从他的成功中能否获得一些有益的启示呢？下面从这两方面作些讨论。

1. 黄爱华课堂教学艺术的特色

教学是一门科学，也是一门艺术。教学艺术是教师在教学过程中，遵循教学的客观规律，适应主体的学习能力，而使用富有审美价值的认识技艺所进行的创造性教学活动。它来源于教师个人长期的实践经验，反映了教师对教学规律的深刻理解与掌握。它是一个内容丰富的系统结构，主要包括教学准备的艺术、教学过程的艺术、教学组织管理的艺术、教学的语言艺术和非语言艺术、教学的板书艺术、教学风格、教学机智与幽默等。限于篇幅，下面仅从教学过程这个方面分析一下黄爱华课堂教学艺术的特色。

（1）开讲，体现了一个"趣"字。

导入是一堂课的开始。好的导入能引起学生的认知冲突，打破学生的心理平衡，激发学生的学习兴趣、学习热情、好奇心和求知欲，能引人入胜，辉映全堂；不好的导入会挫伤学生的积极性、主动性和创造性，给学生一种消极的心理定势，成为取得教学成功的障碍。

一堂课的导入是教师对教学过程通盘考虑、周密安排的集中体现，它熔铸了教师运筹帷幄、高瞻远瞩的智慧，闪烁着教师教学风格的光华，是展示教师教学艺术的"窗口"。因此，优秀教师都十分重视一堂课的导入，黄爱华也不例外。他或设置悬念、创设情境，或直观操作、强化感知，或基础训练、以旧带新，或开展竞赛、激发热情，或生动表演、寓教于乐，教学的每一个环节无不殚思竭虑，追求卓越。

例如，他用音乐课的"节奏练习"来导入"循环小数"，用"猴王分饼"的故事来导入"分数的基本性质"，用播报亚运会新闻的课前谈话来导入"百分数的认识"，用"奶奶和孙儿生日"的故事来导入"年、月、日"等，都较好地创设了问题情境，产生了"先声夺人"的教学效果，显示出扎实的教学功力。

（2）新授，体现了一个"实"字。

新授是一堂课的中心环节，提高新授的教学效率是提高教学效率的关键。黄爱华在课堂教学中紧紧围绕培养和提高学生思维能力这个核心，不断拓展学生的思维空间，增强学生的参与意识，充分调动学生的积极性、主动性和创造性。充分发挥教师的主导作用、学生的主体作用、教材的主源作用、旧知识的迁移作用、学生之间的相互作用、师生之间的情意互动作用。做到了理论和实践、教与学、面向全体学生和因材施教的有机结合。

首先，他的新授教学充分运用了迁移规律。学习中的迁移是一种学习对另一种学习的影响。现代认知心理学认为，学生的学习过程是学生原有的认知结构同新知识互相作用形成新的认知结构的过程。新知识与学生原有的认知结构的作用有两种基本方式：一是同化，即把新知识直接纳入原有的认知结构；二是顺应，即改变原有的认知结构以接纳新知识。这两种作用方式都以新知识与原认知结构建立联系为前提。因此，了解学生原有的认知结构，把握新旧知识的联系，找准新知识的生长点，充分利用旧知识来学习新知识是教学取得成功的关键。黄爱华老师在这方面做了可贵的探索，取得了丰硕成果。例如，"较复杂的求平均数应用题"、"分数的基本性质"等课例就较好地体现了"为迁移而教"的思想。

其次，他的新授教学充分揭示了知识的发生过程。在小学数学教学中，由于诸多因素的限制和教材本身的特点，思考价值丰富的知识发生过程被简化或被扬弃了，只保留它精练的、本质的逻辑结论。长此以往，既不利于思维的训练，又体现不出数学是"思维的体操"的功能，也不利于学生认识知识的来龙去脉，从而辩证地联系地去理解知识。有感于此，黄爱华在课堂教学中十分重视揭示知识的发生过程。他认为，知识发生过程蕴含着极丰富的推理方法、思维方法和思想方法，它们是知识结构中最活跃的元素，是提高学生分析问题和解决问题能力的最好素材。例如，他的"百分数的认识"的课例就体现了"从感性认识到理性认识，再从理性认识到实践"这一人们认识事物的一般规律和知识发生的过程。首先，让学生通过调查搜集日常生活中遇到的百分数获得对百分数的感性体验，然后通过分析比较得出百分数的共性，再通过抽象概括得出百分数的概念。整个教学过程环环紧扣、一气呵成，起、承、转、合，圆润自然、通达顺畅，给人以美的享受。

再次，他的新授教学充分体现了"数学教学是数学活动的教学"这一现代数学教学思想。数学活动是学生数学思维的思维场。教师的作用是创设"思维场"而不是直接作用于学生的思维。黄爱华老师十分善于通过数学活动来激发学生思维。例如，在"百分数的认识"这一课例中，在基本讲完新课后，他设计了这样一个数学活动：让学生书写10个百分号，要求一个比一个写得好并且尽可能地快。在学生书写的过程中，老师突然叫停笔，让学生默默地数一数，自己写了几个。接着，教师提问：你能告诉老师写了几个吗？学生纷纷举手。老师没有让学生回答，而是接着问："你能用百分数来告诉老师完成的情况吗？"学生顿时觉得有趣，积极思考后，有的学生回答："我已经写好的个数占要写个数的30%。"有的学生回答："我完成了任务的40%。"有的学生回答："我还剩任务的60%没有完成。"有的学生回答："我再写任务的10%，就完成一半了。"教师又问："你们是如何想出这些百分数的呢？"同学们都说出自己的思考过程，比如，一学生回答说："我写了4个，占任务（10个）的十分之四，也就是百分之四十。"教师充分肯定学生的思考，学生获得了成就感。这个教学活动不仅让学生练习了写百分号，更重要的是将学生所学的知识用到了实践中，激发了学生的兴趣，开拓了学生的思维，为后续知识的教学做好了铺垫。

（3）练习，体现一个"精"字。

练习，是数学教学的重要一环。它既是促进学生理解所学知识的重要途径，又是使学生形成技能技巧的基础。黄爱华老师在练习设计中，注意练习的目的性、典型性、针对性、层次性、多样性和趣味性，注意应用题组练习，加强各种练习的联系和配合，提高练习的整体效率。在练习的编排上做到了由易到难，循序渐进。在练习结果的处理上，做到了及时反馈评价，引导学生在对比中弄清区别，在辨析中加深理解，在概括中把握联系，在评价中受到激励。

（4）板书，体现了一个"巧"字。

板书是教师根据课堂教学的需要，提纲挈领地在黑板上写出来的文字或画出来的表格、图画。这些文字、表格、图画形象而精练地展示课堂教学的思路和重点，成为课堂教学的重要组成部分。板书是课堂教学中一种应用广泛而有效的教学手段。由于它能以有限的符号浓缩高密度的教学信息，所以又被称为教师的"微型教案"和课堂教学的"集成块"。板书艺术，是课堂教学艺术的重要组成部分。

板书把关键的、重要的教学内容写在黑板上，把有声的口头语言以浓缩的方式书面化，视觉化，具有提挈要点、强化记忆的功能。这表现在三个方面：一是能帮助学生了解和掌握教学的重点、难点；二是能帮助学生掌握知识的发展脉络和逻辑体系；三是能调动学生多感官参加学习活动，增加记忆通道。

　　板书通过一定的方式展示了教学内容的逻辑联系和教学过程的进行程序，反映了正确的思维过程。对学生的思路有引导、调节的作用。由于板书可以反复感知，所以它能不断刺激学生的视觉注意，使学生清晰地意识到实际的教学过程，启发学生的思维随着教学的进程而顺利发展。

　　板书要对教学内容进行由表及里、由浅入深的提炼加工，揭示知识之间内在的、本质的、必然的联系，其中蕴含着丰富的思维科学和学习心理学知识及技能，对学生是很好的思维方法和学习方法的示范。板书的解题步骤、解题方法、图形画法、书写格式是学生解题和书写的范例，有着不可替代的教育作用。

　　黄爱华老师的板书布局合理，构图新颖，字迹工整，行款巧妙，较好地体现了板书的提要功能、启迪功能、示范功能和美育功能。例如，他执教的"长方体和正方体的认识"、"圆的认识"、"百分数的意义"和"分数的基本性质"的板书都是精品，具有很高的欣赏价值，能激发学生的学习兴趣，给学生以美的享受、美的熏陶，对学生审美观的形成有着潜移默化的作用。

　　（5）结束，体现了一个"活"字。

　　课堂教学的结束阶段是整个课堂教学过程的有机组成部分，是将知识系统化、条理化、网络化，从而加深对知识的理解，减轻记忆负担的重要环节。它对于发展兴趣、强化目标具有重要意义。如果说引人入胜的开头是成功的一半，那么，画龙点睛的结束则使成功得以巩固。黄爱华老师在结束教学中或归纳小结，或设置悬念，或前后呼应，或辨析比较，或开拓延伸，或提出问题，或进行活动游戏，无不匠心独运，力求促进学生的思维，提高学生的元认知能力。例如，"质数与合数"这一课的结束就设计得颇有韵味。他让学生判断自己的学号数是质数还是合数，然后让学号数是1号的同学先走，因为1既不是质数，也不是合数。再让学号数是质数的同学走，最后让学号数是合数的同学走。先走的学生要大声报出自己的学号，由没有走的学生做判断。学生在饶有趣味的游戏活动中，既巩固了知识，又享受了数学思维的快乐，可谓一举多得。

2. 黄爱华课堂教学艺术给我们的启示

（1）教学艺术是不断学习的结果。

著名教育家苏霍姆林斯基在谈到教师的教育素养时指出：学习、学习、再学习——教师的教育素养的各个方面正是取决于此。学习对于一个教师的成长具有十分重要的意义。黄爱华老师的成长历程更是充分地证明了这一点。他从走上讲台的那一天起，可以说一刻也没有放松过学习。为了掌握教学规律，他孜孜不倦地学习数学教育学、儿童教育学等学科知识。他的案头、床边，随处都是书，光近几年的学习笔记就有几十万字。正是由于有厚实而广博的知识基础，他才可能在教学中高屋建瓴，深入浅出，挥洒自如。

（2）教学艺术取决于教师的创造精神。

"教学有法，但无定法"，这是我国广大教育工作者在长期的教学实践中总结出来的经验，也是黄爱华老师教学艺术给我们的有益启示。所谓"有法"是指教学有规律可循；所谓"无定法"是指在具体的教学中并不存在"放之四海而皆准"的固定不变的万能方法，一切都因人、因情而定，教学的艺术性也正体现在这里。一堂课的最佳教法，只有教这堂课的教师才能创造出来，而且严格说来具有不可模仿性和不可重复性。教师的创造性劳动是教学艺术的生命力，一旦教师的创造性劳动停止了，其教学的活力就不再存在了。黄爱华熟悉尝试教学法、引探教学法、愉快教学法等多种新教法。但他不是机械地模仿，而是创造性地加以应用。他的课每次都给人以耳目一新之感。"百分数的意义"这一课他曾先后在重庆、深圳等地做过公开课，每次都不一样，一次比一次好。永远不满足于现状，不断追求新的自我是他开拓创新精神的真实写照，也是他成功的秘诀。

（3）教学艺术是教师综合素质的体现。

教学艺术不仅取决于教师较高的专业知识水平和较完善的智能结构，如渊博的知识、丰富的语言、广泛的审美情趣、生动的表演技巧和较强的组织能力等，而且取决于教师的教学法理论素养和教学实践经验。教师需从理论和实践两方面把握教学规律，把握教材的知识结构与学生的认知结构之间的联系，从各个不同的方面提高自己的综合素质。教学艺术是教学规律性和创造性的辩证统一，是教师思想、业务、文化、人格、能力和方法的综合体现。

（4）教学艺术是教师对学生爱的凝结。

爱学生是教学工作的内在动力，这种爱必然促使教师对教学规律进行深入的探索，必然会从各个方面影响学生，使学生"亲其师"，进而"信其道"。这种爱，是创造"教学美"的原动力，是教学艺术的灵魂。

七、清新隽永　浑然天成

——黄爱华课堂教学艺术赏析

《河北教育》记者　夏玉贵

看黄爱华老师的文章是一种享受，听黄爱华老师的课更是一种享受，这是我认识他12年来的感受。这不仅仅是因为他曾多次获全国教学观摩评比一等奖，更因为他有着对小学教学的厚爱，有着对数学课堂教学艺术的潜心研究与实践。为了研究小学数学课堂教学艺术，也为了更全面地反映他的教学艺术风格，《河北教育》用两年的时间，连续编发了60篇黄爱华老师的《数学课堂教学艺术例说》。编发的过程就是学习的过程，我深深地为他清新隽永、浑然天成的教学艺术风格所折服。

1. 用创造性的劳动去营造一个美妙的"课堂"

教学是创造性的劳动，其中有科学的一面，也有艺术的一面。黄爱华老师正是用他创造性的劳动，使得数学课堂不再是枯燥、乏味的数字、公式和法则的堆砌，使数学课不再是学生望而生畏的学科。

上好一节课不容易，把每一节课都上好就更不容易了。黄爱华老师一节课的每个环节，无论是新课的引入、新授的展开，还是巩固练习，无不精雕细琢，甚至连板书字体的大小、颜色的深浅、线条的粗细都考虑得细致入微。凡是学生喜爱的制作、故事、游戏，等等，在他的课里都串联得那样自然，使得每节课都生动活泼、妙趣横生。

在"圆的认识"一课，他巧妙地运用多媒体技术，制作出了小猴子坐椭圆形车轮的小车和坐方形车轮的小车颠簸起伏的画面，乐得学生前仰后合。如此生动的教学情境，学生恐怕会终生难忘。

在"约数和倍数的意义"一课的末尾，他设计了"动脑筋出教室"的游戏，要求学号数能被2、3……整除的学生依次出教室，离场的学生都要说出谁是谁的倍数。当最后剩下学号数是质数的同学时，黄老师提问：老师出一个什么数，大家都可以离开教室，学生们举手的同时站起来大声回答"1"……在一次全国的公开课上，当课上到这里，全场800多名教师不约而同热烈鼓掌，为他这一精彩的课堂设计喝彩。

2. 在教学艺术的运用中体现先进的教学思想

用科学的教育教学理论去指导教学实际，这是黄爱华老师教学艺术的一个特色。研究学生的学习规律，指导学生学习方法，充分发挥学生的主体作用，创设民主和谐的课堂教学气氛，这些先进的教学思想，广大教师是拍手欢迎的，但如何将它落实到具体的一节课的教学中去呢？

黄老师对教育教学理论的理解和研究是深刻的，同时他又用丰富的教学经验、娴熟的教学技巧和巧妙的教学艺术手段，实现了先进的教学思想与具体的课堂教学实践的统一。

黄老师会"从学生的学习生活中引出例题"，让学生"用一道加法竖式验证一个算理"，在长方体和正方体的认识一课用一个"立体式"板书去刺激学生的感官，在应用题教学中，当学生做错题时，会让学生"体面"地坐下去……

在"除法的初步认识"一课，为了帮助学生建立正确的表象，使学生的视觉、听觉等多种感官同时感知，他通过两次出现"袋鼠抛圈"的文字和图像，将除法的两种分法展现得淋漓尽致。这样的感知过程，学生的理解和记忆将是相当深刻的。

3. 把全面提高学生的素质落到实处

掌握一定的数学基础知识和基本技能是我国公民应具备的文化素养之一，从小给学生打好坚实的数学基础对提高全民族的综合素质具有重要意义。黄爱华老师明白这个道理，他更明白数学教师肩负着提高学生素质的重要使命。黄爱华老师的课，一个最显著的特点就是"实"，就是要把提高学生素质落到实处。他用数学的美去感染学生，用灵活的教学方法去唤起学生的学习兴趣，让学生在教师的启发、诱导下去大胆尝试，让学生主动愉快地获取知识。

在"三角形的认识"一课，黄老师通过多次的创设情境，从演示到实验，从静态到动态，确确实实地把学生的思维激活了。在讨论中，大家都争先恐后地发表自己的见解。

在"小数加减法"的练习课上，当学生出错又满不在乎时，黄老师通过讲科学家在计算空气中的氮气的重量时，发现小数点后第三位不精确，从而发现了"氩"的故事，教育学生从小养成一丝不苟、严谨认真的科学态度和科学精神。

教学艺术的研究是永无止境的。当荣誉和赞扬不断涌向他时，黄爱华老师并没有陶醉，他仍然继续着教学艺术的研究和实践。我们衷心祝愿他取得更大的成绩。

八、让个性在课堂中飞扬

——特级教师黄爱华精彩教学片断赏析

江苏省连云港市新海实验中学　聂艳军

在江苏省"2002 教海探航"征文颁奖大会活动中，特级教师黄爱华一节"百分数的意义"教学赢得全场阵阵掌声。现撷取其中片断与大家共享。

师："我们反思一下刚刚的学习过程，有不懂的问题吗？有新想法吗？"

生1："生活当中为什么都用百分数？有没有千分数呢？"

师："这个问题问得好！有想法，有创新。生活当中的确有千分数。猜一猜，千分数长得什么样呢？"

生2："我想千分数肯定和百分数相似，也是分子后面挂一个千分号。"

师："你能通过百分数联想千分数，很了不起！千分号又长得什么模样呢？我们全班同学一起来创造性地设计一个千分号，好不好？"

学生设计千分号，并陆续将作品画到黑板上。部分作品如下：

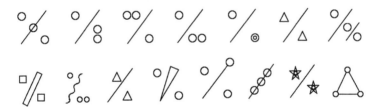

师："我们一起来欣赏这些黑板上的作品，先请第一个同学说。"

生3："我想百分号有两个圈，千分号应该有三个圈。第三个圈没地方放，就放在斜线上了。"

师欣赏地点了点头："有意思！是啊，百分号有两个圈，千分号不就有三个圈吗！我们看看有几个同学设计三个圈的？"

师生共同欣赏。

师："看来比较多的同学都认为千分号和百分号一样，圆圈应该分别放在斜线的上边和下边。第三个圆圈有人放在斜线上面，有人放在斜线的下面，有人干脆放在斜线上或斜线顶端，还有的圈外套着圈，很有个性。（指着其中两幅作品）这两位同学把三个圆圈串起来，或者全放到右边去，我想也有他的道理，免得分子和后面的圆圈混淆。（指着）这有四个圆圈，好像是——"

生 4： "我原来也打算画三个圆圈，但是看起来不对称，我觉得还是再加一个美观。"（掌声）

师： "与众不同，有创见！"

生 5： "黄老师，我画'糖葫芦'也是有讲究的。第一个圈比第二个小些，第三个圈比第二个大些，颜色也不一样，串起来像个糖葫芦，记忆起来方便。又因为 10 后面只有一个零，比 100 小，1000 后面有三个零，比 100 大，所以，斜线上的圈一个比一个大。"（热烈掌声）

生 6： "我画的千分号，斜线方向和其他同学不一样，三个圈都在斜线的右边，记忆起来也很方便。三个圈就好像从山坡上滚下来的一样，我想从山坡上滚下来一定很爽。"（笑声，掌声）

师： "这么多的老师给你掌声了，我又一次想到了你们学校大楼上的八个字：张扬个性，体验成功。过瘾吗？"

生齐： "过瘾！"

师： "开心吗？"

生齐： "开心！"

师： "刚才同学们都说出了设计意图，很有道理，非常棒！如果这些作品都采用就不统一了，不统一肯定不方便。百分数和千分数的内在含义还是比较接近的，只不过把一个量平均分的份数不同而已，人们设计千分号的确是在百分号的基础上增加一个圈，这个圈增加在哪里呢？请注意看——"

出示：邳州市的人口增长幅度逐年下降，人口的自然增长率为 5.36‰。

指一名学生读。

师： "这句话里就有一个千分号，和黑板上哪一个一样？"

学生指第 4 个。

师： "这个同学是谁？"（该生站起）

师： "送点掌声给他！"（掌声）

师："再送点掌声给在这里设计许多图案的其他同学。"（掌声）

……

如此精彩纷呈的教学过程令人感叹：数学课堂可以使学生的个性如此飞扬。在上面的案例中，黄老师不仅仅是用智慧在上课，同时投入了他的感情。他尊重学生的选择和想象，尊重学生的个性和情感，真诚地欣赏学生尚为幼稚的创造力萌芽。师生在交往互动中进行智慧的碰撞、情感的交融和心灵的沟通，课堂成了一个有丰富内涵的个性表演的舞台，成了一方创造智慧飞扬的天地。从中，我深深领悟到：

1. 问题——激发学生的思维

好的问题能唤起学生学习数学的好奇心和求知欲望，能为学生的学习营造创新的空间，能给学生创造性思维品质和个性品质的培养创造宽松的环境。黄老师摒弃传统教学中"你学会了什么"的总结方式，在新课结束时向学生抛出"总结刚才学习的过程，有不懂的问题吗？有新想法吗？"尤其是"我们全班同学一起创造性地设计一个千分号，好不好？"更具人文气息，"创造、设计"是多么让人乐于接受、并令人跃跃欲试的一件事呀！正因为问题本身具有吸引力，才使学生的创新思维得到激发，才有"对称更美、糖葫芦易记、滚山坡爽"等"奇思妙想"的涌现，甚至到了欲罢不能的程度。

2. 接纳——培植学生的创造欲

从建构主义的立场出发，学生对千分号的每一种创造性的设计，都是他们依据所具有的知识和经验主动建构的产物，都蕴含着一种极富个性的思维。不管每种设计的含金量高低，黄老师总善于用"慧眼"与"机智"辨识、发掘隐藏于其中的"真金"。"是啊，百分号有两个圈，千分号不就有3个圈吗！""把3个圆圈串起来，或者全放到斜线的右边去，我想也有他的道理……"教师用生命呵护生命，用爱心激励爱心，用自由唤醒自由，以一颗真诚的童心去接纳每一位学生，为学生拓展了创新思维的时空领域，使学生具有个性发展的广阔舞台。

3. 欣赏——释放学生的个性

每个学生都有被赏识的渴望，教师只有蹲下来看儿童的世界，发自内心地欣赏学生的成长，为学生的进步喝彩，创造一种支持性的课堂环境，共同分享成功的快乐，学生的个性才能得到充分的宣泄和释放。上面的教学案例，在学生展示、汇报自己"杰作"的过程中，黄老师不断地赞赏学生独特性并富有个性化的理解和表达，学生体验着做人的尊严，享受着被人认可和欣赏的快乐。奇妙的情趣、奇妙的思维、奇妙的想象，得以淋漓尽致地发挥，师生之间弥漫、充盈着一种融洽、默契的氛围，师生共识，共享，共进，形成了一个真正的"学习共同体"。

九、新课程背景下数学教学的多元走向

——著名特级教师黄爱华课堂教学片断赏析

江苏省高邮市城北小学　汤雪峰

近几年来，数学教育的观念、教学内容和方法正在发生着深刻的变化，国际数学课程改革进入了重要的时期。同时，我国新一轮的数学教育改革现正处于积极的实施中。正当笔者试图通过对国内外的相关实践与研究，从兼容理论与实践的中观层面探索当前我国新课程改革背景下的数学教学新走向时，有幸在江苏省 2003 年"南长杯教海探航"颁奖大会及其他的一些活动中，观摩了全国著名特级教师黄爱华的几节示范课。黄老师的课，每次都赢得了全场几千名与会代表的阵阵掌声。我不由惊叹，他的教学正恰如其分地体现了当前数学教学的新走向，现撷取其中几个片断，以飨读者。

1."you do，you learn"——数学学习的活动化

《圆的周长》教学片断：

（学生猜测出圆的周长一定比直径的 4 倍小）

师： 各小组的猜想都很好。但只是猜想，到底对不对或者说半径（直径）与周长有没有固定的比例关系呢？下面让我们通过实验来验证。首先请各小组讨论怎样测出圆的周长？

小组 1： 我们想用一根布条绕圆一周然后拉直，量出布条的长，即圆的周长。

小组 2： 我们想用滚动的方法让圆在直尺上滚动一周，测出其周长。

小组 3： 我们想用裁缝用的皮尺绕圆一周，测出圆的周长。

师： 下面请各小组的同学按你们设想的方法测量你们小组准备的圆形物体的周长，并将结果填入实验报告单中。

（各小组的同学动手操作，鼓励学生相互合作，操作探索，教师参与其中，给予

一定的指导和帮助）

师：刚才各小组的同学都进行了认真的测量，下面请各小组的代表向大家汇报一下
你们的测量结果。

小组 3：实验报告单

物体	周长 C（厘米）	直径 d（厘米）	C/d（比值）取两位小数
光盘	37.80	12	3.15
杯盖	22.72	7.2	3.16
圆片	15.72	5	3.14

小组 6：实验报告单

物体	周长 C（厘米）	直径 d（厘米）	C/d（比值）取两位小数
光盘	37.79	12	3.15
水杯口	25.80	8.2	3.15
小铁片（圆形）	25.00	7	3.57

（其他小组的汇报省略）

师：下面我们来研究一下小组 3 和小组 6 的实验情况，各小组看看有什么问题？

小组5：我们想向小组 6 提问，结合我们组和其他小组的实验结果，我们看出 C/d
（比值）大致都是 3.1 多，可是小组 6 的第三个实验，比值是 3.57，这个数值
好像有点不对头，请问你们是怎样测量的，你们是不是可以在实物投影上再做
一次。

小组 6：可以。（随后两位同学上台演示）

小组5：我们觉得他们的测量有问题，小铁片在滚动的过程中有"滑动"的情况，所
以测量出的结果比实际的周长要大。

小组 6：谢谢你们的指点，确实有这样的现象。

师：老师顺便问一下，前面两个实验你们是用什么办法测得的。

小组 6：用布条绕圆一周，再测布条的长度就是圆的周长。

师：看得出你们小组想尝试用更多的方法来测量圆的周长，这很好。看来你们组用布条测量更熟练和精确一些。下面请你们用这种办法再来测量一下小铁片的周长。

（接着，小组 6 测量得出小铁片周长是 22cm，周长与直径的比值为 3.14，并修改了实验报告单。在教师的组织下，各小组充分讨论后，得出：圆不论大小，在同一圆内，圆的周长总是它的直径的 3 倍多）

赏析：课堂上，黄老师引导学生经历了"猜想—验证—推理—归纳"的探究活动。

学生提出圆的周长与直径的关系的猜测后，教师让学生先动脑设计实验，再动手操作实验，动口交流实验，动脑改进实验，反思实验结果。为学生创造了自主探索，合作交流，积极思考和操作实验等活动的机会。同时，这种富于趣味和探索性的数学课题学习，会激发学生主动地从行为、情感、认知等多方面投入到课堂学习中，学生的知识、能力和品质也就相应地获得了全面提高。

黄老师这节课的教学，正淋漓尽致地体现了课堂教学中"数学学习活动化"的这一走向。

2. "有教无类，因材施教"——数学学习的个性化

《百分数的意义》教学片断：

师：通过这节课的学习你有什么收获？有什么不懂的问题请提出来。

生：我明白了在生产、工作和生活中，人们为什么经常要用到百分数，用百分数有什么好处，什么叫百分数。

生：我们还懂得了百分数和分数有哪些不同。

生：老师，写百分号的那道题，能不能说成"我完成任务的 70％个"？

师：谁能帮助这个同学解决这个问题？

生：百分数是表示一个数是另一个数的百分之几的数，只表示两个数之间的一种关系，它的后面通常不带单位。所以不能说成"我完成任务的 70％个"。

师：学了新知识后有什么想法？

生：老师，今天我们学习了百分数，生活中有没有"十分数"或"千分数"？

生 1：我认为生活中的"打折"，就是"十分数"的应用。

生 2：生活中有"千分数"，我好像见过。

师：既然生活中有"千分数"，千分号又"长"得什么样呢？请同学们发挥想象，设计出千分号。

师：请同学们把你的设计写在黑板上，并能说出你为什么这样设计吗？

生：（略）

学生设计的方案如下：

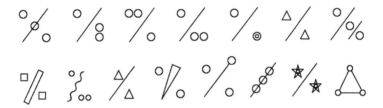

师：同学们的设计都很成功，在学习过程中，表现了很好的创造性。那么，人们通常使用的千分号是怎样的呢？请看：（投影显示）

上海市人口增长幅度逐年下降，人口的自然增长率为 5.23‰。

…………

赏析：在这节课上，黄老师让学生说出各自学习的收获和不懂的问题，以及还有什么想法；并适时恰当地帮助学生消除困惑提高认识。正暗合了《课程标准》中"学生的个性差异表现为认知方式与思维策略的不同，以及认知水平和学习能力的差异。教师要及时了解并尊重学生的个体差异，满足多样化的学习需要"。

"既然生活中有'千分数'，千分号又'长'得什么样呢？请同学们发挥想象，设计出千分号。"

"同学们的设计都很成功，在学习的过程中，表现出很好的创造性。"

黄老师不但鼓励学生去想象去创造，而且能肯定学生的创造成果，尊重学生的独特感受。学生获得了张扬个性、展示自我的机会，体验了成功的喜悦，提高了创新意识和创新能力。正如谷超豪院士所说："在教学中要不断启发学生创新的兴趣，使学生对这些新奇事物感到有趣，肯努力钻研，这样才能提高他们的创新意识和创新能力。"

黄老师的这节课给我们的启示是，由于学生所处的文化环境、家庭背景和自身思维方式的差异，学生的数学学习应当是一个生动活泼的、主动的和富有个性色彩的过程。我们要理解并尊重学生的个性差异，鼓励学生独特的想象和创造，给学生张扬个性，展示自我的机会和勇气。同时，我们也要认识到在课堂上，教师所面对的是"有自己名字和容貌的一个一个的学生"。即使在与教室中全体学生对话时，也必须从心底里意识到，教学实质上是与每个学生个体的对话。只有这样，才能使"不同的人在数学上得到不同的发展"。

3."教育即生活"——数学学习的生活化

"24时记时法"教学片断：

师：咱们现在上课的时间是上午还是下午？

生：下午。

师：我这里有一块手表，你能看出是什么时间吗？

生：一点三十四分（1：34）。

师：下面，我们来看电脑，它写的是1：34吗？

生：不是。

师：那么是多少呢？

生：13：34。

师：生活中像这样的现象还见过吗？

生：见过。

师：下面，你们听一听音乐，能猜出是什么时间吗？

（师用多媒体课件播放"新闻联播"开头部分）

生：晚上7点的"新闻联播"。

师：下面我们来看看，屏幕上写的是晚上7点吗？

生：不是。

师：是什么？

生：是19：00。

师：那么你见到19：00能一眼就知道是"晚上7点"吗？

生：能。

师：下面我们看这张电视节目单的时间，你们先分小组，研究一下。

8：50 金色童年　　　　16：40 七巧板

9：30 儿童英语　　　　18：30 大风车

14：00 六一剧场　　　　　　22：00 晚间新闻

　　赏析：《数学课程标准》（实验稿）明确指出："数学教学，要紧密联系学生的生活实际，从学生的生活经验和已有知识出发，创设生动有趣的情境，引导学生开展观察、操作、猜想、交流等活动，使学生通过数学活动去观察事物、思考问题，激发对数学的兴趣，以及学好数学的愿望。"

　　弗赖登塔尔认为数学的根源在于普通常识，对小学生来说，小学数学知识并不是新知识，在一定程度上是一种"旧知识"，在他们的生活中已经有许多数学知识的体验。学校数学学习是他们生活中有关数学现象和经验的总结与升华，每个学生都从他们的现实数学世界出发，与教材内容发生交互作用，建构他们自己的数学知识。小学生的数学学习离不开现实生活经验。

　　黄老师的这节课正是从生活中两种不同的记时法的比较入手，为学生创设了生动具体的生活情境，充分利用学生的生活经验，帮助学生理解和认识数学知识。再让学生利用所学知识去解释生活中的现象，解决生活中的问题。这样不仅体现了数学学习"从生活中来到生活中去"的思想，更反映了"数学知识生活化→生活常识数学化"这一数学学习的基本路径。

人物介绍

一、特区里的特级教师

深圳市教育科学研究院副研究员　杨克祺

1994年来深之前，那时还在华南师大，我就从报纸、杂志上，知道广东数学教育界出了个新秀，叫黄爱华。遗憾的是，在深圳的头几年，我没能一睹他的风采和英姿。一直想听他讲课的愿望，终于在宝安区华茂实验学校实现。那是1998年一个深秋的晚上，黄爱华讲的是"循环小数"。先是给学生讲，因为那里的学生住校。然后给老师讲，介绍他为什么要这么上课，用到了哪些理论，出发点在哪儿，落脚点是什么，等等。

我全程参加了他在华茂的整个教学过程。让我特别惊叹的，是他能使所有学生积极参与课堂教学，整个课堂完全被激活，而且他口才好，懂理论，有思想。这位在特区里成长起来的特级教师，真是深圳教育界的福气！是特区基础教育的骄傲！我出神地看着他，没想到校长要我讲上几句。激动与为难阵阵袭来，我只好将郁达夫的话，当作对那次活动的小结："一个民族，出不了伟人，是一个不幸的民族；有了伟人，不知道爱戴的民族，是一个更加不幸的民族。"打那以后，我一直叫他"伟人"。真的，黄爱华在我的眼里，的确是小学数学教学领域里伟岸的人物，是数学教育理论和实践探索的两栖明星。

1. 黄爱华，首先是一位智者

什么样的人适合搞教育，我看是聪明的人。中国教育如何才能获得大发展，下一代如何才能接受好的教育，绝对要有一个大前提，那就是我们的师范教育能不能招到一流的学生，能不能选到一流的智者，或者说那些出类拔萃的学生愿不愿当教师，想不想上师范，师范教育能不能培养出优秀的人才，去从事各级各类的学校教育和教学。

2. 黄爱华，是一位能全面盘活教育资源的人，能全方位优化教学资讯的人。他是教材的创造者，不是教材的消费者

他在任何地方讲课，都能利用当地的资源。比如讲百分比，在绍兴用了黄酒的例子，在大连用了足球比赛。他对每一节课、每一个知识点、每一个环节，都能融会贯通，举一反三，纵横交叉，让学生触类旁通。这是一般人做不到的，也是他迈向特级教师的基本条件。纵观中国教材发展和课程建设，长期以来，一直存在科学沙文主义、国学虚无主义、国家功利主义和学科分割主义的倾向，而黄爱华对教材的处理和加工，完全摆脱了上述倾向。他特别反对学科分割主义，对"学科的交叉感染"做出了实实在在的工作，真不愧为教材和课程的创造者，而不是消费者。多次听他上课，听他作教育报告，使我感到，他完全可以不要教材了。我进而联想，我们的基础教育，如何才能出现百花齐放、百舸争流的局面，让每个教师都能发挥积极性和创造性，恐怕与"心中有教材、目中无教材"有很大关系。如果真正做到了"心中有教材、目中无教材"，学校的特点和特色就会显现，教育流派和教育思想就会产生。当一种教育和教学，强调完成某种标准化的东西和硬性的任务时，教育者本人的思想、生活感受和人格魅力，是很难融入教材、进入课堂和教育过程的。看到黄爱华对教材的处理，我再一次感到陶行知先生"学校是农村而不是工厂"这一论断的分量！

3. 黄爱华，是文明的酵母，不做文化的教父

黄爱华的教学策略，在以下两个方面表现特别明显，那就是让学科接通生活，把知识拉近学生。他主张，开放小教室，把生活中的鲜活题材，引入学习数学的大课堂；依据学生的生活实际，引导学生去思考和实践数学问题；要把数学问题生活化，生活问题数学化，让学生做做"数学试验"，亲身体会如何解决问题。他的"发展为本，活化教材"的思想和实践，真正拓宽了教材的探索空间，挖掘出教材的个性内涵，还原了教材的生活本色。他不做文化的教父，只做文明的酵母。用他自己的话来说，就是"适宜的点拨者、亲切的慰藉者、无私的协助者和诚挚的合作者"。给学生一些权利，让他自己去选择；给学生一些机会，让他自己去体验；给学生一些困难，让他自己去解决；给学生一些条件，让他自己去锻炼；给学生一片空间，让他自己向前走。在教学过程中，他控制难度、把握深度、巧设坡度、创激亮度、增强跨度、巧选角度的教育机智，让人感到他不仅是学生智慧的工程师，而且是学生心理的按摩师。他的课上，没有那些"正确的废话"，而是充满激情，使师生共振的世界绽放出永恒的情感共鸣。

生的伟大，干的光荣；生命不息，折腾不已；在研究状态下工作，在奋斗过程中提高；把工作变为事业，把快乐变为幸福，把知识变为思想。这早已是黄爱华的生活状态，也正在成为一大批有志于特区教育事业人们的不懈追求。因为，历史拥抱创业者，时代呼唤教育家。

二、他，一颗教坛新星

——记特级教师黄爱华

《特区教育》记者　费国荣

提起黄爱华的名字，在深圳数学界，谁人不知？谁人不晓？

他30出头，中学高级教师，现任深圳市福田区教育研究中心副主任。5年前就被评为广东省特级教师，至今仍是我市最年轻的特级教师……

对于这位教坛新星的出现，仅用生逢其时、时遇不错能够解释吗？显然不能！那又是什么呢？我心怀疑虑，在不久前采访了他。

1. 学承前贤　脱颖而出

我喜出望外，在省一级学校园岭小学，见到了这位来自周恩来故乡的年轻人。他，中等身材，风姿翩然。说起话来，不紧不慢，有条不紊。语音沉着有力，显示出刚毅的气质——这是他给我的第一印象。

他说，在1985年中师一毕业，有幸在苏北一所重点小学任教。他还说更加有幸的是"我学承前贤，是邱学华先生的学生！"

原来他是全国著名的小学数学教学法专家"尝试教学法"的倡导者邱学华教授的学生，也深得有突出贡献的小学数学专家、特级教师卢专文的指点。他和他们频繁地接触，不断地向他们求教，耳濡目染，为名师的人品学识所叹服。他决心以他们为楷模，争当一名学者型的教师。

在家乡工作的7年，是他求知进取的7年。他嗜书如命，在他案头、床边摆满书籍，诸如数学教育学、比较教育学、儿童心理学、中国教育史、世界教育史——伸手就可以摸到，真可谓没有一天不看书，也没有一天不在琢磨如何提高自己的教学水平。他渴望接受新思想，寻求新突破。有时，他和师友们一起吃饭时，吃着吃着会停下来讨论教学问题，用筷子在饭桌上比划开了——由于他刻苦学习，善于学习，不断充实、改进自己的教学，因而教学水平与日俱增。他曾两次获得淮阴市小学数学评优课一等奖，获得江苏省教委举办的数学优秀课评比二等奖。他还一再在全国性的尝试教学法研讨会上公开教学，获得如潮的好评，被淮阴市政府表彰为优秀大中专毕业生……

这期间，他除了坚持业余进修，获得大专文凭外，还参与了教学参考资料的撰写和少年儿童读物的编写，也发表了一批教学论文……

英姿勃发的他，一次次吸引着同行们的目光。他在当时当地的教育界，已是小有名气的人物。

2. 功成唯志　业精于勤

深圳特区以无比辉煌的前景召唤着一切有志的青年。他高兴地告诉我："我三生有幸的是能到深圳来工作！"

1992 年夏天，他带着与人合著、曾被指定为师资培训教材的《小学数学专题研究》一书，找到了深圳市教育局教研室教研员、小学数学研究会会长陈永林老师。陈老师说："欢迎你投身深圳的教育事业，只是……"只是什么呢？他户口在内地一县，按规定是不能调进深圳的。

他被推荐到园岭小学任教，求贤若渴的老校长黄春生十分欣赏他，看重他，为他四处奔走，他作为特殊人才很快调进了深圳。这对他是一种莫大的鞭策。

他仍然像过去一样，求知进取。有一次，他发现一位同事拿着一本不少于 200 页的有关教学的好书，便要借阅。那位同事脱口说道："借你看一晚吧！"谁知第二天，他真的把书拿来还了。那位同事不好意思地说："你要没看完，就再看几天吧！"他说："不用了。"原来他不仅将书通读了，还作了摘录呢！这使在场的人无不惊讶！

他仍然像过去一样，孜孜以求之，醉心于小学数学教学艺术的艰苦探索。他利用平时的课堂教学不断磨炼，提高自己。他在校内外、市内外上的公开课、观摩课和评优课，多次受到专家和同行们的肯定和赞扬。1994 年，他在深圳市小学数学新颖课评比中，荣获一等奖；随后，他在深圳市优秀课例评比中，也荣获一等奖；不久，他代表深圳市赴青岛参加全国小学数学教学观摩研讨会，荣获观摩评比一等奖；后来他代表广东省赴海口参加全国小学数学优化课堂教学第二届观摩课比赛，再度荣获一等奖（在这些"一等奖"中，有的是唯一的一等奖，或是一等奖的第一名）……

他有着比较丰富的教学实践，又有比较全面系统的教学理论。他还具有吃苦耐劳、勇于进取、精益求精的精神。衣带渐宽终不悔，为伊消得人憔悴。他自然能在比赛中屡屡获胜。

恩师邱学华教授用"趣、实、活"三字来概括他的课堂教学艺术的特色。他在教学安排上不忘体现一个"趣"字，让孩子们感到新鲜有趣、富有吸引力；他在知识点教学的关键之处舍得下真功夫，重点突出，体现一个"实"字；他在教学过程中，对教材的处理灵活，应变自如，驾轻就熟，左右逢源，体现一个"活"字。

他的数学课堂，就是他开展创造性思维训练的实验室，他将配乐故事和音乐课的节奏联系起来教学"循环小数"；他运用多媒体计算机辅助教学来指导学生对"圆"的认识……

在他的数学课堂上，那种忽视学生能力和创造精神培养的注入式的教法早已不复存在了。一改"以教师为中心"而成"以学生为中心"。他让孩子们"跳一跳，摘果子"，在教师的引导下，主动探索，独立解决问题。他让孩子们亲身感受到数学并不抽象和枯燥，而是一门看得见、摸得着、用得上的科学，他想方设法使孩子们从"学会"到"会学"，从"会学"到"乐学"。

中国教育学会小学数学教学专业委员会副理事长、北京师范大学周玉仁教授也肯定了他在教学上"发挥学生主体作用"的做法。

"黄老师设计的每一步教学活动，都从学生方面着想，顺着学生的思路而又高于学生的思路。不断地设立障碍，不断地创设'不平衡'的问题情境，激发学生内在的学习动机。凡是学生能探索到的，他决不替代；凡是学生能独立发现的，他决不暗示。尽量给学生多一点思考时间，多一点活动余地，多一点表现自己的机会，多一点品尝成功的喜悦……"

凡是听过他的课的老师都说："听黄老师的课，是一种享受；听黄老师的课，确实感到课堂教学是一门科学，也是一门艺术。"

他自己补充说："是艺术，还是一门遗憾的艺术。"因为执教者稍一疏忽，就会留下遗憾。所以，他为自己立下"从不轻易走进课堂"的原则。"不轻易走进课堂"，并非不进课堂，而是要求执教者一心扑在教改上，在执教前精心备课，精心设计，在课前花足功夫，动足脑筋，使尽浑身解数，方能在执教时获取最佳的教学效果。

这一点，连孩子们也看出来了。难怪他们说："我们如不学好功课，实在对不起黄老师。"事实上，他的学生也决不可能学不好数学。他的新教法、新思路、新手段，极大地提高了教学效率，做到了既减轻了学生负担，又提高了教学质量，因而教学效果好是必然的。他教过的毕业班参加统考，平均分、优秀率高，合格率为100%，培养尖子生范围之广，参加全国性的数学竞赛获得奖项之高、获奖人数之多，也都是超乎寻常的。

3."荣誉对于我，永远是过去式"

"春种一粒谷，秋收万粒粮。"他的苦心没有白费，可谓硕果累累，成绩显著。最近8年来，振奋人心的喜讯一个个传来：他的小学数学课堂教学艺术和现代化教育技术的实践与研究，成绩斐然……

他笔耕不止，著作颇丰：他的60篇《数学课堂教学艺术例说》在《河北教育》杂志上连载，在国内影响不小；他的40万字的《黄爱华小学数学课堂教学艺术》一书在读者中反响强烈；他的《以多媒体计算机为信息载体，实现学生获取知识信息最优化》一文获得广东省首届中小学计算机教学论文评比一等奖……

他利用业余时间系统地学习教学管理专业课程，并取得了本科文凭……

他是全国优秀教师、广东省南粤教书育人优秀教师（特等奖）、广东省青年岗位能手、深圳市十大杰出青年、深圳市鹏城青年功勋奖章获得者、广东省特级教师……

他三十而立，可以说春风得意、功成名就。然而，他并不满足，也丝毫不敢懈怠。他真诚地告诉我："荣誉对于我，永远是过去式。"

因为这位教坛新星懂得：自己还很年轻，理想在胸，责任在肩，脚下的路还很长很长……

三、一位年轻特级教师的追求

徐 燕

他是全国优秀教师、广东省最年轻的特级教师、广东省南粤教书育人优秀教师（特等奖获得者）、广东省青年岗位能手、深圳市十大杰出青年、深圳市"鹏城青年功勋奖章"获得者。

他曾两次获全国小学数学课堂教学评比一等奖，十多次在全国教学研讨会上上观摩课、示范课。他的课堂教学艺术受到全国小学数学界著名专家教授的一致赞誉。

他笔耕不止，不到 30 岁就有百万字的专业著作面世，他编写的《小学数学课堂教学艺术》多次再版印刷，成为教师们争相抢购的"掌中宝"。

他创办的全国第一个小学数学专业网站——"华博士小学数学热线（www. mm6. com. cn）"，创下了创办不到两年点击率就突破百万人次的纪录。

……

他就是黄爱华——一位年轻的小学数学特级教师。

1. 一名醉心于小学数学教学的特级教师

10 年前，黄爱华为踏进园岭小学感到自豪。今天，园岭小学以涌现黄爱华这样的教坛精英感到光荣。

作为广东省最早的一批省一级学校的深圳市园岭小学，以数学教学在特区闻名遐迩。黄爱华就是以一名特殊人才的身份调入园岭小学的。这位来自周恩来故乡的年轻人，学承前贤，脱颖而出。他是全国著名的小学数学教学法专家、全国著名特级教师邱学华教授的学生，也深得有突出贡献的中青年专家、特级教师卢专文的指点。频繁的接触，耳濡目染，他被名师的教学艺术深深吸引，愈发坚定了他立志成为一名不同凡响的数学教师和毕生从教的信念。

"成功源于勤奋。"自 1985 年从教以来，为了掌握教学规律，接受新思想，寻求新突破，他利用业余时间钻研教材，翻阅资料。他博览群书，学习先进的教育理念，学习教育学、儿童心理学，掌握儿童的认知发展规律。研究国内外不同教法特点，搜集教改动态，分析小学数学教材的知识体系，探索儿童认知的最佳建构过程。他如饥似渴地吸取知识的琼浆玉液。几年时间，他写下了数十万字的读书笔记。

在家乡工作的 7 年，是他求知进取的 7 年，也是他课堂教学风格日趋成熟的 7 年。他曾在江苏省、淮阴市多次获得小学数学优质课竞赛、优秀数学课例评选、优秀论文评选一等奖。在淮阴市，20 多岁的他已经小有名气。

荣誉和事业的成功起步使这位年轻人不断走向新的起点，登上新的台阶。

1992 年，他把江南才俊的灵秀和对事业的痴迷追求又带到了特区，开始了新的求索之路。

上好每一节课，是他的教学宗旨。他说，他"从不轻易走进课堂"。他平常的每一节课，都精心设计，从不掉以轻心。他对外公开课近百次，每次都虚心听取意见，写教学后记，重新整理教学设计，积累经验，不断提高。

凡是听过他的课的老师都说："听黄老师的课，是一种享受；听黄老师的课，确实感到课堂教学是一门科学，是一门艺术。"

他的学生们说："我们最喜欢上黄老师的课。"

他的恩师邱学华教授用"趣"、"实"、"活"三个字来概括他的课。

他博采众长，推陈出新，形成了自己独特的教学风格。他的教学设计新颖，处处体现了一个"趣"字，让孩子们感到新鲜有趣，富有吸引力；他在知识点教学的关键之处舍得下工夫，重点突出，体现了一个"实"字；他在教学过程中，处理灵活，应变自如，充分体现了一个"活"字。他匠心独具，把一个个枯燥的数字演变成一串串美妙的音符，为孩子们插上想象的翅膀；他把一个妙趣横生的课堂带给孩子们，将他们引入知识的殿堂；他叩开孩子们数学思维的心扉，也教给他们做人的道理。

他教"分数的基本性质"时，一上课，先给学生编了一个"猴子分饼"的故事，引起学生的好奇，"猴山上小猴子喜欢吃猴王做的饼。有一天，猴王做了3块一样大小的饼分给猴子们吃。它先把第1块饼平均切成4块，分给猴一1块。猴二见了说：'太少了，我要两块。'猴王就把第2块饼平均切成8块，分给猴二两块。猴三更贪，抢着说：'我要3块，我要3块！'猴王又把第3块饼平均切成12块，分给猴三3块。"接着，他让学生思考故事，提出问题"哪只猴子分得多？"激起学生探索新知的欲望。当揭示了"分数的基本性质"后，他又引导学生讨论："猴王是运用什么规律来分饼的？""如果小猴子要4块，猴王怎么分饼？如果要5块呢？"……学生们兴趣盎然，精力集中，踊跃回答老师为他们设计的问题，在愉快的精神环境中，享受着学习数学知识的快乐。当学生聪明地运用所学知识帮助猴王想出办法时，他一句"你比猴王还聪明"的评价，使学生获得了成功感。

在教"循环小数"时，他通过一个简短诙谐的配乐故事，把学生牢牢地吸引。"从前有座山，山上有座庙，庙里的老和尚对小和尚说，从前有座山，山上有座庙，庙里的老和尚对小和尚说，从前……"之后，他让学生接着往下讲。反反复复地重复这几句话，同学们主动发问了："老师，这个故事这样说下去是说不完的！""在数学王国里，就有这样一种小数，它的小数部分的有些数字也会像这个故事里的几句话一样，不断地重复出现……"在这样一个愉快民主的教学氛围中，通过一个简单的故事，他就把一个枯燥抽象的数学概念轻松地传授给孩子们。

　　他善于交给学生主动权，引导学生主动参与；他善于让学生从错误的想法中展开思考，开启他们智慧的灵感；他善于联系生活实际，展现数学的魅力。他用播报亚运会新闻的课前谈话来导入"百分数的意义"；他用"奶奶和孙儿生日的故事"来导入"年、月、日"等。他总是发挥自己和学生无限的联想，结合生活，举出众多生动有趣的事例，使学生真正理解和记住所学的知识，把数学运用到生活中。他讲"分数"的概念时，举出一家三口分饼的实例，让学生参与进去。一块饼平均分成10份，学生拿4份，父母要拿一样多，应拿几分之几？如果孩子孝顺，想让父母多拿，孩子少拿，父母又拿得一样多，该怎样分才合适？他在教给孩子们知识的同时，也教给了他们做人的道理。

　　他的每一节课的每一个环节，无论是新课的导入、授课的展开，还是巩固练习，无不精雕细琢，用心良苦。凡是学生喜爱的制作、故事、游戏等，在他的课堂里都串联得天然无痕，使得每一节课都生动活泼、妙趣横生。

　　在"圆的认识"一课，他巧妙地运用多媒体技术，制作出小猴子坐椭圆形车轮的小车和坐方形车轮的小车颠簸起伏的滑稽画面，逗学生笑得前仰后合。如此生动的教学情境，孩子们恐怕会终生难忘。在"约数和倍数的意义"一课的结尾，他别出心裁设计了"动脑筋出教室"的游戏，要求学号数能被2、3……整除的学生依次出教室，离场的学生都要说出谁是谁的倍数。当最后剩下学号数是质数的同学时，他提问道："老师出一个什么数时，我们都可以离开教室？"学生们大声回答："1！"……在一次全国的公开课上，当课上到这里，全场800多名教师响起了雷鸣般的掌声，同时为他这一精彩的课堂设计喝彩。

　　一次次的公开课，一次次地吸引了听者的目光，人们被他清新隽永、浑然天成的教学艺术风格所折服。《河北教育》用了两年的时间，连续编发了60篇他的《数学课堂教学艺术例说》。他应邀出席全国各地举行的教学艺术讲座，场场爆满。几年来，他举办的讲座达60多场，5万多人一睹了这位年轻特级教师的风采。

　　他用创造性的劳动营造了一个美妙的课堂，他把情景教学、游戏教学、愉快教学融为一体，不断把学生带入新的境界。他的学生作业少，却成绩好，真正做到了轻负担、高质量。他可以令对数学兴趣不大的孩子也能迷上数学。培养尖子生，他也有高招。仅1993年，他辅导的数学奥林匹克班的学生参加"中国小学数学奥林匹克竞赛"、全国"华罗庚金杯数学竞赛"、"宋庆龄儿童基金会数学邀请赛"，就一举获得 9 个全国大奖，其中有 3 名获奖者以优秀成绩考入深圳重点中学的"超常班"。

面对鲜花和荣誉，面对热爱他的学生，他说，他有一种幸福感。他只是把自己生命的激情倾注给孩子们。课堂上，他的每一个手势、每一个淡淡的微笑、一句表扬的话、一种信任的目光都期待着学生们的情感回应；他说他的每一节课都是他和学生们的情感之旅，他把满腔热情都投入到和学生们在一起的分分秒秒里。

2. 一名紧跟时代步伐的教育工作者

在"一朝闻道，终身不移"的无悔选择中，黄爱华乐此不疲。十几年的教学历程，正是他不断完善自我，不断创造价值的辉煌历程：他从一名普通的数学教师，成为学校的副校长，再到教育科研部门的负责人。职位升了，舞台大了，但对他来说只是学习的机会多了，责任大了。

他获得成功的主要原因在于他对现代教育理论的刻苦学习和对教学业务的潜心钻研。和他接触过的人都有突出的感受：这位年轻人思想超前，思维活跃，凡事都有自己独到的见解。他说，任何一种思想都来自于实践。作为福田区小学教研工作的负责人，他尽可能每天抽更多的时间和学生们在一起，和一线的老师面对面地交谈。他不停地思索课堂教学的一些现象，仔细琢磨孩子们的认知规律。他的可贵之处就在于他不仅仅停留在教学的实践上，而是不断总结、反思，把实践上升到理论。

他乐于接受新思想、新事物，勇于创新。在担任福田区教育研究中心副主任的这几年，他随教育考察团先后到美国、澳大利亚、日本及东南亚一些教育发达国家考察学习。每到一处他都认真听取当地教育部门的经验介绍。除此之外，他还尽可能地争取到中小学与更多老师们交流，虚心学习，从中获得许多宝贵的经验和资料。他把游览繁华都市的时间腾出来整理手记，他把对异国风情的回味换成对西方教育的思考。

西方之行，他感受最深的是西方教育对人的尊重，重视个体经验，重视动手实践。他带给老师们珍贵的礼物，就是美国校园墙壁上随处可见的话：

you hear, you forget;
you see, you remember;
you do, you learn。

在这三句话中，他说第三句话最重要，体现在数学教学上是把"学数学"变成"做数学"，让学生在课堂上有充分的时间动手尝试、操作、实验，突出学生的主体作用。做到人人参与活动，从中理解数学概念；人人动手操作，从中体会知识发生过程；人人填写实验记录，从中发现教学规律。给学生多一点思考的时间，多一点活动余地，多一点表现自己的机会，多一点体验成功的喜悦。

他极力倡导树立"大众数学教育"的理念。他说，我们每一位教育工作者要站在 21 世纪人的精神文化发展的高度，着眼于让每个学生在现有的条件下掌握有用的数学，使每个学生通过努力能够学好数学，不同类型的学生学习不同层次的数学。教师给予学生的不只是现成的知识，更重要的是让学生学会科学地提出、分析和解决实际问题的思维方法。他不仅在课堂上付诸行动，而且还把这种思想延伸到课外，不失时机地贯彻到与学生交往的点点滴滴里。他在教学"百分数的意义"时，先让学生读出含有百分数的句子：（1）我国的耕地面积约占世界的 7%。（2）我国的人口约占世界的 22%。（3）人脑的重量约是人体重量 2%～3%。然后引申出新的问题：（1）把第一句和第二句联系起来看，你想到了什么？学生想到很多问题，其中有两位学生想到：我国只用占世界 7% 的耕地，却解决了占世界 20% 的人口温饱问题，这是一件很了不起的大事。如果我国实行计划生育，人口占世界的 15%，甚至更少，我们的生活水平会更好。（2）人脑的重量约是人体重量的 2%～3%，人体除大脑以外的重量占人体的百分之几？这个 2%～3% 重不重要呢？立即引起学生的热烈讨论。

在他的眼里，数学是现实的，是生活化的，是活动的，是可操作的，是孩子们可以做的。在孩子们的眼里，黄老师的数学是新奇的，学数学成为关系他们日常生活的轻松乐事。

他强调教师为学生的终身学习而教，要培养能适应终身学习的学生。在未来教育中，学生应当成为学习的积极主动的建构者、参与者，成为成功的、愉快的和合作的学习者。要促成这种转变，关键在于教师。教师素质的提高是他始终关注的问题。在无数次给老师们的讲座中，他除了传授他的许多"新鲜经验"外，每次都不忘把自己的"教师角色论"带给老师。他说教师的职责不在于完成自己的教学任务，而在于怎样促进学生主动学习，是学生学习的促进者；他说教师是学生心理健康的维护者和学习的伙伴；他说未来教育中教师将成为终身学习者和研究者；他说教书育人者比任何时代都要跟上时代的步伐，教师应该成为终身学习的实践者和楷模。

在这个开放的时代，他以自己的思想感染着身边的每一个人。

在这个急剧变化的时代，他不停地构建与时俱进的教育生活。

3. 一名教育信息技术的开拓者

当以计算机技术为代表的现代教育技术在深圳掀起阵阵波澜时，也撩拨着这位特区教育工作者的心弦。

此时的黄爱华，任深圳市园岭小学的副校长。他敏锐地感到，现代教育技术不再是浪漫的田园牧歌，它正以明快的节奏走进每一位现代人的生活。不能再用过去的手段教育现在的学生去做未来的事情。于是他带领得力助手，在园岭小学开展了"应用多媒体计算机辅助小学数学教学研究"这一国家级课题的实验。他们最早编制、开发的《鹏博士》多媒体小学数学教学软件，在特区一炮打响，并迅速在全国推广。《鹏博士》多媒体小学数学教学软件的成功开发，开拓了特区应用现代教育技术改革课堂教学之先河。它不仅大大提高了课堂教学的效率，而且当之无愧地成为深圳市小学数学教学现代化和信息化的重要开端。他的"圆的认识"、"长方形、正方形的周长"等教学课件在多次全国性观摩课中的突出作用使授课者在评课比赛中屡获大奖。后来，这套《鹏博士》教学软件在全国教育界引发一场现代教育技术的新的革命。

他在教学"圆的认识"时，让计算机"出"一道题："你能用今天学习的知识说明汽车的车轮为什么要做成圆的吗？"屏幕上出现了一片绿草地，草地上一只猴子坐着一辆安装着方形车轮的车，在音乐的伴奏下前进，只见小猴子被车颠簸得一上一下，学生见了哄堂大笑。这时，教师引导学生讨论：小猴子为什么会感觉颠簸？学生回答说："因为车轮是方的，有棱有角，行进起来当然感觉颠簸。"老师问："难道坐在没棱没角的车轮的车上就不会感觉颠簸吗？请同学们再看屏幕。"屏幕上又出现一只小猴子坐在安装着椭圆形车轮的车上，伴着模拟的声音向前进，仍见小猴子随着车轮的转动上下颠簸。"这又是为什么呢？"教师的提问，再次定向聚集起学生的思维。此刻，学生的思维真正被激活，开启了心智。学生经过热烈的讨论，运用所学的知识，回答了老师的提问，也达到了教学设计的目的：因为在同一个圆里，所有半径长度都相等。车轮做成圆形的，在滚动时，车轴到地面的距离可以始终保持不变，这样车子在前进时，就会保持平稳。所以车轮要做成圆的。教师肯定了学生的回答后，再次引导学生看屏幕：一只小猴子端坐在安装着圆形车轮的车上，在悦耳的音乐伴奏下，平稳地前进。车轮向前滚动时，车轴"画"出了一条与地面平行的"直线"，鲜明地揭示了车轴与地面的距离始终保持不变的道理。在这里，教育技术的革新促进教育的深层次改革已经成为活生生的事实。

从这时起，他一发而不可收。几年来，在他的苦心经营下，园岭小学开动信息快车，以现代教育技术为核心，先后进行了"多媒体组合优化小学作文教学"、"小学语文'四结合'作文实验"、"应用多媒体计算机辅助数学教学实践研究"等15个国家级、市级科研课题研究。越来越多的学校和老师使用现代教育技术。现代教育媒体让学生感知到大量、具体、生动、形象的感性认识，其效果远非教师"口述笔传"所能达到。

他成为一名现代教育技术应用的急先锋，他带给特区教育的不仅仅是清新的风雨。

一名紧跟时代的人，总是能敏锐地触摸到时代的脉搏。

当美国微软公司总裁比尔·盖茨涉过太平洋来到深圳，与中国企业家和政府官员讨论21世纪的电脑技术合作问题，掀起震惊四方的"深圳旋风"时，黄爱华也开始了拓展教育领域的新大陆。

身处信息时代，他清醒地看到，网络化学习将是教育的一个重要发展趋势，是通向未来发展之路。他深谙网络教育较之传统教育的一些明显优势，可以真正实现教与学在时间空间和心理上的"零"距离，可以实现形式丰富的交互，可以提供丰富的数字多媒体与虚拟现实，在全球范围内的资源共享与协作学习。2001年，一个专为小学数学教学和学习者量身订做的网站——"华博士小学数学热线"开通了。

在网络环境下开展研究性学习需要新的教学理念、新的教学技术，对广大教师来说是一个新鲜的事物，也是一个很大的挑战。他把教育领域当前炙手可热的两个问题联系了一起，尝试构建新型的教学模式。"华博士"栏目众多，为不同的学习者设计。老师们可以在这里相互交流在数学教学中的众多体会，取长补短，讨论各种难点，与名师对话，及时解决问题，不断提高教学水平和技巧。老师们还可以在这里下载名师们精心设计的精品课例，真正实现资源共享。这里更是学生们畅游数学王国的自由天地。同学们可以在"巧算竞技场"里做一个数学世界的角斗士，也可以到"智力比拼"里与同龄人一比高低。数学顶呱呱的同学还可以尝尝做论坛版

主的滋味，"小苗天天长"里每日一题，让孩子一步一步攀登数学高峰。"思考题解秘"、"作业诊所"、"数学小故事"、"数学小辞典"成为学生们学习的好帮手。"华博士"搭建了师生网上交流咨询的平台，拓展了教育的空间。

他在网站开办了"华博士网校"，如今网校学员已达两千人，他们在这里接受系统的奥林匹克数学训练和网上练习，同时参加课堂同步在线辅导。网校每学期都举办"华博士奥林匹克数学竞赛"，这里成了数学小新星一展身手的舞台。网站举办了全国"走进新课程教学设计、课件、论文竞赛"活动，全国 16 个省、市、自治区近千名数学教师积极参与，获得了一批高质量的可供同人们共享的资源素材。

他说，他要通过"华博士"让教师和孩子们更多地获取信息，开展研究和进行一些创造性的工作。

信息时代，给他和他的教育事业一个无限光明的前景。

关注时代，关注孩子，关注孩子的终身发展。

这就是一位年轻特级教师的追求。

附　录

黄爱华从教大事年表
（1991—2013）

1991 年

1. 编写《教你怎样想——小学数学思维训练》（与卢专文等人合作）（1—5 年级共 5 本），24 万字，中国少年儿童出版社，1991 年 5 月第一版。

2. 编著《小学数学专题研究》（与卢专文合作），20 万字，南京出版社，1991 年 10 月第一版。

3. 编著《小学数学辨析 999》（与王福田等人合作），13 万字，南京出版社，1991 年 11 月第一版。

4. 编著《教会你思考数学》（与杨尔斌等人合作），12. 5 万字，广西民族出版社，1991 年 12 月第一版。

1992 年

1. 编著《小学数学尝试教学法教案精选》（编委，统稿），30 万字，气象出版社，1992 年 4 月第一版。

2. 编著《尝试教学法新进展》（编委，统稿），28 万字，气象出版社，1992 年 4 月第一版。

3. 4 月，代表淮阴市参加江苏省教育厅举办的"仪化杯"小学数学优秀课堂教学评比，获二等奖。

1993 年

1. 编写《小学数学大世界》（邱学华主编，与杨爱霞等人合作）（1—5 年级共 5 本），30 万字，中国少年儿童出版社，1993 年 5 月第一版。

2. 编著《新编小学数学备课指导》（邱学华主编，与卢专文等人合作编写）1—

6 年级共 6 本），180 万字，气象出版社，1993 年 6 月第一版。

3. 7 月，参加上海教育杂志社举办的"小学数学练习设计"征文评选，获一等奖。

1994 年

1. 主编《小学数学同步训练 ABC》（二、五年级两册），14 万字，上海科技出版社，1994 年 6 月第一版。

2. 4 月，代表深圳市参加由中国教育学会小学数学教学专业委员会在青岛举行的全国计划单列市小学数学课堂教学观摩会，执教"分数的基本性质"，荣获一等奖第一名。

3. 9 月，被广东省教育厅等 4 单位授予广东省"南粤教坛新秀"称号。

4. 11 月，参加江苏教育报刊社举办的青年教师"东渡杯·教海探航"征文比赛，获一等奖。

1995 年

1. 编著《引探教学法教例精选》（副主编），26 万字，海天出版社，1995 年 4 月第一版。

2. 5 月，代表广东省参加由中国教育学会小学数学教学专业委员会在海口举行的全国第二届小学数学优化课堂教学观摩交流会，执教"圆的认识"，荣获一等奖。

3. 5 月，被共青团广东省委员会、广东省劳动厅等单位评为"广东省青年岗位能手"。

4. 9 月，被国家教育委员会、人事部评为全国优秀教师并授予全国优秀教师奖章；被广东省教育厅等 5 单位评为广东省南粤教书育人优秀教师（特等奖）。

1996 年

1. 5 月，被共青团深圳市委员会、深圳市青年联合会等单位授予深圳市"鹏城青年功勋奖章"。

2. 12 月，被共青团深圳市委员会、深圳市青年联合会、中共深圳市委组织部、深圳市劳动局、深圳特区报社等单位授予"深圳市十大杰出青年"称号。

3. 1996 年 3 月—1997 年 9 月，《河北教育》杂志设专栏连载"课堂教学艺术例说"共 60 篇。

1997 年

1. 5 月，参加由中国教育学会数学教育研究中心尝试教学研究会举办的"迎接香港回归"教学观摩会，荣获"华夏杯"奖。

2. 12 月，撰写的论文"以多媒体计算机为信息载体，实现教学最优化"参加广东省教育厅教研室组织的广东省首届计算机教育论文评比，荣获一等奖。

3. 应邀赴上海、温州、南京、桂林、井冈山、马鞍山、株洲、南海、苏州等地讲学，听课教师近万人次。

1998 年

1. 编著《黄爱华小学数学课堂教学艺术》，40 万字，河北教育出版社，1998 年 4 月第一版。现已 4 次印刷，印数达 3 万册。

2. 9 月，被广东省人民政府授予"特级教师"称号，成为深圳市最年轻的特级教师。

3. 应邀赴大连、乌鲁木齐、南宁、长春、长沙、杭州、海口、佛山、福鼎、龙海等地讲学，听课教师万余人。

1999 年

1. 编著《小学数学尝试教学设计》（编委），34 万字，教育科学出版社，1999 年 4 月第一版。

2. 2 月，应邀赴香港教育学院，与来自 23 个国家和地区的 800 多名专家、同行研讨新世纪教师教育问题，并作示范课。

3. 录制"全国著名特级教师精品课宝典"（黄爱华专辑），广东音像教材出版社，1999 年 11 月第一版。

2000 年

1. 4 月，《中国教育报》"特级教师特色"栏目刊登记者沈富的文章"黄爱华：让学生体验成功"，介绍课堂教学艺术特色。
2. 被选派参加广东省普教系统"百、千、万人才工程"名教师班学习，承担省级专项课题"小学数学课堂教学艺术的理论与实践"。
3. 8 月，应邀赴西藏拉萨市讲学，并收 5 位藏族数学教师为徒。

2001 年

1. 编著《特级教师导教·导学·导练·导考》（主编），11 万字，吉林教育出版社，2001 年 8 月第一版。
2. 3 月 15 日，策划"华博士小学数学热线"网站，成功申请域名（www.mm6.com.cn）并开通。
3. 10 月，应邀参加由安徽省蚌埠市教委举办的"全国著名特级教师教学艺术观摩赏析会"，为与会代表上示范课并做专题讲座。听课的教师有 3600 名之多，盛况空前。

2002 年

1. 参与《义务教育课程标准实验教科书》（苏教版）数学二年级（上册）审稿工作。
2. 《义务教育课程标准实验教科书》（苏教版）数学一年级（上、下册）多媒体配套教学光盘（主编），江苏音像教材出版社，2002 年第一版。
3. 6 月，被聘为深圳市教育科学研究"十五"规划首批课题立项评审组成员。
4. "华博士小学数学热线"网站的 ICP 证申请成功。9 月 16 日，特色栏目"华博士网校"开学。12 月 25 日，"华博士小学数学热线"网站点击浏览突破 100 万次。
5. 12 月，在 2002 年上海市徐汇区与深圳市福田区共同举办的小学课堂教学交

流展评活动中荣获优胜奖。

2003 年

1. 编著《"走进新课程"理论与实践探索》（副主编），253 千字，文汇出版社，2003 年 6 月第一版。

2. 编著《中国当代著名教学流派·中青年专辑 黄爱华与活的数学课堂》，203 千字，国际文化出版公司，2003 年 8 月第一版。

3. 被全国中文核心期刊《小学教学参考》聘为顾问。

2004 年

1. 9 月，《人民教育》第 18 期"名师人生"栏目刊登文章"此生痴迷在讲台"，介绍其教育人生。

2. 11 月，《人民教育》第 22 期"名师谈教学"栏目刊登文章"课堂——学生放飞心灵的天空"。

3. 12 月，应邀为澳门大学的数学教学研究人员和数学教师做专题讲座，主题"课堂教学的智慧境界"。

2005 年

1. 3 月，编著的《中国当代著名教学流派·中青年专辑 黄爱华与活的数学课堂》第 5 次印刷，印数达 3 万册。

2. 4 月，被中国中小学幼儿教师奖励基金会确定为《教育家成长丛书》第一辑入书人选。该《丛书》的出版是教育部庆祝教师节建立 20 周年的活动之一。

3. 10 月，被深圳市人民政府授予"深圳市享受政府特殊津贴专家"称号。

2006 年

1. 7 月，论文《数学课堂，对话中与学生心灵相约》在第二届苏教版课程标准小学数学教材优秀论文评选中获一等奖。

2. 《课堂——学生放飞心灵的天空》发表于《人民教育》2006 年第 18 期"名

师谈教学"栏目。

2007 年

1. 7月，合作参与课题"以学生发展为本的小学数学教学策略研究"获广东省第六届普通教育成果一等奖。
2. 参加广东教育学会小学数学专业委员会第九届年会，为全体代表作示范教学观摩课。

2008 年

1. 深圳市福田区教育局成立"黄爱华数学教学工作室"，工作室团队开始进行为期三年的"小学数学智慧课堂构建策略"研究和成果推广工作。
2. 主编《怎样上出好课（数学卷)》，由重庆大学出版社出版。

2009 年

1. 8月，应邀赴台湾三重市、台南市参加两岸中小学教学观摩与座谈会，做观摩课并进行主旨演讲。
2. 9月，获深圳市首届教育教学科研优秀成果著作类二等奖。

2010 年

1. 9月，参加首届中国教育家成长高峰论坛，做观摩课和主旨发言。
2. 上海《小学数学教师》出版增刊，专辑介绍黄爱华数学工作室。
3. 专著《智慧数学课·黄爱华教学思维的实践策略》由江苏教育出版社出版。

2011 年

1. 4月，获聘北京大学教育学院特聘专家。
2. 深圳市教育局成立"深圳市教育科研专家黄爱华工作室"，工作室团队开始进行为期三年的"以'大问题'为导向的小学数学课堂教学"课题研究和成果推广工作。

2012 年

1. 应邀参加陕西省 2012 "长安之春" 名师示范课系列活动。

2. 由张文质、黄爱华主持的 "生命化教育大问题教学" 课题研究实验区在桂林市秀峰区挂牌。

3. 《"大问题" 教学形与神》（黄爱华、张文质主编）由江苏教育出版社出版。

2013 年

1. 山西《小学教学设计》杂志全年设专栏 "大问题研究（黄爱华数学工作室协办）"，黄爱华数学工作室团队发表文章 24 篇。

2. 黄爱华教育科研专家工作室开展的 "微格研修" 在浙江大学理学院 "千课万人" 全国小学数学研讨会上现场展示，受到好评。

3. 12 月，"2013 生命化教育大问题教学（深圳）研讨会" 召开。